btb

Im Vergleich zu früheren Generationen verfügen wir über einen nie dagewesenen Zugang zu Informationen, mehr persönliche Freiheit, mehr materiellen Komfort und mehr Besitztümer. Doch schon vor dem Schock von Covid-19 berichteten mehr Menschen als je zuvor, dass sie depressiv, ängstlich oder unzufrieden sind. Während unsere materiellen Lebensumstände sich stetig verbessert haben, scheint das Leben schwieriger zu werden. Warum ist das so? Es gibt eine wahre Flut von Selbsthilfebüchern, und das Internet ist voll mit den Ratschlägen von Influencern und vermeintlichen Experten. Doch inwieweit kann man von diesen Quellen wirklich sinnvolle Antworten erwarten – die Art von Antworten, die für uns in der heutigen Welt wirklich relevant sind. Seit mehr als hundert Jahren bemühen sich Psychoanalytiker und Psychotherapeuten, Leiden zu lindern und Menschen zu helfen, ihr Leben besser zu gestalten. Obwohl der klinische Aspekt der Psychotherapie evident ist, hat sie doch auch eine viele universellere Bedeutung. Sie kann ganz eigene Perspektiven auf die großen Fragen bieten: Wer bin ich? Warum bin ich hier? Wie sollte ich leben?

Frank Tallis ist Schriftsteller und praktizierender klinischer Psychologe. Neben einer Vielzahl an wissenschaftlichen Veröffentlichungen ist er vor allem für seine Erfolgsserie um den Wiener Psychoanalytiker Max Liebermann bekannt, die mit zahlreichen Preisen ausgezeichnet wurde. Tallis lebt in London.

Frank Tallis

Die Kunst zu leben

Was wir von großen Psychologen lernen können

Aus dem Englischen
von Henning Dedekind

btb

Die Originalausgabe erschien 2021 unter dem Titel
»The Act of Living« bei Little Brown, London.

2. Auflage
Deutsche Erstausgabe Oktober 2024

Neumarkter Straße 28, 81673 München
produktsicherheit@penguinrandomhouse.de
(Vorstehende Angaben sind zugleich Pflichtinformationen nach GPSR.)

Covergestaltung: semper smile, München
nach einem Entwurf von Hachette UK
Covermotiv: © Heirs of Josephine Hopper / London 2019/
Compartment C, Car 293, 1938 (oil on canvas), Hopper,
Edward (1882–1967) / Private Collection / Bridgeman Images/
VG Bildkunst 2023
Satz: GGP Media GmbH, Pößneck
Druck und Einband: GGP Media GmbH, Pößneck
MK · Herstellung: han
Printed in Germany
ISBN 978-3-442-77172-1

www.btb-verlag.de
www.facebook.com/penguinbuecher

Compartment C, Car 293, 1938 (Öl auf Leinwand), Hopper, Edward (1882–1967) © Heirs of Josephine N. Hopper / VAGA at ARS, NY / VG Bild-Kunst, Bonn 2023

Zum Gedenken an Professor Walter Wells:
Wissenschaftler, Schriftsteller, Lehrer, Redakteur, Erzähler,
Vorbild, Preisträger, Talentförderer, Universalgelehrter,
Genießer, unfreiwilliger Faustkämpfer, Gentleman,
Freund und Amerikaner

Inhalt

	Einleitung	11
1	Sprechen: Raus aus dem Stummfilmkino!	35
2	Sicherheit: Urbedürfnisse	63
3	Einsicht: Das Herz hat seine Gründe	95
4	Verfälschte Wahrnehmung: Zerrspiegel	119
5	Identität: Das geteilte Selbst	149
6	Narrative: Lebensgeschichten	179
7	Narzissmus: Der Blick ins Wasser	199
8	Sex: Sterbliche Vehikel	223
9	Minderwertigkeit: Der Trost der Unzulänglichkeit	245
10	Bedürfnisse: Die Tücken des Besitzstrebens	257
11	Unglück: »Tief wurzelnd Leid«	271
12	Sinn: Daseinsgründe	301
13	Akzeptanz: »Eine Blume, welche nur eine einzige Nacht blüht«	327
	Schlussbemerkungen	347
	Dank	365
	Anmerkungen	367
	Bildnachweis	376
	Register	377

Einleitung

»Das Leben hat nur den einen Sinn:
den Vollzug des Lebens selbst.«
Erich Fromm, *Die Furcht vor der Freiheit* (1941)

Die meisten Menschen können ohne Schwierigkeiten fünf Philosophen aufzählen. Platon, Aristoteles, Descartes, Nietzsche und Sartre kommen in unserer täglichen Lektüre so häufig vor, dass sie vielen von uns bestens vertraut sind. Würde man hingegen darum bitten, fünf berühmte Psychotherapeuten zu nennen, fiele dies denselben Personen vermutlich schwerer – vielleicht wäre es ihnen sogar unmöglich. Freud und Jung kämen ihnen vielleicht in den Sinn, aber weitere Namen würden nur langsam folgen. Ältere Befragte würden sich vielleicht an R. D. Laing erinnern, der in den 1960er Jahren zu einer Art Berühmtheit wurde. Damit wären es aber gerade einmal drei. Von Größen wie Fritz Perls, Wilhelm Reich, Donald Winnicott oder Albert Ellis haben die meisten Menschen noch nie gehört, ganz zu schweigen von zeitgenössischen Psychotherapeuten wie Francine Shapiro oder Steve Hayes.

Dabei hatten die großen Denker der Psychotherapie viel über das menschliche Dasein zu sagen. Betrachtet man die Psychotherapie als zusammenhängenden Wissensbestand, so ist sie in Anspruch, Umfang und Nutzen jeder anderen wissenschaftlichen Tradition ebenbürtig. Dennoch wird sie selten so wahrgenommen. Stattdessen denken wir an die Psychotherapie nur in ihrem engsten Sinne: als Behandlung psychischer Krankheiten. Obwohl die Psychotherapie tatsächlich aus der klinischen Praxis entstanden ist, hat sie in intellektueller Hinsicht doch eine weitaus größere Tragweite. Sie bietet originäre Perspektiven auf die »großen Fragen«, die normalerweise Philosophen und Glaubensvertretern anvertraut werden: Wer bin ich? Warum bin ich hier? Wie sollte ich leben?

Zwar gibt es die Psychotherapie (in eingeschränktem Sinne) schon so lange, wie Ärzte ihre Patienten trösten und beraten, doch begünstigten erst die kulturellen und wissenschaftlichen Bedingungen des 19. Jahrhunderts das Aufkommen der Psychoanalyse, der ersten wirklich modernen Form der Psychotherapie.

Sigmund Freud begann seine Karriere mit der Untersuchung von Nervenzellen in einem Labor, bevor er Neurologe wurde und die Psychoanalyse entwickelte. Im Vergleich zu seinen Zeitgenossen war Freud – vielleicht mit Ausnahme des Philosophen und Psychologen Pierre Janet – der mit Abstand ehrgeizigste Theoretiker. Er verschmolz die französische Psychopathologie, die deutsche Psychophysik und die Sexualwissenschaft zu einem flexiblen Modell des Geistes, das enormes Erklärungspotenzial besaß. Im Laufe der Zeit erweiterte sich der Horizont der Psychoanalyse und ging nunmehr über rein medizinische Überlegungen hinaus. Freuds neue »Wissenschaft« ermöglichte frische Einblicke in Kunst, spekulative Vorgeschichte und Religion. In den 1920er Jahren erklärte Freud, die Psychoanalyse sei »keine medizinische Spezialität«. Er befürchtete, dass die Psychoanalyse nur als Behandlungsmethode angesehen würde, wohingegen er selbst davon überzeugt war, auf eine Art »Weltanschauung« gestoßen zu sein.

Seine klinische Arbeit war lediglich ein Einstieg, ein Weg in die Psyche, der schließlich zu bedeutenden nicht medizinischen Entdeckungen führte. Die Psychoanalyse konnte viel mehr erklären als Hysterie und Neurosen. Sie konnte Liebe, Begehren, Träume, Gespenster, Gewalt, Literatur und Massenverhalten gleichermaßen verständlich machen. Mit Hilfe der Psychoanalyse konnte man sogar in den Geist längst verstorbener kreativer Genies wie Leonardo da Vinci und Michelangelo blicken.

Freud verglich die Psychoanalyse mit elektrischem Strom. Strom wird zwar auch in Krankenhäusern verwendet – zum Beispiel, um Röntgenaufnahmen zu machen –, aber Strom ist nicht grundsätzlich »medizinisch«. Radios, Straßenbahnen und Straßenlaternen werden ebenfalls mit Strom betrieben. Die Versorgung von Krankenhäusern ist nur eine von zahlreichen Anwendungsmöglichkeiten. Freuds Analogie zur Elektrizität passt nicht nur für die Psychoanalyse, sondern für die gesamte Psychotherapie. Die von Psychotherapeuten entwickelten Konzepte können zur Behandlung von Geisteskrankheiten eingesetzt werden. Sie können aber auch zeigen, wie Psyche und Geist funktionieren, wie sich Menschen mit bestimmten psychischen Merkmalen zueinander verhalten und wie sie innerhalb von Kulturen agieren. Außerdem lassen sich damit Fragen nach einer idealen Lebensweise (dem sogenannten »guten Leben« oder der *Eudaimonie*) beantworten, die seit der Antike diskutiert werden.

Die Psychotherapie ist also eine Tradition, die über den medizinischen Bereich hinaus Orientierung und Anleitung bieten kann. Warum konsultieren wir als Gesellschaft dann nicht häufiger die psychotherapeutische Literatur, wenn wir uns mit den Problemen des Lebens herumschlagen? Schließlich sind die Probleme des Lebens das zentrale Anliegen der Psychotherapie. Der Hauptgrund ist, dass der interessierte Laie sofort mit einer undurchdringlichen Sprache konfrontiert wird. Weshalb sollte man sich mit den Grundzügen der Gestalttherapie oder der Logotherapie vertraut machen? Was ein Fachgebiet wie die Herzchirurgie beinhaltet, kann man sich leicht denken, denn alle wissen, was ein Herz ist. Was aber ist so primär an der Primärtherapie, und welche Art von Transaktion findet in der Transaktionsanalyse statt? Die Nomenklatur der Psychotherapie ist so undurchsichtig, dass sie in der Regel von weiteren Nachforschungen abhält.

Selbst das Wort Psychotherapie wird oft in missverständlicher Weise gebraucht. In manchen Krankenhäusern bietet die Abteilung für Psychotherapie beispielsweise Behandlungen an, die eng mit Freud und der Psychoanalyse verbunden sind. Anderswo im selben Krankenhaus werden möglicherweise psychologische Behandlungen angeboten, die nichts mit der Freud'schen Tradition zu tun haben. Dies erweckt den Eindruck, dass bestimmte Formen der psychologischen Behandlung als Psychotherapie bezeichnet werden und andere nicht. Alle Formen psychologischer (im Gegensatz zu pharmakologischer) Behandlung können jedoch korrekterweise als Psychotherapie bezeichnet werden.

Gemeinsame Merkmale fast aller Psychotherapien sind das Gespräch und eine vertrauensvolle Beziehung.* Sie haben

* Es gibt Ausnahmen: Manche Therapieformen sind automatisiert und werden per Telefon oder über das Internet durchgeführt. Es gibt auch Apps, die Menschen bei der Bewältigung von Problemen wie Angst, Depression und posttraumatischer Belastungsstörung helfen. Nichtsdestotrotz beinhaltet die Psychotherapie mehrheitlich den Dialog und den persönlichen Kontakt, und die Art dieser Gespräche sowie die therapeutische Bedeutung der Beziehung unterscheiden sich je nach Art der praktizierten Psychotherapie.

auch ein gemeinsames Ziel: seelische Notlagen zu lindern, auch wenn dies bedeutet, dass man sich kurzfristig mit schwierigen Wahrheiten und Realitäten auseinandersetzen muss. Die Techniken variieren je nachdem, an welcher Theorie der Behandlungsprozess ausgerichtet ist. Manche Ansätze sind explorativ, andere direktiv; bei manchen geht es darum, verschüttete Erinnerungen wiederzuerlangen, bei anderen darum, schädliche Überzeugungen zu ändern; manche fördern ein tieferes Selbstverständnis, andere zielen auf den Erwerb von Bewältigungskompetenzen ab. Und so weiter. Die Freud'sche Psychoanalyse ist die bekannteste und etablierteste Form der Psychotherapie. Wir alle kennen das Klischee: ein bärtiger Therapeut, der hinter einem ruhenden Patienten sitzt. Dieses populäre Bild der Freud'schen Psychotherapie ist jedoch irreführend. Es suggeriert, dass die Psychoanalyse einheitlich und starr ist. Tatsächlich hat Freud die Psychoanalyse laufend überarbeitet, und sie hat sich auch nach seinem Tod weiterentwickelt.

Die zahlreichen Formen der Psychotherapie, die es heute gibt, lassen sich in drei Hauptgruppen einteilen: die psychoanalytische, die humanistisch-existenzielle und die kognitiv-behaviorale Therapie. Die Psychoanalyse legt den Schwerpunkt auf die Wiederherstellung unbewusster Erinnerungen und die Bewältigung von Spannungen, die entstehen, wenn primitive Sehnsüchte mit moralischen und gesellschaftlichen Erwartungen in Konflikt geraten. Die humanistisch-existenzielle Schule legt den Schwerpunkt auf Autonomie und Authentizität: darauf, Entscheidungen zu treffen, Verantwortung zu übernehmen, einen Sinn zu erkennen und persönliches Wachstum zu erreichen. Die kognitiv-behaviorale Schule wiederum bringt psychische Notlagen mit aversiven Lernerfahrungen, ungenauem Denken und der Bildung dysfunktionaler Überzeugungen in Verbindung. Diese drei Beschreibungen sind stark verkürzend und werden in den folgenden Kapiteln noch näher erläutert.

Seit Freuds Zeiten ist die Geschichte der Psychotherapie von ständigem Disput geprägt. Von Beginn an gab es Animositäten innerhalb und zwischen den einzelnen Schulen, was den Eindruck der Zersplitterung erweckt. Es scheint keine »Tradition« im eigentlichen Sinne zu geben, an die man sich halten könnte. Bei allen Unterschieden finden sich aber auch sehr viele Übereinstimmungen. Die verschiedenen psychotherapeutischen Schulen gleichen einem Archipel: Über dem Wasser sind unzusammenhängende Inseln zu sehen, aber wenn man unter die Oberfläche taucht, stellt man fest, dass diese einzelnen Felssäulen in derselben Landmasse gründen. Je tiefer man geht, desto deutlicher wird, dass alle Inseln von ähnlichem (oder sogar demselben) Grundgestein getragen werden.

Abgesehen von Freud und der Psychoanalyse bleibt das geistige Vermächtnis der Psychotherapie relativ unzugänglich. Tatsächlich kommt man fast ausschließlich in Sprechzimmern und in der akademischen Welt damit in Berührung. In Zeitschriften und auf Websites findet sich eine Unmenge an Populärpsychologie, doch typischerweise werden die zentralen Gedanken bedeutender Psychotherapeuten entweder falsch dargestellt oder zu stark vereinfacht. Das ist bedauerlich, denn noch nie haben wir echtes psychologisches Wissen so dringend benötigt wie heute.

Im Vergleich zu früheren Generationen haben wir einen hervorragenden Zugang zu Informationen, größere persönliche Freiheit, mehr materielle Annehmlichkeiten, mehr Besitz und eine höhere Lebenserwartung. Dennoch sind viele Menschen depressiv, ängstlich oder unzufrieden. Statistiken zur geistigen »Gesundheit« zeigen, dass wir (und unsere Kinder) immer trauriger, besorgter und einsamer werden, obwohl das Leben immer besser wird. Wir müssen davon ausgehen, dass der entsetzliche Schock durch die Covid-19-Pandemie diese Zahlen sowohl kurz- als auch langfristig weiter in die Höhe treiben wird.

Die Zahl der Menschen, die derzeit an psychischen Erkrankungen leiden, ist so hoch wie nie zuvor. Laut Weltgesundheitsorganisation sterben weltweit mehr Menschen durch Suizid als durch Kriege, Morde, staatliche Hinrichtungen und Terroranschläge zusammen. Die Zahl der Betroffenen beläuft sich auf etwa eine Million Menschen pro Jahr.[1] Alle vierzig Sekunden entscheidet sich irgendwo irgendjemand für einen – oft gewaltsamen – Tod. Für diese Menschen ist allein schon das Bewusstsein unerträglich schmerzvoll geworden. In den Industrieländern ist Selbstverletzung die Haupttodesursache für Menschen im Alter zwischen fünfzehn und neunundvierzig Jahren. Damit liegt sie vor Herzkrankheiten und Krebs.

Die Inzidenz psychischer Erkrankungen ist so hoch, dass eine angemessene Behandlung und Versorgung aller Betroffenen nicht mehr möglich ist. Erst seit Kurzem nimmt die Politik die finanziellen Auswirkungen dieser fortschreitenden Krise ernst. »Subjektives Wohlbefinden« wird nun als Form des Kapitals interpretiert und der psychischen Gesundheit im Rahmen der »Glücksökonomie« eine besondere Bedeutung beigemessen. Diese neue volkswirtschaftliche Sichtweise beruht auf der Vorstellung, dass alle unglücklichen Länder früher oder später zu armen Ländern werden. Psychische Erkrankungen sind kostspielig. Psychische Probleme sind der häufigste

Grund, warum sich Menschen von der Arbeit freistellen lassen; der Verlust an produktiven Arbeitstagen in modernen Volkswirtschaften wird auf Hunderte von Milliarden geschätzt. Die wirtschaftliche Belastung durch Depressionen liegt für die US-Wirtschaft schätzungsweise bei 210 Milliarden Dollar pro Jahr – eine Zahl, die das BIP mehrerer kleinerer Länder zusammengenommen übersteigt. Es gibt direkte oder »sichtbare Kosten« (wie Medikamente, Psychotherapie, Krankenhausaufenthalte usw.) und indirekte oder »unsichtbare Kosten« (wie verringerte Produktivität und Frührente). Auf Grundlage von Daten aus dem Jahr 2010 veröffentlichte die Europäische Organisation für Molekularbiologie 2016 einen Bericht, in dem die weltweiten direkten und indirekten wirtschaftlichen Kosten psychischer Erkrankungen mit 2,5 Billionen US-Dollar beziffert wurden.

Nach Angaben der Weltgesundheitsorganisation weist die Hälfte aller von psychischen Erkrankungen Betroffenen bereits vor dem vierzehnten Lebensjahr Symptome auf. Verschiedene Indizes für den Schweregrad haben sich in den letzten Jahren verdoppelt oder sogar vervierfacht. Beispielsweise stellte der National Health Service in einer Erhebung zur psychiatrischen Morbidität von Erwachsenen fest, dass sich die Selbstverletzungsrate unter englischen Erwachsenen zwischen 2000 und 2014 verdoppelt hat. Eine kürzlich in der medizinischen Fachzeitschrift *The Lancet* veröffentlichte Studie von 2019 über nicht suizidale Selbstverletzungen in England zeigte einen Anstieg der Prävalenz bei Frauen und Mädchen im Alter von sechs bis vierundzwanzig Jahren von 6,5 Prozent im Jahr 2000 auf 19,7 Prozent im Jahr 2014. Der Konsum von verschreibungspflichtigen Medikamenten bei psychischen Problemen stieg gleichzeitig etwa proportional an. Digitale Daten des National Health Service verzeichneten für das Jahr 2018 in England 70,9 Millionen Verordnungen für Antidepressiva (fast doppelt so viele wie 2008). Gäbe es keine pharmakologischen Behandlungsmöglichkeiten, die relativ kostengünstig und leicht anwendbar sind, wäre die Situation vermutlich noch viel schlimmer. Weltweit leidet jedes Jahr einer von neun Menschen an einer Angststörung. Sieben Millionen dieser Menschen leben in Großbritannien und 35 Millionen in den USA.[2]

Es wurde darauf hingewiesen, dass aktuelle Statistiken zur psychischen Gesundheit mit Vorsicht zu genießen seien, da sie keinen »echten« Trend widerspiegelten. Die geringere Stigmatisierung habe mehr Menschen dazu ermutigt, über Symptome zu berichten, die Diagnosehandbücher seien in den letzten fünfzig Jahren umfangreicher geworden, und eine bessere fachliche Ausbildung habe die Erkennungsquoten verbessert. Argumente dieser Art sind jedoch wenig überzeugend: Ganz gleich, wie wir Statistiken zur psychischen Gesundheit einordnen, bleibt doch die Tatsache, dass sie eine Gesellschaft in der Krise beschreiben.

Es ist schwer festzulegen, wann gewöhnliche Traurigkeit zu einem klinischen Zustand wird. Die diagnostischen Kriterien stellen einen Versuch dar, normale Traurigkeit von abnormaler Traurigkeit zu unterscheiden, doch fast alle Diagnosesysteme sind unvollkommen und mehr oder weniger willkürlich. Für psychische Erkrankungen gibt es keine definitiven biologischen Tests – wie etwa einen Bluttest. Aktuelle Statistiken zur psychischen Gesundheit legen nahe, dass inzwischen derart viele Menschen von psychischen Problemen betroffen sind, dass das, was bisher als abnormal bezeichnet wurde, zunehmend typisch wird. Die Zahl der Fälle, in denen bestimmte

Diagnosekriterien erfüllt sind, ist erschreckend hoch. Hinzu kommen noch diejenigen, die zwar nicht »krank« sind, bei denen es aber trotzdem nicht optimal läuft. Das Leben fühlt sich nicht richtig an – es fehlt etwas. Sie quälen sich mit Zweifeln am Sinn ihres Daseins und wollen mehr. »Ist das wirklich schon alles?« Der relative Einfluss biologischer und psychischer Faktoren auf psychische Erkrankungen ist von Mensch zu Mensch unterschiedlich. Da sich das Gehirn in den letzten zehntausend Jahren aber nicht verändert hat, ist es sehr wahrscheinlich, dass die Zunahme psychischer Erkrankungen und die wachsende Unzufriedenheit weitgehend auf das moderne Leben zurückzuführen sind.

Die Moderne, wie wir sie heute verstehen, bezieht sich auf die technologischen und gesellschaftlichen Veränderungen nach der industriellen Revolution. Der amerikanische Arzt George Beard führte 1869 auf der Basis einer Reihe von Symptomen die psychiatrische Diagnose der Neurasthenie ein – eine Erkrankung, die durch nervöse Erschöpfung und Unwohlsein gekennzeichnet ist und die er dem schnellen Tempo des städtischen Lebens zuschrieb. Die Beziehung zwischen Moderne und Geisteskrankheit wurde von Freud in *Das Unbehagen in der Kultur* erneut untersucht. Die 1930 veröffentlichte Abhandlung ist wahrscheinlich die berühmteste Darstellung einer immer wiederkehrenden These: Das Leben in der modernen Welt erzeugt Stress und Belastungen, die sich nachteilig auf die psychische Gesundheit des Menschen auswirken. Der Psychoanalytiker Bruno Bettelheim hat in seinem Werk *Freud und die Seele des Menschen* darauf hingewiesen, dass der englische Titel *Civilization and its Discontents* eine irreführende Übersetzung von Freuds *Das Unbehagen in der Kultur* sei. Im deutschem Originaltitel kommt das Wort »und«

nicht vor. In der englischen Übersetzung impliziert diese Konjunktion, dass es so etwas wie eine »Zivilisation« gibt und manche der Zivilisierten »unzufrieden« sind. (Freud mochte »Unzufriedenheit« nicht; er bevorzugte »Malaise« oder »Unbehagen«.) Bettelheim betont, dass im deutschen Titel »Unbehagen« und »Kultur« untrennbar miteinander verbunden seien. Wenn man in der modernen Welt lebe, fühle man sich – zumindest bis zu einem gewissen Grad – unwohl und unglücklich. Das sei unvermeidlich.

Freuds Standpunkt stimmt mit dem der Evolutionspsychologie vollständig überein. Wir haben uns entwickelt, damit wir in einer bestimmten Umgebung leben können, aber tatsächlich leben wir in einer anderen, und je schneller sich unsere Umgebung verändert, desto mehr bleibt unser Gehirn zurück und ist nicht mehr in der Lage, sich den neuen Anforderungen zu stellen und anzupassen. Mittlerweile verbringen wir sehr viel Lebenszeit in einer völlig neuen Umgebung: dem Cyberspace. Das Internet ist an sich nichts Schlechtes, aber ein Großteil des Unbehagens und des Unwohlseins ist offenbar darauf zurückzuführen, dass wir nur begrenzt in der Lage sind, uns schnell und in gesunder Weise anzupassen – das gilt insbesondere für die sozialen Medien. Psychische Erkrankungen, vor allem bei jungen Menschen, werden mit der Bildschirmzeit in Verbindung gebracht. Die bisherige Forschung ist mit erheblichen Problemen behaftet: schlecht definierte Variablen, kaum direkte Kausaldaten und eine selektive Darstellung, die kritische Argumente untermauern soll.[3] Jährlich in den USA durchgeführte Umfragen unter mehr als einer Million junger Teilnehmer belegen jedoch einen plötzlichen Rückgang des psychischen Wohlbefindens (Selbstwertgefühl, Lebenszufriedenheit, Glück) nach 2012. Experten sind zu dem Schluss gekommen, dass die plausibelste Erklärung für diesen Rückgang die rasche Verbreitung von Smartphones unter Jugendlichen ist.[4] Es ist leicht, Kritiker des Internets als Technikfeinde oder Panikmacher abzustempeln, doch zählt zu diesen Kritikern auch Tim Berners-Lee – der Mann, der das Internet erfunden hat.[5]

Die durch Technologie über das Internet verbundene Menschheit funktioniere in einer dystopischen Art und Weise, sagt Berners-Lee.

Der erste Selbsthilfe-Bestseller trug den ebenso passenden wie vielsagenden Titel *Selbsthilfe*. Verfasst wurde er von Samuel Smiles und 1859 veröffentlicht, im selben Jahr wie Darwins *Über die Entstehung der Arten*. Seitdem ist die Selbsthilfeindustrie stetig gewachsen – und sie wächst immer weiter. Allein in Großbritannien stiegen die Verkäufe von Selbsthilfebüchern 2018 um 20 Prozent.[6] Die Regale biegen sich unter der Last dieser Bücher. Viele bieten Denkanstöße, die aus alternativen kulturellen Perspektiven, den Werken berühmter Schriftsteller und historischer Persönlichkeiten, aus philosophischen Schulen oder der Populärpsychologie stammen. Andere fassen die Gedanken und Überlegungen prominenter Gurus zusammen. Bisweilen finden sich Anleitungen zur Selbsthilfe in unerwarteten Kontexten. Ein kürzlich erschienener und hochgelobter Bestseller wurde als Werk vermarktet, das dem Leser vermitteln sollte, wie sich durch Hacken, Stapeln und Trocknen von Holz ein tieferes Verständnis für das Leben erlangen lässt. In dem Buch entdeckten die Rezensenten (wahrscheinlich entgegen der Absicht des Autors) Wegweiser zu Transzendenz und Wohlbefinden. Offensichtlich sind die Menschen verzweifelt auf der Suche nach Antworten. Charismatische Persönlichkeiten können zwar beruhigend wirken und inspirierende Slogans die Stimmung heben oder für Motivation sorgen, doch die positiven Auswirkungen solcher Behelfe sind in der Regel kurzlebig. Der erneute Abgleich mit der Realität wird von der schmerzlichen Erkenntnis begleitet, dass sich im Grunde nichts geändert hat. Wenn wir mitten in der Nacht erwachen und in die Dunkelheit starren, lasten die existenziellen Gegebenheiten immer noch schwer auf uns.

Das Level an frenetischer Aktivität, das für das moderne Leben kennzeichnend ist, lässt vermuten, dass sich viele Menschen auf einer ständigen und erfolglosen Suche befinden. Wir eilen von einer Sache zur nächsten, scheinbar gefangen in endlosen Schleifen von Befriedigung und Frustration: Geld, Diäten, Kosmetika, soziale Medien, Autos, Spiele, Smartphones – Trends, Moden, Marotten. Sind all diese Dinge Ersatz für etwas Wesentlicheres, etwas Unsichtbares, aber dennoch Reales und Erreichbares – oder sind sie einfach nur Ablenkungen, ein Mittel, um Gefühle der Leere zu vermeiden, die uns sonst überwältigen würden?

Wenn wir uns große Fragen stellen, wollen wir Antworten mit glaubwürdigen Begründungen, Antworten, die aus einem kohärenten intellektuellen Rahmen hervorgehen oder durch Beobachtung bestätigt werden können.

Freud und die Post-Freudianer haben das Unglücklichsein hinterfragt und auf der Suche nach den Ursachen den menschlichen Geist erforscht. Religiöse Dogmen und philosophische Abstraktionen lehnten sie ab und entwickelten ihre Theorien stattdessen auf der Basis zahlreicher und systematischer Studien. Sie begriffen, dass menschliche Fragen nach menschlichen Antworten verlangen und dass es ohne ein Verständnis des menschlichen Daseins keine Antworten gibt.

Seit über hundert Jahren entwickeln und verfeinern Psychotherapeuten Modelle des menschlichen Geistes. Ihre Bemühungen zielten und zielen darauf ab, psychische Notlagen zu lindern und Menschen zu helfen, die bessere Lebensentscheidungen treffen wollen. Gemeinsam haben sie ein umfangreiches Werk geschaffen, das Freuds hochgesteckten Zielen für die Psychoanalyse treu geblieben ist – seiner Hoffnung, dass die Psychoanalyse eines Tages nicht nur als medizinisches Teilgebiet anerkannt würde, sondern vielmehr als allgemeiner Bezugsrahmen, als etwas, das über die Behandlung psychischer Erkrankungen hinaus relevant und anwendbar ist.

Wenn Psychotherapeuten einen Menschen betrachten, sehen sie ein ganz anderes Geschöpf als beispielsweise ein Philosoph oder ein Geistlicher. Bestimmten Aspekten der menschlichen Erfahrung, die für andere Disziplinen trivial, irrelevant oder abstoßend erscheinen, wird von Psychotherapeuten oft eine besondere Bedeutung beigemessen. Freud war bereit, sich mit Aspekten des Menschseins zu befassen, die man vor seiner Zeit kaum beachtet hatte, beispielsweise dem Bewusstsein für die eigene Verdauung, frühen Erinnerungen, primitiven Trieben oder unserer Neigung, Witze zu erzählen. Die Psychotherapie hatte in dieser Hinsicht vergleichsweise geringe Berührungsängste. Sie widerstand der Verherrlichung der *Conditio humana* und akzeptierte stets die derben Realitäten der Körperlichkeit.

Leonardo da Vincis berühmte Federzeichnung, mit der er die Proportionen des menschlichen Körpers nach Maßgabe des römischen Baumeisters Vitruv darstellte, wird häufig reproduziert, um die Macht des menschlichen Intellekts und die Vorrangstellung des Menschen zu unterstreichen. Die Symmetrien und die mathematische Perfektion der menschlichen

Gestalt werden als Zeichen unserer kosmologischen Bedeutung interpretiert. Freud und andere große Persönlichkeiten der Psychotherapie stellen die vitruvianische Sonderstellung des Menschen infrage. Sie bremsen unsere narzisstischen Anwandlungen und raten uns, uns selbst so zu sehen, wie wir wirklich sind, weder im Mittelpunkt des Geschehens noch durch eine ausladende Symbolik hervorgehoben.

Die menschliche Natur wurde durch das Zusammenspiel evolutionärer Gegebenheiten geprägt. Wir haben identische Nervensysteme, erleben alle dieselben grundlegenden Emotionen und werden von denselben »Trieben« gesteuert. Genetiker erinnern uns häufig daran, dass unsere DNA zu 96 Prozent mit der von Schimpansen übereinstimmt. Wenn wir schon so eng mit unseren tierischen Vettern verwandt sind, dann können die wesentlichen Unterschiede, die uns voneinander abgrenzen, in der Tat nur sehr gering sein. Selbst zwischen Menschen aus weit entfernten Teilen der Welt gibt es mehr Gemeinsamkeiten als Unterschiede, und wenn Menschen im selben Kulturkreis aufwachsen, gleichen sich ihre Bedürfnisse, Wünsche und Träume.

Wie wir leben wollen, ist höchst individuell, und was für einen Menschen richtig ist, kann für einen anderen falsch sein. Schmerz ist jedoch immer schmerzhaft, und Freude ist immer angenehm. Wir können aus unterschiedlichen Gründen unzufrieden sein, aber die Qualität dieser Unzufriedenheit, ihre gefühlte Essenz, ist eine verlässliche Konstante.

Wenn wir also alle mit denselben Lebensproblemen zu kämpfen haben, warum ziehen wir dann so selten die Psychotherapie als Ideenfundus zurate? Die unverständliche Nomenklatur ist ein Hindernis. Streitigkeiten zwischen den Psychotherapieschulen sind ein weiteres. Die Psychotherapie wird

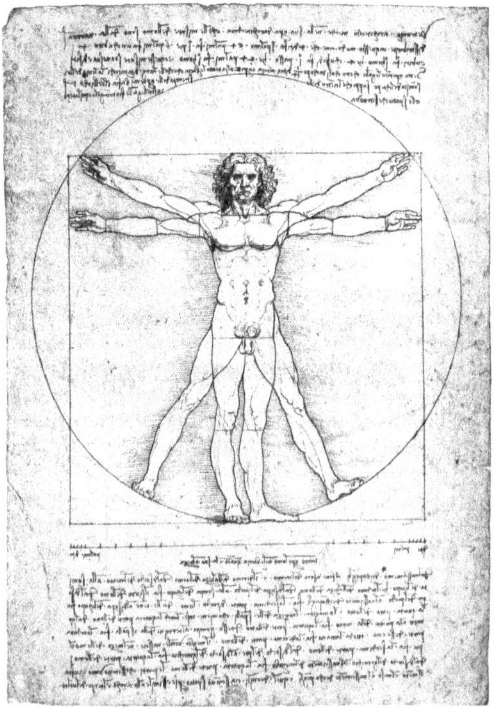

außerdem der intellektuellen Verarmung, der Absurdität und der Scharlatanerie bezichtigt. Als Alfred Adler, einer der frühen Weggefährten Freuds, dafür verspottet wurde, dass er Gedanken vertrat, die eigentlich nur dem gesunden Menschenverstand entsprachen, entgegnete er: »Und was ist falsch am gesunden Menschenverstand?« Wenn die aus der Psychotherapie abgeleiteten Lebensempfehlungen bisweilen recht einfach sind und mit der Lebenserfahrung in Einklang stehen, dann ist das sicher wünschenswert.

Der Vorwurf der Absurdität wird meist im Zusammenhang mit der Psychoanalyse erhoben. Freuds Theorie der psychosexuellen Entwicklung etwa, die von frühreifen sexuellen Gefühlen und inzestuösen Trieben ausgeht, hat von Anfang an für Entrüstung gesorgt. Dennoch hat Freuds Theorie in den letzten dreißig Jahren zumindest teilweise eine Untermauerung durch mehrere seriöse Quellen erfahren, vor allem durch die Neurowissenschaften und die Evolutionsbiologie, und viele bedeutende Wissenschaftler haben ganz allgemein ihre Bewunderung für Freuds Errungenschaften zum Ausdruck gebracht. In seinem 2012 erschienenen Buch *Das Zeitalter der Erkenntnis* schrieb Eric Kandel (der für seine »Entdeckungen betreffend der Signalübertragung im Nervensystem« im Jahr 2000 den Nobelpreis erhielt), dass »[...] Freuds Theorie des Geistes nach allgemeiner Überzeugung das moderne Denken einen gewaltigen Schritt nach vorn gebracht hat. Trotz ihres offensichtlichen Mankos, nicht empirisch zu sein, ist sie auch nach einem Jahrhundert immer noch die vielleicht einflussreichste und kohärenteste Theorie geistiger Aktivität, die uns zur Verfügung steht.« In den 1990er Jahren entstand eine neue Disziplin, die Neuropsychoanalyse, die sich mit den biologischen Grundlagen der Freud'schen Konzepte befasst. Inzwischen gibt es eine Internationale Gesellschaft für Neuropsychoanalyse, die sogar eine eigene wissenschaftliche Zeitschrift herausgibt.

Leider waren viele große Denker der Psychotherapie außerordentlich schlechte Vorbilder. Persönlichkeiten wie Otto Gross und Wilhelm Reich beendeten ihr Leben auf unrühmliche Weise – Ersterer mittellos, Letzterer in einem Zuchthaus. Über das unorthodoxe Verhalten von Helden der Gegenkultur wie Fritz Perls und R. D. Laing kursieren zahlreiche unerfreuliche Geschichten. Angesichts ihres fragwürdigen Benehmens ist man versucht, ihre Theorien vorschnell als nutzlos zu verwerfen. Viele dieser Persönlichkeiten waren jedoch nicht nur Pioniere, sondern auch Opfer ihrer eigenen Forschungen und Erfolge. Sie überprüften ihre Theorien, indem sie mit alternativen Lebensformen und veränderten Bewusstseinszuständen experimentierten; sie folgten ihren Patienten in den Wahnsinn; sie waren wie Entdecker, die sich ins Unbekannte wagten. Zwangsläufig zahlten einige von ihnen dafür einen sehr hohen Preis. Gross und Reich bezahlten mit ihrem Verstand.

Die Psychotherapie als Quelle von Lebenslehren ist am besten als Gesamtheit zu verstehen. Die Kritik an Adler war nicht ganz unberechtigt. Bestimmte psychotherapeutische Ansätze erscheinen, aus ihrem Kontext herausgelöst, vereinfachend oder sogar banal. Andere hingegen wirken weit hergeholt. Wenn man jedoch einen Schritt zurücktritt, um das Gesamtbild zu betrachten, wenn man die Psychotherapie nicht als Gruppe konkurrierender Schulen, sondern als eine einzige Tradition sieht, dann bekommt man ein Gefühl dafür, wie viel erforderlich ist, um Erfüllung zu erreichen. Die Dimension der Aufgabe ist beängstigend, denn unsere Bedürfnisse sind zahlreich und komplex. Wir haben das Bedürfnis, zu sprechen und verstanden zu werden, wir brauchen ein einheitliches Selbstempfinden, wollen Erkenntnisse gewinnen, geliebt werden, uns sicher fühlen, biologische Bedürfnisse befriedigen, innere Konflikte lösen, wollen akzeptiert werden, Unglück überwinden, ein Ziel haben, einen Sinn finden und unsere eigene Sterblichkeit akzeptieren. So gesehen ist es keineswegs verwunderlich, dass so viele Menschen unglücklich und unzufrieden sind.

Das Leben ist eine lebenslange Aufgabe. Die Ziele der Psychotherapie unterscheiden sich nicht so sehr von den Zielen des täglichen Lebens. Menschen wollen glücklich sein und

Ergebnisse optimieren. Die Psychotherapie lehnt schnelle Lösungen strikt ab. Die Probleme des Lebens lassen sich nicht einfach durch eine positive Einstellung, das Aufsagen von Mottos oder Holzhacken lösen. Erfüllung ist eine gewaltige Herausforderung, die von einer unüberschaubaren Zahl von Prozessen und Zufällen abhängt. Deshalb ist es notwendig, Prioritäten zu setzen. Wo soll man anfangen? Meiner Meinung nach hat die Psychotherapie, im Sinne einer geistig-intellektuellen Tradition, genau das erreicht. Sie hat erkannt, was wichtig ist. Die wichtigsten Persönlichkeiten der Psychotherapie, ihre größten Denker, haben jeden Arbeitstag ihres Lebens damit verbracht, sich mit den Problemen der menschlichen Existenz in ihren intensivsten und erschütterndsten Formen auseinanderzusetzen. Die Psychotherapie ist realitätsbezogen, unbeirrt und pragmatisch. Sie stellt Fragen, die für das Leben bewusster, körperlicher Wesen, deren Psyche durch die Evolution, die eigene Kindheit und den gesellschaftlichen Kontext geprägt wurde, besonders relevant sind. Sie vermeidet stereotype Antworten und lehrt uns, dass eine gut aufgebaute und präzise gestellte Frage fast immer zielführender ist als ein Brocken überlieferter Weisheit.

Meine Ausbildung zum klinischen Psychotherapeuten absolvierte ich am damaligen Institute of Psychiatry (heute Institute of Psychiatry, Psychology and Neuroscience) in London. Es handelte sich im Wesentlichen um eine Forschungseinrichtung, die den Bethlem Royal and Maudsley Hospitals angegliedert war. Bethlem, eine Kurzform von Bethlehem, bildet den etymologischen Ursprung des englischen Wortes »bedlam«, das gemeinhin für Wahnsinn, Aufruhr und Chaos verwendet wird. Das Bethlem Hospital wurde zwar schon 1247 gegründet, doch die Wahnsinnigen kamen erst rund zwanzig Jahre später, als Richard II. ein kleines Krankenhaus namens Stone House schloss, weil die lärmenden Bewohner seine Falken störten.[7] Die Abteilung für Klinische Psychologie am Institute of Psychiatry (mit seinen obskuren Verbindungen zum mittelalterlichen London) blickt auf ein eigenes (wenngleich etwas kürzeres) historisches Erbe zurück: Am Institute of Psychiatry richtete Hans Eysenck (gemeinsam mit einer kleinen Schar von Kollegen) den ersten Studiengang für Klinische Psychologie in Großbritannien ein. Eysenck war ein Verfechter der Verhaltenstherapie und lehnte die Psychoanalyse vehement ab. Er vertrat die Ansicht, dass psychische Probleme am ehesten als Fälle von »schlechtem« Lernen zu verstehen seien und dass diese Probleme durch kurze, einfache Verfahren »verlernt« werden könnten.

Eysenck war eine enorm einflussreiche Persönlichkeit, die durch kämpferisches Eintreten für die wissenschaftliche Psychologie bekannt wurde. Als ich in der klinischen Ausbildung war, galt er immer noch als bedeutender Psychologe. Bevor ich als Student am Institute of Psychiatry angenommen wurde, hatte ich an der St. George's Hospital Medical School und am Royal Holloway and Bedford New College promoviert. Einer meiner Doktorväter war der berühmte Kognitionspsychologe Andrew Mathews. Der andere war der Sohn von Hans Eysenck, Michael, dessen entspannte Art im ständigen Widerspruch zum genetischen Determinismus seines Vaters zu stehen schien.

Letztlich lag es an Hans Eysenck, weshalb ich meine klinische Ausbildung in einem Umfeld absolvierte, in dem alle Behandlungsmethoden außer der Verhaltenstherapie beziehungsweise der kognitiven Verhaltenstherapie als unwissenschaftlich, unwirksam und potenziell schädlich galten. Dennoch stand ich damals, auch ohne den Vorteil einer mittlerweile zwanzigjährigen klinischen Erfahrung, dem therapeutischen Fundamentalismus zutiefst misstrauisch gegenüber. Warum nicht für alles offen bleiben? Ich schloss mich einer kleinen Supervisionsgruppe an, die von Dr. Nicholas Temple geleitet wurde, einem der späteren Präsidenten der British Psychoanalytic Society, und fand diese Erfahrung sowohl anregend als auch bereichernd. Mir war immer beigebracht worden, dass Psychoanalyse und Verhaltenstherapie einander widersprächen, doch nun begann ich, Gemeinsamkeiten zu erkennen.

Ich empfand Revierkämpfe zunehmend als lästig und hielt es für wesentlich lohnender, darüber nachzudenken, welche Gemeinsamkeiten die scheinbar gegensätzlichen Schulen der Psychotherapie besaßen. Darüber hinaus wurde mir klar, dass viele Unterschiede zwischen den drei Hauptrichtungen der Psychotherapie durch die Verwendung von Fachvokabular noch betont wurden. Der Verzicht auf einen exklusiven Jargon löste zahlreiche Widersprüche sofort auf.

Der Eklektizismus hat seine Tücken: Es mangelt ihm an Reinheit, er ist manchmal unscharf und kann, wenn man ihn auf die Spitze treibt, leicht zusammenhanglos werden. Dennoch bin ich nach wie vor davon überzeugt, dass die Vorteile eines maßvollen Eklektizismus die potenziellen Nachteile bei Weitem überwiegen.

Ein Buch dieser Art – im Wesentlichen eine persönliche Synthese – ist notwendigerweise selektiv. Dennoch habe ich versucht, die meisten großen Persönlichkeiten der Psychotherapie und ihre wichtigsten Beiträge zu erwähnen. Es gibt einige bemerkenswerte Auslassungen: Franz Alexander, Ludwig

Binswanger, Erik Erikson, Karen Horney, Harry Stack Sullivan, Rollo May, Jacques Lacan, William Glasser, Anthony Ryle, Emmy van Deurzen, Marsha Linehan. Diese Aufzählung ließe sich mehr oder weniger unendlich fortsetzen. Meine Auswahl an großen Denkern wurde nicht nur durch ihren Bekanntheitsgrad eingegrenzt, sondern auch durch die von mir gewählten Themen (etwa Identität, Einsicht oder Narzissmus). Dieser Ansatz hat das Spektrum begrenzt. Es gibt auch eine geschlechtsspezifische Gewichtung in meinem Pantheon, die Männern den Vorzug gibt, was jedoch weitgehend auf die gesellschaftlichen Ungleichheiten und Vorurteile zurückzuführen ist, die Frauen über weite Strecken des 20. Jahrhunderts daran hinderten, Ärztinnen – und dann Psychotherapeutinnen – zu werden. Der nicht anerkannte intellektuelle Beitrag von Frauen zur Psychotherapie (insbesondere zu Freuds Lebzeiten), der von Patientinnen, Familienmitgliedern, Korrespondentinnen, anderen Fachleuten und Freundinnen geleistet wurde, sollte keinesfalls unterschätzt werden.[8] Gelegentlich illustriere ich meine Ausführungen mit Schilderungen von Männern und Frauen in der Therapie. Es handelt sich um reale Personen, alles ehemalige Patienten, deshalb habe ich klinisch irrelevante Details geändert, um ihre Anonymität zu wahren.

Ein Leben in Ordnung zu bringen, ist schwer. Die Psychotherapie hat die Größe dieser Aufgabe stets erkannt und macht keine übertriebenen Versprechungen. Freud sagte bekanntlich einmal, dass seine Methode darin bestehe, »Elend« in »gemeines Unglück« zu verwandeln. Es ist unmöglich, das der Zivilisation innewohnende »Unbehagen« zu überwinden, und es gibt keine einfachen Antworten. Man wird nicht wiedergeboren, wenn man einen Slogan auf einem Geschirrtuch liest.

Oberflächlich betrachtet, ist Freuds Realismus unattraktiv. Es scheint, dass er nur einen schwachen Trost anbietet – das »gemeine Unglück«. Doch bescheidene Zusicherungen lassen viel Raum für Überraschungen. Wenn wir unsere Erwartungen zügeln, trifft uns das Glück vielleicht öfter unvorbereitet.

1

Sprechen:

Raus aus dem Stummfilmkino

Vor einigen Jahren besuchte ich in London eine herausragende Edward-Hopper-Ausstellung. Während ich von Leinwand zu Leinwand schlenderte, wurde mir immer wieder bewusst, auf welch geniale Weise es der Künstler verstanden hatte, private Augenblicke festzuhalten. Hoppers Werke zeigen oft gewöhnliche Männer und Frauen in spärlich eingerichteten Innenräumen, die aus dem Fenster starren oder ausdruckslos ins Leere blicken. Selbst wenn er mehrere Figuren darstellt, sind sie voneinander getrennt und leben in unterschiedlichen Welten.

Eine von Hoppers eindrucksvollsten Erkundungen des Alleinseins ist das Gemälde *Automat*. Der Bildtitel bezieht sich auf eine frühe Kette von Selbstbedienungsrestaurants, in denen die Mahlzeiten nicht von Menschen serviert, sondern von Automaten ausgegeben wurden. Hoppers Gemälde zeigt eine junge Frau, die in einem solchen Lokal an einem Tisch sitzt und gerade im Begriff ist, eine Tasse Kaffee an die Lippen zu führen. Das Selbstbedienungsrestaurant hebt ihre Einsamkeit unmittelbar hervor. Obwohl ihr Mantel mit Pelzbesatz versehen ist und sie in der Nähe eines Heizkörpers sitzt, braucht sie noch mehr Wärme. Sie hat einen ihrer Handschuhe ausgezogen, um die heiße Kaffeetasse zu spüren. Das Bild ist äußerst realistisch, aber ein Detail wirkt unpassend: Auf einem Regal hinter der jungen Frau steht eine Schale voller Früchte. Woher kommt das Obst? Wir befinden uns in New York, es herrscht eine kalte Jahreszeit, und es sind die 1920er Jahre. Damals war Obst außerhalb der Saison nicht erhältlich. Solche Früchte gehören eigentlich nicht dorthin. Hopper will dies symbolisch verstanden wissen. Er fordert uns auf, darüber nachzudenken, inwiefern die üppigen, gerundeten Formen in der Schale mit dem korrespondieren, was Freud »die größeren Hemisphären des weiblichen Körpers« nannte.

Der Mantel der jungen Frau ist grün (die Farbe der Unschuld), aufgeknöpft und offen, und man sieht, dass sie darunter ein rotes Kleidungsstück (die Farbe der Leidenschaft) trägt. Ihr Ausschnitt ist tief, ihr Rock ist nach oben gerutscht und gibt den Blick auf ein Paar wohlgeformte Beine frei. Diese erotischen Elemente lassen erahnen, woran sie möglicherweise gerade denkt. Über ihrem Kopf verschwinden die im Fensterglas reflektierten Deckenlichter des Schnellrestaurants in der Dunkelheit; sie ähneln den »Gedankenblasen« eines Comics. Es gibt zwei Reihen solcher Blasen, was bedeutet, dass sie mit zwei Gedanken beschäftigt sein muss. Soll sie? Soll sie nicht? Der Stuhl, den sie vor sich hat, ist augenfällig leer. Sie kämpft mit einem Dilemma, das sie ohne Begleitung oder Unterstützung lösen muss. Ihre Einsamkeit wird durch das unendliche Nichts draußen noch verstärkt, welches die Doppelreihe reflektierter Lichter nur begrenzt mildern kann. Ein gerade noch sichtbares Stückchen Geländer deutet eine absteigende Treppe an. Es scheint der einzige Weg für sie nach draußen zu sein. Wie wir alle hat sie nur begrenzte Optionen.

Die Männer und Frauen in Hoppers Gemälden sind fast immer stumm; selbst, wenn sie im Gespräch dargestellt werden, sind sie in sich zurückgezogen, durch eine zusätzliche Barriere von uns getrennt, wie durch das Glas eines Fensters. Die Lautlosigkeit in Hoppers Gemälden (und insbesondere das Fehlen gedachter Stimmen) ist beunruhigend. Der Mensch ist ein soziales Wesen, und wir sehnen uns nach Konversation. Wenn wir miteinander reden, fühlen wir uns nicht mehr so allein, und das schwarze Nichts hinter dem Fenster des *Automat* wirkt nicht mehr ganz so bedrohlich.

Ich würde gern behaupten, diese Beobachtungen selbst gemacht zu haben, aber ich zitiere hier Professor Walter Wells, einen amerikanischen Wissenschaftler, der ein bemerkenswertes Buch mit dem Titel *Silent Theater: The Art of Edward Hopper* geschrieben hat. Ich lernte Walter bei einer Dinnerparty in London kennen, und wir wurden Freunde. Wir trafen uns gelegentlich, nur um zu plaudern. Er war ein hervorragender Gesprächspartner, unersättlich neugierig, und er verfügte über ein beeindruckendes Wissen zu einer Vielzahl von Themen, wie der Sprache der Geschäftswelt, Aspekten der Medizin, Mark Twain oder dem Hollywood-Roman, um nur einige zu nennen. Wir konnten über so ziemlich alles reden. Ich erinnere mich an die Frage, ob die Superhelden von Marvel und DC das amerikanische Äquivalent zu den griechischen Göttern seien. Walter bemerkte höflich, dass, wenn ich Amerika psychologisch auf den Grund gehen wolle, Genreliteratur vermutlich erhellender wäre. Amerika habe seine Vergangenheit mit Hilfe des Westerns aufgearbeitet, setze sich mit der Gegenwart mittels Kriminalromanen auseinander und erforsche eine mögliche Zukunft anhand von Science-Fiction. Wie so viele scharfsinnige Beobachtungen ist auch diese völlig offensichtlich – aber nur im Nachhinein, wenn sie einmal ausgesprochen wurde. Walter und ich schwiegen nie, nicht einmal ein paar Sekunden lang.

Das letzte Mal, dass ich mich mit Walter zum Mittagessen traf, war zu einem traurigen Anlass. Seine Frau, einige Jahre jünger als er, lag im Sterben. Ich tat mein Bestes, um Plattitüden zu vermeiden, denn er war kein Mensch, der vor harten Wahrheiten zurückschreckte. In seiner intellektuellen Aufrichtigkeit war er unerschütterlich, und er besaß das, was ein existenzialistischer Schriftsteller einmal als die Bereitschaft bezeichnet hat, »nackt im tobenden Ungewitter des Lebens [zu] stehen«.[1] Da er bereits eine Frau durch Krebs verloren hatte, wusste er, dass schlimme Dinge passieren und dass wir ihnen, wenn sie passieren, nicht entkommen können. Als die Rechnung kam, griff Walter nach seiner Brieftasche und sagte: »Nächstes Mal zahlst du.« Aber es gab kein nächstes Mal. Ein paar Monate später starb seine Frau, er reiste eine Weile, dann starb auch er. Seine Krebsdiagnose konnte nicht darüber hinwegtäuschen, dass sein Ende durch den persönlichen Verlust beschleunigt worden war. Emotionaler Schmerz bricht tatsächlich Herzen. Die sogenannte »Takotsubo-« oder »Stress-Kardiomyopathie« (auch bekannt als »Broken-Heart-Syndrom«) ist ein anerkannter Krankheitszustand.

Wenn Walter und ich uns trafen, sprachen wir eher über bestimmte Themen als über persönliche Erlebnisse. Daher war ich zum Teil etwas überrascht, vielleicht sogar erstaunt, als ich hörte, was bei seiner Gedenkfeier alles über ihn gesagt wurde. Dieser witzige, charmante, stilvolle Mann war in sehr bescheidenen Verhältnissen aufgewachsen, und gelegentlich zeigten sich die Spuren seiner bewegten Jugend. Einmal schlug er einen französischen Restaurantbesitzer nieder, dessen unangemessenes Verhalten (und es war unangemessen) Walters Fähigkeit, Provokationen hinzunehmen, auf eine harte Probe gestellt hatte. Jemand sagte: »Man kann den Jungen aus Queens herausholen, aber man kann Queens nicht aus dem Jungen herausholen.« Ich musste lachen, als ich mir vorstellte, wie sich mein sanftmütiger Freund durch Südfrankreich prügelte.

Ich vermisse Walter. Mehr, als ich je erwartet hätte. Ich bedaure zutiefst, dass ich nicht mehr Zeit mit ihm verbracht habe. Natürlich hatte ich meine Gründe. Es gab immer irgendetwas, das zuerst erledigt werden musste. Jetzt kann ich mich nicht einmal mehr daran erinnern, was diese dringenden Angelegenheiten waren. Ich möchte unsere Gespräche fortsetzen. Wir waren noch nicht fertig, es gab noch so viel zu sagen.

Vor ein paar Jahren besuchte ich das Whitney Museum of American Art in New York City, Walters Heimatstadt. Ich wollte unbedingt die Arbeiten von Hopper sehen. Beim Stöbern in der Museumsbuchhandlung stieß ich auf ein Exemplar von *Silent Theater.* Ich nahm es aus dem Regal und seufzte. Hätte ein vorbeigehender Fremder in diesem Augenblick ein Foto von mir gemacht, hätte es einem Bild von Edward Hopper geglichen: ein Mann, der abseits steht, isoliert und den Blick nach innen gerichtet. Ich stellte das Buch zurück an seinen Platz und ging zu meiner Frau und meinem Sohn.

»Ich habe gerade Walters Buch gefunden.« Mit diesen Worten brach ich das Schweigen, und dadurch knüpfte ich wieder Kontakt. Manche Kritiker haben Hoppers Schweigen als tödlich bezeichnet. Das ist keine Übertreibung. Es ist eine wissenschaftliche Tatsache.

*

Bertha Pappenheim, die als Anna O. in die Annalen der Psychiatrie einging, litt an Hysterie. In den 1880er Jahren wurde sie von Josef Breuer mit einer Methode behandelt, die später von Breuers jüngerem Kollegen, Sigmund Freud, weiterentwickelt wurde. Die endgültige Form dieser Therapie wird heute als Psychoanalyse bezeichnet und ist das erste wichtige Beispiel für eine formalisierte Psychotherapie. Die Behandlung von Anna O. wird in *Studien über Hysterie* beschrieben, einem Pionierwerk, das Breuer und Freud 1895 veröffentlichten. Wenn die Psychoanalyse die erste Form der Psychotherapie im modernen Sinne ist, dann war Pappenheim wohl die erste Psychotherapie-Patientin. Sie erfand einen Begriff, um ihre Behandlung zu beschreiben: die »Redekur«. Damit hat sie den wichtigsten Bestandteil der Psychotherapie benannt, das entscheidende Mittel, durch das die Psychotherapie ihre positiven Wirkungen erzielt.

Der Evolutionspsychologe Robin Dunbar vermutet, dass sich das Sprechen aus der gegenseitigen Fellpflege entwickelt hat, die unsere affenähnlichen Vorfahren praktizierten. Diese Theorie hat in der Wissenschaft zwar wenig Anklang gefunden, aber sie besitzt einen gewissen intuitiven Reiz. Die Körperpflege hat nicht nur positive Auswirkungen auf die Gesundheit, sondern stärkt – bei Affen – auch die sozialen Bindungen. Wenn wir ernsthaft miteinander kommunizieren, erleben wir in gewisser Weise etwas, das sich wie eine Form ursprünglicher Intimität anfühlt. Durch Worte können sich Seelen berühren. Die evolutionäre Bedeutung des Sprechens spiegelt sich in unserer neuronalen Entwicklung wider: Wir sind zum Spracherwerb disponiert, und der Lernprozess beginnt bei frühester Gelegenheit.[2] Neugeborene saugen stärker (ein Zeichen von Wiedererkennung und Interesse), wenn sie ihre Muttersprache statt einer Fremdsprache hören. Sie haben schon im Mutterleib mitgehört. Dieses schnelle Lernen ist umso bemerkenswerter, als der Fötus nur im letzten Schwangerschaftsdrittel wach ist – und dann auch nur zwei oder drei Stunden pro Tag. Das erste Aufflackern des Bewusstseins wird sehr wahrscheinlich von Sprache begleitet. Wir werden uns unserer selbst bewusst, indem wir anderen zuhören.

Beim Sprechen geht es nicht nur um Worte. Wir nehmen bestimmte Körperhaltungen ein, wir lächeln, runzeln die Stirn, gestikulieren und stellen Blickkontakt her; wir lesen die Mimik und wissen genau, wann wir innehalten müssen, um unser Gegenüber antworten zu lassen. Auch hier handelt es sich um Fähigkeiten, die wir früh erwerben. Sobald ein Neugeborenes in die Arme seiner Mutter gelegt wird, gibt die Mutter Laute von sich, kitzelt es, schaut es an und fordert es zu einfachen Wechselspielen auf. Diese »Dialoge« dienen als Muster für komplexere Kommunikationsfähigkeiten. Mutter und Kind entwickeln eine Bindung, und die Stärke dieser Bindung ist ein Indikator für die künftige soziale Anpassungsfähigkeit, emotionale Reife und Widerstandsfähigkeit.[3]

Die direkte Kommunikation von Angesicht zu Angesicht ist eines der grundlegendsten und ältesten menschlichen Bedürfnisse, und doch leben wir in einer Welt, in der sie immer seltener wird. Mütter verbringen mehr Zeit mit ihren elektronischen Geräten als mit ihren Kindern. Eine 2014 in der Zeitschrift *Paediatrics* veröffentlichte Beobachtungsstudie zeigte, dass 40 von 55 Betreuungspersonen während der Mahlzeit in einem Restaurant elektronische Geräte benutzten. Sechzehn dieser Betreuungspersonen nutzten ihre Geräte ununterbrochen und schauten auf die Monitore, anstatt auf ihre Kinder zu achten. Das soziale Leben hat sich in den Cyberspace verlagert. E-Mails, Textnachrichten und Kommunikation über soziale Medien werden dem Telefonat vorgezogen. Für viele ist die direkte Kommunikation mühsam, anstrengend oder sogar abschreckend. Diese Trends werden unweigerlich Folgen haben. In Japan beispielsweise wurde die Informationstechnologie mit einem Verlust von Intimität und einem dramatischen Rückgang der nationalen Geburtenrate in Verbindung gebracht. Pessimisten gehen davon aus, dass die Bevölkerung Japans bis 2060 um bis zu 30 Prozent schrumpfen könnte.[4]

Eine Studie aus dem Jahr 2019, in der drei auf das Vereinigte Königreich beschränkte Umfragen zu Sexualverhalten und Lebensstil ausgewertet wurden, gelangte zu dem Schluss, dass die Beischlafhäufigkeit bei britischen Paaren rückläufig sei. Ähnliche Rückgänge hat man auch in Australien, Finnland und Amerika festgestellt. Als ursächliche Faktoren wurden die Anforderungen des modernen Lebens und der Informationstechnologie genannt: »Das Leben im digitalen Zeitalter ist wesentlich komplexer als in früheren Epochen, die Grenzen zwischen Privatsphäre und öffentlicher Außenwelt sind fließend, und das Internet bietet vielfältige Möglichkeiten der Zerstreuung.«[5]

Die *Harvard Longitudinal Study* (Längsschnittstudie), die älteste und umfangreichste ihrer Art, begann 1938 mit der Erhebung von Daten zur körperlichen und geistigen Gesundheit und wird bis heute fortgesetzt. Die ursprüngliche Kohorte bestand aus 268 jungen Männern, doch im Laufe der Zeit wurden auch deren Kinder (etwa 1300) einbezogen. Die Ergebnisse zeigen, dass enge Beziehungen (also solche, in denen Menschen miteinander kommunizieren) die Menschen ein Leben lang glücklich machen (viel mehr als etwa Wohlstand oder Ruhm). Außerdem werden enge Beziehungen mit Langlebigkeit in Verbindung gebracht. Sie sind ein besserer Prädiktor für dauerhafte Gesundheit als die soziale Schicht, der IQ oder die Gene. Nicht alle Formen von Kommunikation sind gleichwertig. Führen manche Gesprächsformen mit größerer Wahrscheinlichkeit zu Wohlbefinden als andere? Und wenn ja, kann uns die Psychotherapie – die Redekur – brauchbare Hinweise darauf geben, welches die Merkmale einer optimalen Konversation sein könnten?

Viele Menschen blicken gern auf ihre Teenager- und frühen Erwachsenenjahre zurück. Das ist ein interessantes Phänomen, fast ein Paradoxon, denn diese Jahre sind auch mit großen Herausforderungen verbunden – erste Liebe, wichtige Entscheidungen, die sich auf die Zukunftsaussichten auswirken, Aufbau eines Identitätsbewusstseins. Geht man dieser Art von

Verklärung auf den Grund, lässt sich vieles davon auf die Bildung enger Freundschaften zurückführen, die in einem Umfeld gediehen, in dem häufige und lange Gespräche möglich waren. Sobald wir ins Berufsleben eintreten, Verantwortung übernehmen und den Anforderungen des modernen Lebens gerecht werden müssen, verringern sich die Möglichkeiten für lange, offene Gespräche. In manchen Fällen verschwinden sie sogar gänzlich.

Ein interessantes Merkmal der Konversation von Teenagern ist ihre Ziel- und Zwanglosigkeit. Das ist keine neue Entwicklung. In einem Zitat, das Sokrates von Platon zugeschrieben wird, kritisiert der große Philosoph die Neigung der Jugend, zu »schwatzen«. Teenager plaudern einfach drauflos, eines führt zum anderen, ihr Geschwätz treibt die Unterhaltung voran: zufällige Beobachtungen, Geheimnisse, Klatsch und Tratsch, Popkultur. Doch gerade durch solche ziellosen Gespräche festigen sie ihre Persönlichkeit, knüpfen emotional bedeutungsvolle Verbindungen zu Gleichaltrigen und entdecken ihre Werte. Während sie über nichts Bestimmtes reden, reifen sie irgendwie zu Erwachsenen heran. Dieser Prozess ist so bereichernd, dass sich die meisten Menschen für den Rest ihres Lebens an die Atmosphäre, wenn auch nicht an den genauen Inhalt solcher Unterhaltungen erinnern.

Ein fließender, improvisierter Gesprächsstil hat viel mit Freuds Technik der »freien Assoziation« gemein. Zu Beginn der Konsultationen bat er seine Patienten, das Erste zu sagen, was ihnen in den Sinn kam, und dann ohne Hemmung oder Selbstzensur weiterzureden. Freud stellte fest, dass bei diesen Patienten zufällige Assoziationen zu interessanten Entdeckungen über ihre Persönlichkeit führten. Aus verborgenen Tiefen schienen wichtige und ansonsten unzugängliche Erinnerungen aufzusteigen. Indem wir einfach reden, entdecken wir häufig, was wir wirklich zu sagen haben.

Der Dichter John Keats sprach von »negativer Fähigkeit«, um die gedankliche Lockerheit und geistige Offenheit zu beschreiben, die große Künstler und Schriftsteller innovativ machen. Diese Sichtweise der Kreativität hat viel mit der Behauptung von Aristoteles gemein, dass die Schaffung genialer Werke ein wenig Wahnsinn erfordere (einen geistigen Zustand, der durch eine extreme Lockerung von Assoziationen gekennzeichnet ist). Es gibt zahlreiche Beispiele dafür, wie vollkommen neuartige Gedanken unter Bedingungen entstehen, in denen das Bewusstsein gänzlich ungebunden ist, zum Beispiel, wenn man schläft. Albert Einstein gewann wertvolle Einsichten in die Relativitätstheorie, und Mary Shelley wurde zu Frankenstein inspiriert, während sie schliefen. Auch andere Persönlichkeiten wie etwa Beethoven, Salvador Dalí, Charlotte Brontë, Dmitri Mendelejew (Periodensystem), August Kekulé (Struktur des Benzols) und Niels Bohr (Quantentheorie) hatten erhellende Träume.[6, 7] In seinem 2017 erschienenen Werk *Das große Buch vom Schlaf* berichtet der Neurowissenschaftler und Psychologe Matthew Walker, dass der Traumzustand des Gehirns kurze Zeit anhält, wenn jemand aus einem Traum erwacht, und dass er oder sie bei Problemlösungen, die kreatives Denken erfordern, dann besser abschneidet als sonst.

Studien zur Problemlösung legen nahe, dass die besten Ergebnisse erreicht werden, wenn dem konzentrierten Denken eine »Brainstorming«-Phase vorausgeht, in der Ideen generiert, aber noch nicht bewertet werden. Kontraintuitive Lösungen, die andernfalls möglicherweise vorschnell verworfen würden, können so zu einem späteren Zeitpunkt angemessen berücksichtigt werden. Diese Vorgehensweise hat viel mit der freien Assoziation gemein. Neben der Psychoanalyse befürworten auch bestimmte Schulen der Existenziellen und Humanistischen Psychotherapie ein ungehemmtes, freies Sprechen. Vor etwa zweieinhalbtausend Jahren bemerkte der chinesische Philosoph und Begründer des Taoismus Laotse: »Wer gut zuhört, erspart sich die Bürde, Ratschläge zu erteilen.« In diesem Sinne sollte ein Therapeut seinen Patienten keine bestimmten Antworten geben, da die Patienten schließlich ihre eigenen Antworten finden müssen.

Das Brainstorming hat einen historischen Vorgänger: Michel de Montaigne, ein Schriftsteller des 16. Jahrhunderts, verfasste ausschweifende und abschweifende Essays, die auf Umwegen zu Antworten auf die Fragen des Lebens führen. Es sind vielleicht keine ultimativen Antworten, aber Antworten, die für Montaignes Zeit und sogar für unsere Gegenwart durchaus von Bedeutung sind. Seine Schreibtechnik, die im Wesentlichen darin bestand, dass er seinen Gedanken freien Lauf ließ, war äußerst produktiv, und seine klugen Worte werden seit Generationen geschätzt. Montaigne zu lesen, ist ein bisschen so, als würde man einem Mann zuhören, der auf Freuds Couch liegt und frei assoziiert, um aufschlussreiche Erkenntnisse zu gewinnen.

In der Vergangenheit entsprachen Filmhelden dem kulturellen Ideal des starken, schweigsamen Typs. Solche Männer sprachen nur, wenn sie etwas zu sagen hatten; sie waren Macher, und »Taten«, so versicherte man uns, »sagen mehr als Worte«. Hollywood brachte uns dazu, Generationen von Schauspielern zu bewundern, die allen Widrigkeiten mit kantigem Kinn entgegentraten. Das Stereotyp des Briten mit der

»steifen Oberlippe« steht für eine Reihe verwandter Tugenden: Gleichmut, Tapferkeit, Courage. In letzter Zeit ist auch die Figur der starken, schweigsamen Frau immer öfter zu sehen. Sie tritt in vielerlei Gestalt auf, wenn auch vielleicht am häufigsten als weltmüde Ermittlerin in Krimis. All diesen Klischees liegt die Vorstellung zugrunde, dass wortgewandte Menschen schwach und emotional unbeständig sind. Solche Polarisierungen sind jedoch völlig unzutreffend. Tatsächlich sind Menschen, die frei reden, im Allgemeinen weniger gestört als diejenigen, die sich zurückhalten. Sie haben ein stimmiges Selbstbewusstsein und sind eher in der Lage, kreative Lösungen für Probleme zu finden. Sie fühlen sich weniger isoliert, und ihre sicheren Bindungen schützen sie vor den Auswirkungen von Stress.

Wenn wir uns nicht der Sprache bedienen, um unsere Gedanken und Gefühle mitzuteilen, kann man uns nicht wahrnehmen. Unser Innenleben hat dann weniger Berührungspunkte mit der Außenwelt, und wir fühlen uns von den anderen losgelöst. Existenzielle Psychotherapeuten bezeichnen das Alleinsein als einen der grundlegenden Schrecken menschlichen Daseins. Dies dürfte nicht weiter verwunderlich sein, denn ein einzelner Hominide hätte in der Umwelt unserer Vorfahren nicht sehr lange überleben können. Die Angst vor der Einsamkeit hat sich bei uns also aus gutem Grund entwickelt. Wenn wir miteinander reden, sorgen wir letztlich auch dafür, dass die Dunkelheit in Edward Hoppers *Automat* auf der anderen Seite der Glasscheibe bleibt.

Ein von verschiedenen Psychotherapieschulen immer wieder vertretener Gedanke ist, dass man ständig um Aufrichtigkeit bemüht sein sollte. Man soll sagen, was man meint, und meinen, was man sagt. Dieses Diktum mag zwar einfach klingen, ist aber in der Praxis schwer zu verwirklichen. Bewusst oder unbewusst nehmen Menschen regelmäßig gesellschaftliche Rollen ein, in denen sie wie Schauspieler in einem griechischen Drama ihren Text sprechen. Die Worte, die sie sagen, spiegeln nicht ihre inneren Bedürfnisse, Wünsche und Gefühle wider.

Bisweilen wird uns das Ausmaß unserer gewohnheitsmäßigen Unehrlichkeit erst bewusst, wenn die Wahrheit »herauskommt«. Dies geschieht etwa bei einem »Freud'schen Versprecher« – wenn wir unbeabsichtigt etwas sagen, das unsere wahren Empfindungen zum Ausdruck bringt. In Reaktion auf die Beförderung eines Kollegen möchte eine unaufrichtige Person vielleicht sagen: »Ich bin nicht neidisch«, aber tatsächlich kommt das Gegenteil heraus: »Ich bin neidisch.« Freud führte solche Fehler auf Störungen zurück, die vom Unbewussten ausgehen, einem Bereich der menschlichen Psyche, der sich nicht allzu sehr um gesellschaftliche Finessen schert. Wenn uns ein Freud'scher Versprecher unterläuft, wird das, was wir zu verbergen versuchen, auf peinliche Weise offenkundig.

Der kanadische Psychiater Eric Berne behauptete, dass Menschen oft mit Hilfe sogenannter »verdeckter Transaktionen« kommunizieren. Dabei handelt es sich um einen verbalen Austausch, der insofern unehrlich ist, als er ein heimliches Motiv verbirgt. Bernes Einführung in die Thematik verdeckter Transaktionen, *Spiele der Erwachsenen*, wurde in den 1960er Jahren ein Bestseller. Das Ergebnis eines »Spiels« umfasst in der Regel eine Art Belohnung, die eine Wiederholung des Spiels wahrscheinlicher macht. Das Spiel, das Berne »Sieh bloß, was du angerichtet hast« nannte, ist ein typisches

Beispiel für eine verdeckte Transaktion. Ein Ehemann will allein sein und geht vertieft einer bestimmten Tätigkeit nach, um sich vor häuslichen Pflichten zu drücken. Als er von einem Eindringling unterbrochen wird, rutscht ihm sein Meißel, Pinsel, Stift oder Lötkolben aus, und er schreit: »Sieh bloß, was du angerichtet hast!« Es ist allerdings nicht der Eindringling, der das Missgeschick verursacht hat, sondern seine eigene Reizbarkeit. Das Missgeschick liefert ihm eine hervorragende Ausrede, um den Besucher wegzuschicken. So kann er sich weiterhin allen Forderungen entziehen, die seine Frau oder seine Kinder an ihn stellen könnten. Je mehr Spiele dieser Art wir spielen, desto unbefriedigender werden unsere Beziehungen.

Manche Spiele werden so gut eingeübt, dass wir sie automatisch spielen, ohne zu wissen, was wirklich passiert. Wenn sie durch regelmäßige, fragwürdige Belohnungen beibehalten werden, kann eine Person immer wieder dieselben Manöver und Gegenmanöver durchführen, bis ihr Verhältnis zu anderen starr und unflexibel wird. Ein Hauptziel der »Transaktionsanalyse« ist es, Menschen dabei zu helfen, diese Spiele und andere selbstschädigende Verhaltensmuster zu erkennen und sich einzugestehen. Dies erfordert in der Regel einen besseren Zugang zu Gefühlen, die bis dahin in gewissem Maße verleugnet worden sind. Oft genügt es schon, über sich selbst zu sprechen, um wieder eine Verbindung zu den eigenen Gefühlen herzustellen. Diese Wiederverbindung kann dadurch begünstigt werden, dass man sich die subtilen Möglichkeiten der Sprache zunutze macht.

Wenn die Luft kühler wird und die Blätter sich langsam verfärben, denke ich immer an eine wunderschöne Zeile von Keats: »Du Zeit der Nebel und der reifen Fruchtbarkeit.« Wir können genau dasselbe Gefühl mit anderen Worten ausdrücken. Zum Beispiel: »Die Zeit des Jahres, in der es oft neblig ist und die Früchte reif werden.« Aber das ist nicht dasselbe, oder? Die Stimmung ist völlig anders, etwas Wesentliches ist verloren gegangen. Keats' Dichtung, wenngleich impressionistisch, scheint sehr viel mehr zu sagen. In Keats' Evokationen finden sich Tiefe und Reichtum, werden Erinnerungen wach, riecht es nach Lagerfeuern und dem süßen Hauch des Verfalls. Konturen verschwimmen, und ein gedämpftes Licht spielt mit rostroten und bernsteinfarbenen Tönen. Wir *fühlen* etwas.

Worte sind mit Assoziationen, Obertönen und emotionalen Resonanzen verbunden. Von der Mitte des 19. bis zum Ende des 20. Jahrhunderts glaubten Experten, dass die Sprache von nur zwei kleinen Bereichen des Gehirns vermittelt würde. Mit Einführung der Hirnscan-Technologie erkannte die Forschung jedoch, dass die Sprache ein viel weitreichenderes Netz von Verbindungen, Regionen und Strukturen umfasst, als man bis dahin angenommen hatte.[8] Wenn man beispielsweise das Wort »Hammer« denkt, wird der Motorcortex aktiviert und signalisiert die Bereitschaft, zum Schlag auszuholen. Denkt man dagegen an »Herbst«, flimmert die Sehrinde mit gespenstischen Bildern von Nebel und fallenden Blättern. Metaphern erzeugen eine kongruente Gehirnaktivität. So wurde beispielsweise festgestellt, dass das Lesen des Satzes »Er hatte einen harten Tag« eine stärkere Aktivität in den Arealen hervorruft, die mit Gefühlen in Zusammenhang stehen, als das Lesen des Satzes »Er hatte einen schlechten Tag«.[9]

Jedes Wort hallt in den Weiten der Gehirnarchitektur wider, und wenn wir ein Wort durch ein anderes ersetzen, lösen wir andere Aktivierungsmuster aus. Diese Muster wirken sich wiederum unterschiedlich auf die Verfügbarkeit bestimmter Erinnerungen und Gefühle aus. Wenn wir also über uns selbst sprechen, beeinflusst unsere genaue Wortwahl den Grad unserer Selbstbewusstheit, und je bewusster wir uns unserer selbst sind, desto besser sind wir natürlich in der Lage, gute Lebensentscheidungen zu treffen.

Einer der ersten Psychotherapeuten, der sich auf die Feinheiten der Sprache konzentrierte und mit der Veränderung der Sprache als Praxisverfahren experimentierte, war Fritz Perls. In den 1940er und 1950er Jahren war er weitgehend (wenn auch nicht ausschließlich) für die Begründung und Entwicklung der Gestalttherapie verantwortlich. Mit dem Wort »Gestalt« ist die Form oder Erscheinung gemeint, aber es bedeutet auch »Ganzheitlichkeit«. (Das Wort wurde ursprünglich in den 1920er Jahren von einer Gruppe experimenteller Psychologen als Name für ihre spezifische Schule verwendet; das Hauptziel dieser Experimentatoren bestand jedoch darin, die Gesetzmäßigkeiten der visuellen Wahrnehmung zu entdecken. Obwohl es einige interessante Gemeinsamkeiten zwischen Gestalttherapie und Gestaltpsychologie gibt, sollten sie unabhängig voneinander betrachtet werden.) In Lehrbüchern findet sich in den Kapiteln über Gestalttherapie häufig ein Foto von Perls als alter Mann mit langem weißen Bart. Üblicherweise wird das Porträt durch ergänzende Fotos von Hippies, Happenings, Psychedelika und Flower-Power kontextualisiert. Perls' Guru-Image wurde mit der Veröffentlichung seines viel zitierten »Gestaltgebets« zementiert, einer kleinen Übung, die nichtsdestoweniger etwas von der damals vorherrschenden Geisteshaltung zum Ausdruck brachte: »Ich tu, was ich tu; und du tust, was du tust. Ich bin nicht auf dieser Welt, um nach deinen Erwartungen zu leben, und du bist nicht auf dieser Welt, um nach den meinen zu leben. Du bist du, und ich bin ich. Und wenn wir uns zufällig finden, – wunderbar. Wenn nicht, kann man auch nichts machen.« Fast hört man die Doors im Hintergrund spielen.

Fritz Perls löste kulturelle Wellen aus, die bis nach Hollywood vordrangen. In dem 1969 für den Oscar nominierten Film *Bob & Carol & Ted & Alice* geht es um ein Ehepaar, das gesellschaftliche Konventionen infrage stellt, nachdem es sich einer Therapie unterzogen hat, die zu persönlicher Freiheit und emotionaler Ehrlichkeit ermutigt. Sie rauchen Marihuana, sprechen offen über Affären und erwägen einen »Frauentausch«. Die ursprüngliche Inspiration für den Film war ein im *Time Magazine* veröffentlichtes Foto von Perls, der zusammen mit seinen Schülern am Esalen-Institut in Kalifornien nackt in einem Whirlpool badet.[10] Zu dieser Zeit war Esalen das Aushängeschild der »Human Potential«-Bewegung. In vielerlei Hinsicht ist es das immer noch.

Perls und seine Mitstreiter am Esalen-Institut setzten psychotherapeutische Methoden ein, um die Entwicklung der Persönlichkeit zu fördern, und nicht, um psychische »Krankheiten« zu behandeln. Sie interessierten sich dafür, wie Menschen durch Psychotherapie zu besseren Lebensweisen finden könnten. Dieser Ansatz hat viel mit Freuds in den 1920er Jahren geäußerter Hoffnung gemein, dass die Psychoanalyse eines Tages über die Medizin hinaus als allgemein relevante Disziplin angesehen würde.

Perls machte darauf aufmerksam, dass wir oft eine unpersönliche oder neutrale Sprache verwenden, um Distanz zwischen uns und unseren schmerzvollen Gefühlen zu wahren. Dies mag Ängste und Unbehagen kurzfristig mindern, langfristig aber nehmen wir uns dadurch nicht ganzheitlich wahr.

Folglich basieren die von uns getroffenen Entscheidungen nicht auf sämtlichen uns zur Verfügung stehenden Informationen.

Wenn wir sagen, »es fühlt sich schlecht an«, meinen wir manchmal eigentlich, »ich fühle mich schlecht«. Indem wir das neutrale Pronomen der dritten Person der ersten Person vorziehen, schränken wir das Potenzial des Satzes ein, uns vollständig ins Hier und Jetzt der Unterhaltung zu bringen. Wenn ein Patient in der Gestalttherapie sagt: »Sie wissen ja, dass Menschen in gesellschaftlichen Situationen oft angespannt sind«, könnte der Therapeut ihn bitten, den Satz zu wiederholen, aber in einer weniger abstrakten und direkteren Formulierung. Zum Beispiel: »Wenn ich mit meinen Freunden zusammen bin, bin ich oft ziemlich verkrampft.« Dieser umgestaltete Satz hat ganz andere Eigenschaften. Er ist persönlich bedeutungsvoller und aufschlussreicher. Wie bei Poesie und

Prosa kann ein identischer Inhalt unterschiedliche Wirkungen entfalten, je nachdem, wie dieser Inhalt formuliert ist. Es gibt noch viele andere Beispiele dafür, wie vorteilhaft die Modifizierung der Sprache sein kann. Zum Beispiel finden wir uns manchmal in Situationen wieder, in denen wir protestieren: »Das kann ich nicht«, obwohl es vielleicht richtiger wäre zu sagen: »Das will ich nicht«. In diesem Fall wird durch die Ersetzung von »nicht können« durch »nicht wollen« die Möglichkeit der Wahl eingeräumt. Es findet eine ermächtigende Verlagerung von der Hilflosigkeit hin zur Handlungsfähigkeit statt.

Worte erhöhen die Transparenz und machen uns zugänglicher für andere. Die Nähe, die uns glücklich macht und uns zu einem längeren Leben verhilft, entsteht nur, wenn wir wahrheitsgemäß sprechen. Wenn wir eine Sprache verwenden, die zwischen uns und unseren eigenen Gefühlen eine Distanz schafft, dann schaffen wir fast immer auch eine Distanz zwischen uns und anderen. Wir entscheiden uns dafür, uns unter die Figuren von Edward Hopper zu begeben, in Räume, in denen uns die Stille vom Rest der Menschheit isoliert.

Fritz Perls war ein sehr kommunikativer Mensch. Er wurde Ende des 19. Jahrhunderts geboren und studierte Medizin an der Universität in Berlin. Bei Ausbruch des Ersten Weltkriegs wurde er wegen eines Herzfehlers, Asthma und eines Buckels als dienstuntauglich eingestuft. Er setzte sein Studium fort, doch 1916 war die Zahl der Gefallenen so stark angestiegen, dass die Musterungskriterien für die deutsche Armee gelockert wurden. Perls meldete sich freiwillig und diente als Sanitäter in den Schützengräben. Man kann sich gut vorstellen, wie er als schmächtiger junger Mann mit schmerzender Lunge in seine geballte Faust hustete, umgeben vom Grauen des

Kriegs: explodierende Granaten, Gasangriffe und unsägliches Gemetzel. Neun Monate lang lebte er unter diesen höllischen Bedingungen und wurde später für seine Tapferkeit ausgezeichnet. Nach seinem Medizinstudium praktizierte Perls als Neuropsychiater und bildete sich dann zum Psychoanalytiker fort. Als er 1933 gezwungen war, Deutschland zu verlassen, weil sein Name auf einer schwarzen Liste der Nationalsozialisten stand, ging er nach Südafrika und praktizierte in Johannesburg.

Drei Jahre später kehrte Perls nach Europa zurück, um an einer Konferenz teilzunehmen. Er beschloss, Freud in Wien einen Besuch abzustatten, was ein wenig anmaßend war. Die Tür öffnete sich, und Freud spähte heraus. Perls erklärte, dass er extra aus Südafrika angereist sei. Freud war unbeeindruckt. (Wann er wieder zurückfahre, wollte er wissen.) Es kam zu einer oberflächlichen Unterhaltung, dann wurde Perls aufgefordert zu gehen.[11] Die Erinnerung an diese Blamage schmerzte, und aus der Verlegenheit wurde Groll. Fortan ließ er keine Gelegenheit aus, sein einstiges Vorbild zu verunglimpfen.

Nach dem Zweiten Weltkrieg (und einem weiteren freiwilligen Einsatz, diesmal bei den Alliierten) ließ sich Perls in den Vereinigten Staaten nieder. Er las zahlreiche Bücher über östliche Mystik, arbeitete eng mit Paul Goodman zusammen an der Entwicklung der Gestalttherapie und zog 1964 nach Esalen, wo er bis 1969 blieb. In seinem letzten Lebensjahrzehnt nahm Perls sein messianisches Aussehen an und wurde zum Helden der Gegenkultur, der geistreiche Aphorismen wie »Verlier deinen Verstand und komm zur Vernunft« verbreitete. Er wurde von seinen Anhängern verehrt und demonstrierte seine therapeutischen Fähigkeiten häufig auf der Bühne vor großem Publikum. Außerdem nahm er an Debatten mit angesagten Mystikern wie Baba Ram Dass und Maharishi Mahesh Yogi teil. Wäre der dreiundzwanzigjährige Soldat in der Zeit nach vorn gesprungen und hätte dem dreiundsiebzigjährigen Guru gegenübergestanden, hätte er niemals erraten, wen er da vor sich hatte. Die frühe und die späte Inkarnation von Fritz Perls stammten von zwei verschiedenen Planeten.

In seinem letzten Lebensjahr erwarb Perls ein altes Motel in Kanada, wo er eine Gestalt-Gemeinde gründen wollte. Bevor er diesen Traum verwirklichen konnte, starb er am 14. März 1970 an einem Herzinfarkt. An seiner Trauerfeier in San Francisco nahmen über tausend Menschen teil.

Wenn wir offen und ehrlich miteinander reden, verbessert das die Qualität unserer Beziehungen, und sinnstiftende, enge Beziehungen tragen zu Glück und einer hohen Lebenserwartung bei. Das gilt auch für den umgekehrten Fall: Wenn wir zurückhaltend und unaufrichtig sind, verarmen unsere Beziehungen; verarmte Beziehungen machen uns unglücklich und erhöhen unsere Anfälligkeit für Krankheiten.

Die Psychotherapie geht seit jeher davon aus, dass die Wahrung von Geheimnissen Auswirkungen auf Geist und Körper haben kann. In ihren ersten Veröffentlichungen über Hysterie (einen Zustand, der mit unzähligen körperlichen Symptomen einhergeht) identifizierten Freud und Breuer verdrängte Erinnerungen als Hauptursache. In gewissem Sinne ist die Verdrängung die ultimative Form der Geheimhaltung, denn das Geheimnis wird nicht nur vor anderen, sondern sogar vor der betroffenen Person selbst verborgen. Verdrängte Erinnerungen sind so tief im Unbewussten vergraben, dass sie nicht mehr zugänglich sind; sie können jedoch trotzdem Symptome hervorrufen, und oft gibt es eine symbolische Verbindung zwischen verdrängten Erinnerungen und den von ihnen verursachten Symptomen. So kann beispielsweise eine Person, die etwas Traumatisches mit ansehen musste, die Erinnerung verdrängen, danach aber Episoden von Blindheit erleben. An die Stelle eines Gedankens ist ein körperliches Symptom getreten: »Ich habe genug gesehen und will nicht noch mehr sehen.« Geheimnisse können eine tiefgreifende nachteilige Wirkung haben: Qua Geheimnis müssen sie gewahrt werden, und die permanente Anforderung, sie zu verbergen, raubt Energie, die für andere Zwecke hätte verwendet werden können. Freuds Gedanken über innere Energien sind zwar anfällig für Kritik (der Begriff der »psychischen Energie« hat einen bildhaften Nutzen, kann aber nicht wie die physische Energie quantifiziert werden), doch die grundlegende Vorstellung, dass Geheimnisse schädliche Auswirkungen auf unsere Gesundheit haben können, hat in der Wissenschaft breite Unterstützung gefunden.

Wird eine unangenehme Wahrheit verschwiegen, hat das unmittelbare körperliche Folgen. Wenn wir unaufrichtig sind, werden Stresshormone ausgeschüttet, die einen Bereich des vegetativen Nervensystems aktivieren, und wir beginnen zu schwitzen. (Ein Lügendetektor misst den elektrischen Leitwert der Haut, der je nach Menge der von den Schweißdrüsen abgesonderten Feuchtigkeit variiert.) Mit der Zeit führt ein gut gehütetes Geheimnis zu einem chronischen Erregungszustand, und die biochemischen Veränderungen, die dieser Zustand hervorruft, können die körpereigenen Abwehrkräfte beeinträchtigen, sich auf das Herz-Kreislauf-System auswirken und zu Veränderungen im Neurotransmitterhaushalt des Gehirns führen. Der renommierte Experimentalpsychologe James Pennebaker ist zu dem Schluss gekommen, dass ein übermäßiges Zurückhalten von Gedanken und Gefühlen das Risiko sowohl für leichte als auch für schwere Krankheiten erhöht. In einer frühen Studie, über die er in seinem 1990 erschienenen Buch *Opening Up: The Healing Power of Expressing Emotions* berichtet, stellte er fest, dass Personen, die ihre traumatischen Erlebnisse bisher nicht mitgeteilt hatten, sehr viel häufiger als andere an einer Reihe von Gesundheitsproblemen wie Krebs, Bluthochdruck, Geschwüren, Grippe, Kopf- und sogar Ohrenschmerzen litten. Die genaue Art des Traumas (sei es sexueller Missbrauch oder ein Todesfall in der Familie) war dabei unerheblich: »Das einzige charakteristische Element war, dass nicht mit anderen über das Trauma gesprochen wurde«, schrieb er. Verdrängung ist nicht immer die Ursache von Krankheiten – und schon gar nicht die einzige Ursache –, aber sie ist ein erheblicher Risikofaktor.

Verschweigen ist im Wesentlichen eine Verteidigungsstrategie. Wir verdrängen, unterdrücken und lügen, um uns zu schützen. Doch diese Formen des Selbstschutzes sind oftmals ineffizient und machen die Dinge eher schlimmer als besser.

Bemühungen, Gedanken und Erinnerungen im Unbewussten zu vergraben, schlagen häufig fehl und verursachen einen sogenannten »Rebound-Effekt«. Sie kommen zurück und lösen Episoden des Grübelns und der Sorgen aus. Tatsächlich könnten die paradoxen Folgen der Gedankenunterdrückung dafür verantwortlich sein, dass bestimmte Gedanken und Erinnerungen zu belastenden Obsessionen werden.[12] Menschen, die Geheimnisse haben, sind ablenkbarer und fühlen sich unwohler als diejenigen, die offener sprechen.[13] Wenn wir zu Bett gehen und das Licht ausschalten, gibt es keine weiteren Anforderungen mehr, und genau dann können Geheimnisse zu einer Qual werden, die uns wach hält und unser Gewissen plagt. Der Schlaf, wenn er denn endlich eintritt, ist nicht unbedingt erholsam, denn Verdrängtes beeinflusst häufig den Inhalt unserer Träume – insbesondere den emotionalen Inhalt.[14] Dadurch ist es wahrscheinlicher, dass wir aus Albträumen erwachen. Längere Perioden gestörten und lückenhaften Schlafs verstärken mit ziemlicher Sicherheit bereits bestehende physische oder psychische Gesundheitsrisiken.

Das Mitteilen von Geheimnissen ist stark mit dem Gedanken der Entlastung verbunden, einer Vorstellung, die sich in bestimmten Redewendungen niederschlägt – etwa: »Ich muss mir etwas von der Seele reden.« Wenn die Last erst einmal von uns genommen ist, können wir aufatmen. Das ist eine sehr treffende Formulierung, denn sie bezieht sich auf das wichtigste Anzeichen für Leben: die Atmung. Wenn wir uns nicht sicher sind, ob jemand tot oder lebendig ist, prüfen wir wie aus einem Reflex heraus, ob er oder sie atmet. Alles, was die Atmung beeinträchtigt, ist eine äußerst ernst zu nehmende Bedrohung. Wenn man Menschen, die unaufrichtig waren, bittet, den Energie- und Kraftaufwand einzuschätzen, der zur Bewältigung körperlicher Aufgaben erforderlich ist – beispielsweise das Tragen von Einkäufen eine Treppe hinauf –, überschätzen diejenigen, die zugeben, sich durch ihre Unaufrichtigkeit belastet zu fühlen, die Aufgabe häufiger als andere.[15] Die Last ihres Geheimnisses ist nicht nur metaphorischer Natur. Sie drückt sie nieder, raubt ihnen den Atem. Das Leben erscheint ihnen insgesamt schwieriger.

Je mehr wir über das Universum und die natürliche Welt erfahren, desto mehr erkennen wir die Bedeutung von Vernetzungen. Bäume gedeihen am besten, wenn sie in Gruppen vorkommen. Der Grund dafür ist, dass sie ständig kommunizieren. Sie »sprechen« miteinander, indem sie über sich kreuzende Wurzelsysteme chemische Verbindungen und elektrische Impulse freisetzen, und diese Botschaften sind fast ausnahmslos uneigennützig.[16] Nährstoffe und Wasser werden so verteilt, dass jedes Mitglied der größeren Gemeinschaft sein volles Potenzial entfalten kann. Ein einsamer Baum ist selten ein gesunder Baum. Die Vorteile von Verflechtungen sind subtil. Wenn wir uns unterhalten, geschieht vieles unsichtbar. Die Verästelungen unseres Nervensystems strecken sich in gewisser Weise ebenfalls aus, sammeln Informationen und nehmen Nahrung auf.

Für ein soziales Wesen ist das Alleinsein beunruhigend. Es signalisiert existenzielle Bedrohungen, die ihren Ursprung in der Vorgeschichte haben. Wir brauchen den Stamm und den engen Körperkontakt, damit wir uns warm und sicher fühlen. Selbst ein hochentwickelter Affe wird, wenn er in einem anonymen Selbstbedienungsrestaurant wie Hoppers *Automat* sitzt, die Dunkelheit wahrnehmen, die von draußen gegen die Fensterscheibe drückt, und er wird sich nach der kommunikativen Fürsorge und Nähe eines Gefährten sehnen.

Die physische Anwesenheit anderer ist kein Allheilmittel. Ein überfüllter Raum kann trotzdem ein sehr einsamer Ort sein. In den 1970er Jahren traf Robert Weiss eine hilfreiche Unterscheidung zwischen sozialer und emotionaler Isolation.[17] Eine Person kann isoliert sein, weil sie ein eingeschränktes Sozialleben hat (wenige Freunde) oder weil sie keine engen Beziehungen unterhält (wenige gute Freunde). Soziale und emotionale Isolation sind keine gänzlich unabhängigen Konzepte (wer keine Freunde hat, hat auch keine guten Freunde); dennoch ist es möglich, ihre unterschiedlichen Auswirkungen zu ermitteln. So zeigen Untersuchungen von Philip Hyland und Kollegen, die 2018 in der Fachzeitschrift *Social Psychiatry and Psychiatric Epidemiology* veröffentlicht wurden, dass die Anzahl unserer Beziehungen für unsere psychische Gesundheit weniger wichtig ist als deren Qualität.

Dieser Grundsatz gilt auch für die sozialen Medien – die ebenfalls leicht zu einem einsamen, überfüllten Raum werden können. Der Beitritt zu einer Online-Selbsthilfegruppe kann durchaus tröstlich sein, doch selbst die mitfühlendsten Internet-Chatrooms können den Augenkontakt, eine vertraute Stimme, eine aufeinander eingehende Körpersprache und die Wärme einer fürsorglichen Hand nicht ersetzen. Je mehr wir versuchen, über Tablets und Smartphones Kontakte zu knüpfen, desto größer ist die Wahrscheinlichkeit, emotionale Frustration zu erfahren, denn das wichtigste Mittel, mit dem Menschen die Einsamkeit bekämpfen und ihre geistige Gesundheit erhalten, ist die Kommunikation von Angesicht zu Angesicht. Die Online-Interaktion wird häufig damit verteidigt, dass sie ein soziales Ventil für diejenigen bietet, die Schwierigkeiten mit der Kommunikation von Angesicht zu Angesicht haben. Online-Kontakte können jedoch leicht kontraproduktiv werden: Ängstliche Menschen berauben sich selbst der Möglichkeit, ihre sozialen Fähigkeiten in »realen« Situationen zu erproben – Fähigkeiten, die möglicherweise die Bildung wertvoller (und letztlich therapeutischer) enger Beziehungen erleichtern könnten.

Einsamkeit wird mit schlechtem Schlaf, hohem Blutdruck, kognitiven und immunologischen Beeinträchtigungen, Depressionen und frühem Tod in Verbindung gebracht.[18] Der derzeitige Leiter der *Harvard Longitudinal Study*, Professor Robert Waldinger, hat einmal gesagt: »Einsamkeit ist tödlich. Sie ist so gefährlich wie Rauchen oder Alkoholismus.« Der

Sozialneurowissenschaftler John Cacioppo erklärte 2016 in einem Interview für *The Guardian*, dass chronische Einsamkeit die Wahrscheinlichkeit eines frühen Todes um 20 Prozent erhöhe.

Fast alle namhaften Vertreter jenes Forschungsansatzes, der mit der sogenannten »Redekur« seinen Anfang nahm, setzten großes Vertrauen in die Macht der Worte. In dieser Hinsicht unterschieden sie sich stark von Edward Hopper, der Worten misstraute und dessen auffallendstes Wesensmerkmal seine »enorme Abneigung gegen das Sprechen« war.[19] Vielleicht erklärt dies, warum er Episoden depressiver Verstimmung erlitt, während derer er nicht in der Lage war, mit seiner Frau zu kommunizieren. In einem der Tagebucheinträge der Ehefrau von 1946 heißt es: »Jedes Gespräch mit mir lässt seine Augen zur Uhr wandern.« Da sie keine Worte wechseln konnten, schlugen sie sich stattdessen.

Viele von Hoppers Meisterwerken erwecken den Eindruck einer anhaltenden Spannung, die durch einen Ton oder ein Geräusch sofort aufgelöst würde. Doch das Schweigen kann niemals gebrochen werden; die Spannung bleibt dauerhaft erhalten. Es ist ein unangreifbares Schweigen, das Destillat unserer existenziellen Angst. Wenn nur jemand sprechen würde. Zum Glück sind wir nicht in uns selbst gefangen wie Hoppers Figuren. Wir können das *Automat*-Schnellrestaurant verlassen. Wir können unseren Mund öffnen.

2

Sicherheit:

Urbedürfnisse

Abraham Maslow wurde 1908 in New York als Sohn jüdischer Einwanderer geboren, die vor politischen Unruhen aus dem zaristischen Russland geflohen waren. Er war das älteste von elf Kindern und, wie er sagte, »ein Junge aus den Slums«. Sein Vater reparierte Fässer und verdiente kaum genug Geld, um Frau und Kinder zu ernähren. Trotz dieser ungünstigen Startbedingungen machte Maslow seinen Abschluss an der Universität von Wisconsin und wurde später von Alfred Adler, einem der frühesten Wegbegleiter Freuds, wissenschaftlich betreut. Während Maslows Studium beherrschten Behaviorismus und Psychoanalyse die wissenschaftliche Psychologie. Ersteren fand er oberflächlich und Letztere öde. Außerdem hatten sowohl Behaviorismus als auch Psychoanalyse nur sehr wenig über bestimmte Aspekte der menschlichen Existenz zu sagen, weshalb Maslow beschloss, diese vernachlässigten und größtenteils positiven Bereiche der menschlichen Psyche genauer zu untersuchen. Heute gilt er als Mitbegründer der Humanistischen Psychologie, jener Schule, die sich mit dem existenziellen Zweig der Psychoanalyse überschneidet.

Als Maslow 1970 starb, galt er als ein außergewöhnlich kluger Kopf. Dennoch hatte er sich das gesamte vorangegangene Jahrzehnt dagegen gewehrt, zum Guru der Sechziger stilisiert zu werden. Er kleidete sich konventionell, sprach bescheiden und ungekünstelt. Im Gegensatz zu Freud, der in seiner Darstellung des Seelenlebens die primitiven Triebe besonders hervorhebt, vertrat Maslow ein eher wohlwollendes Menschenbild. Menschen lieben, erleben Momente der Transzendenz, entwickeln sich als Individuen, suchen nach Sinn, lassen sich von Musik berühren und schaffen Kunstwerke. Für Freud sind all diese Zustände und Verhaltensweisen sekundär im Verhältnis zu den Urinstinkten, den zufälligen Folgen umgeleiteter Begierden und Energien, den Verdrängungen. Für Maslow hingegen sind sie allesamt bedeutsam und spiegeln verschiedene Aspekte der ganzen Person wider. Die Selbstverwirklichung (das Ziel der persönlichen Entfaltung) kann erst erreicht werden, wenn die verschiedenen Bedürfniskategorien in einer bestimmten aufsteigenden Reihenfolge zumindest teilweise befriedigt worden sind. Er veranschaulichte diese Entwicklung mit einem Diagramm, das inzwischen Vorbildcharakter hat und heute als »Maslow'sche Bedürfnishierarchie« bezeichnet wird.

Ein gleichseitiges Dreieck ist in fünf horizontale Bereiche unterteilt. Der unterste Teil trägt die Bezeichnung »physiologisch«, was sich auf Bedürfnisse wie Atemluft, Essen und Trinken bezieht. Von unten nach oben verengen sich die Bereiche: »Sicherheit«, »Liebe und Zugehörigkeit«, »Ansehen« und »Selbstverwirklichung«. Diese Hierarchie wird mitunter mit zusätzlichen oberen Bereichen dargestellt – dem Bedürfnis nach Wissen, den ästhetischen und den spirituellen Bedürfnissen.

Bestimmte Bedürfnisse sind grundlegender als andere, deshalb sind wir bestrebt, diese Grundbedürfnisse zu befriedigen, bevor wir uns anderen Bedürfnissen zuwenden. Wenn wir frieren und hungrig sind, wollen wir beispielsweise nicht über komplexe philosophische Fragen nachdenken. Wärme und Nahrung haben Vorrang. In einer gefährlichen Situation wünschen wir uns Sicherheit, nicht Anerkennung.

Wenn ein Mensch die Maslow'sche Hierarchie hinaufsteigen und den Gipfel erklimmen will, dann ist, sofern die physischen Bedürfnisse erfüllt sind, Sicherheit der nächste Schritt. Unser Sicherheitsempfinden als Erwachsene, unser Gefühl der inneren Sicherheit, wird in hohem Maße davon beeinflusst, inwieweit wir uns als Kinder sicher fühlen konnten. Die Befriedigung von Sicherheitsbedürfnissen, insbesondere in der Kindheit, erleichtert uns den Aufstieg auf die nächste Stufe der Maslow'schen Hierarchie: Liebe und Zugehörigkeit. Sicherheit in der Kindheit fördert unsere Fähigkeit, als Erwachsene Liebe zu geben und zu empfangen. Sicherheit ist also eine Vorbedingung für Liebe, der fruchtbare Boden, auf dem Liebe gedeiht.

Was bedeutet es, sich »sicher« zu fühlen? Und wie nährt Sicherheit unsere Fähigkeit zu lieben?

Für Psychotherapeuten war Sicherheit schon immer ein wichtiges Thema, denn die erste Aufgabe eines Psychotherapeuten besteht darin, einen sicheren Raum zu schaffen, eine Situation, in der schwierige und manchmal gefährliche Wahrheiten ausgesprochen und erforscht werden können, ohne dass ein Urteil, Ablehnung oder Zurückweisung zu befürchten sind – einen Ort, an dem Patienten zusammenbrechen oder sogar zerbrechen können, um anschließend mit verschiedenen Möglichkeiten zu experimentieren, sich wieder aufzurichten.

Unser Sicherheitsbedürfnis ist offensichtlich. Die Psychotherapeuten, die sich mit der Rolle dieses Bedürfnisses in der emotionalen Entwicklung beschäftigten, stellten kühne Theorien über den Ursprung der Liebe und die Quellen des Schmerzes auf. Diese Theorien finden sich auch in der Praxis der Kindererziehung wieder.

Möglicherweise bilden sich Sicherheitsgefühle schon sehr früh heraus, vielleicht sogar schon vor der Geburt. Sich in der Welt sicher zu fühlen, ist etwas so Grundlegendes, dass man es als Fundament unserer Identität betrachten kann. Die Stabilität unseres psychischen Fundaments ist ebenso wichtig wie das physische Fundament eines Gebäudes. Wenn unser Fundament instabil ist, ist die Wahrscheinlichkeit groß, dass auch wir es sind.

Niemand hat dies besser erkannt als Otto Rank. Seine Familie war arm, und er verbrachte eine zutiefst unglückliche Kindheit. Er war kränklich, ängstlich, und die Einträge in seinem Tagebuch, das er vom achtzehnten Lebensjahr an führte, lassen vermuten, dass er möglicherweise sexuell missbraucht wurde. Er besuchte eine Fachschule, machte eine Ausbildung zum Maschinenschlosser und arbeitete in einer Fabrik. Mit fünfzehn Jahren entdeckte er Schriftsteller wie Ibsen, Stendhal, Dostojewski, Nietzsche und Darwin, was richtungweisend für ihn war. Mit einundzwanzig stellte Rank sich Freud vor, indem er ihm ein Manuskript mit dem Titel *Der Künstler – Ansätze zu einer Sexual-Psychologie* zukommen ließ. Diese Arbeit zeigte ein so umfassendes Verständnis der Psychoanalyse, dass er sofort in Freuds Kreis aufgenommen wurde. Freud stellte Rank als Sekretär der späteren Wiener Psychoanalytischen Gesellschaft ein, bot ihm vorübergehend finanzielle Unterstützung an und ermutigte ihn, sich weiterzubilden. Schließlich promovierte Rank an der Universität Wien.

Jeden Mittwoch aß Rank mit der Familie Freud zu Abend und saß bei Sitzungen an Freuds Seite. Er war äußerst ehrerbietig. Er holte Freud ein Glas Wasser und war immer zur Stelle, um die Zigarren des großen Mannes anzuzünden. Freud, der etwas über 1,70 Meter groß war, pflegte seinen bescheidenen, liebenswürdigen und etwas kleineren Anhänger »Kleiner Rank« zu nennen. Es war unvermeidlich, dass dieser sich über Freuds herablassende Art ärgerte, solche Kosenamen ablehnte und nach Unabhängigkeit strebte. 1915 wurde Rank zur Armee eingezogen, und als er nach Wien zurückkehrte, war er ein anderer Mensch. Er war härter und nicht mehr so fügsam. Ernest Jones – Freuds wichtigster britischer Fürsprecher und Biograf – beschrieb Rank als einen Mann, der eine »gebieterische Haltung« angenommen habe.

Paradoxerweise wurde Ranks endgültiger Bruch mit Freud größtenteils durch sein 1924 erschienenes Buch *Das Trauma der Geburt* herbeigeführt, da es einen Gedanken weiterentwickelte, den Freud selbst einige Jahre zuvor formuliert hatte. Freud hatte die These aufgestellt, dass der Ursprung der Angst in der Erfahrung des Geborenwerdens liegen könne. Für Freud war diese Vorstellung nie besonders wichtig, aber für Rank wurde sie zu einem zentralen Punkt seines Denkens. Er glaubte, dass sich Föten im Mutterleib geborgen fühlten und nahm an, dass die Wärme und die angenehmen Empfindungen, die sie dort erlebten, prägend für die Sinnlichkeit seien.

Folglich werde die Geburt immer als traumatisch erlebt, als schmerzliche Trennung, und unbewusste Erinnerungen an dieses Trauma machten uns für den Rest unseres Lebens emotional empfindlich gegenüber späteren Trennungen. Rank schrieb, dass die Liebe zwischen Erwachsenen, die durch die sexuelle Vereinigung vollzogen wird, teilweise durch den Wunsch motiviert sei, die »ursprüngliche Mutter-Kind-Beziehung wiederherzustellen«.

Das peristaltische Zusammenpressen des Geburtskanals, das plötzliche blendende Licht, das Durchtrennen der Nabelschnur und das brennende Feuer der Luft in der Lunge des Neugeborenen: Ranks Bereitschaft, sich einzufühlen, sich vorzustellen, wie es ist, die symbiotische Glückseligkeit des Mutterleibs zu erleben, gefolgt von der Ausstoßung, stellt nicht nur einen beeindruckenden Akt der Identifikation dar, sondern ist auch ein frühes Beispiel für das gesteigerte Bewusstsein, das in den 1970er Jahren die Kampagne für eine natürliche Geburt in Gang brachte und schließlich dazu führte, dass die Geburtshilfe menschlicher wurde.

Ranks Behauptung, dass unbewusste Erinnerungen an den Mutterleib und die traumatische Geburt das gesamte Leben eines Erwachsenen beeinflussen, ist umstritten. Der renommierte französische Arzt und Geburtshelfer Michel Odent (ein Pionier der sogenannten »sanften Geburt« und der »Wassergeburt«) argumentiert in seinem 1999 (zunächst auf Englisch) erschienenen Buch *Die Wurzeln der Liebe* allerdings, dass eine beachtliche Anzahl von Forschungsergebnissen eine Verbindung zwischen dem, was er als »Urzeit« bezeichnet (Schwangerschaft, Geburt und das erste Lebensjahr) und der späteren körperlichen und psychischen Gesundheit nahelegen. Er führt weiter aus, dass prä- und perinatale Erfahrungen die langfristige emotionale Ausrichtung von Kindern (insbesondere die Fähigkeit zu lieben) stärker beeinflussen als postnatale Erlebnisse. Die psychische Verfassung einer werdenden Mutter während der Schwangerschaft hat also demnach größeren Einfluss auf die emotionale Entwicklung ihres Kindes als ihre psychische Verfassung in dessen erstem Lebensjahr.[1]

In den Krankenakten von Menschen mit psychischen Erkrankungen sind häufig Geburtskomplikationen dokumentiert.[2] Dieser Zusammenhang beruht in den meisten Fällen vermutlich auf leichten Formen von Hirnschädigungen; einige Studien deuten jedoch darauf hin, dass ein psychologischer Zusammenhang besteht. In einer 1987 von Bertil Jacobson und Kollegen verfassten und in der Zeitschrift *Acta Psychiatrica Scandinavica* veröffentlichten Untersuchung wurde beispielsweise ein äußerst spezifischer symbolischer Zusammenhang zwischen suizidalem Verhalten und Geburtstrauma festgestellt. Die Studie zeigte, dass Selbsttötung durch Erstickung mit einer Sauerstoff-Unterversorgung während der Geburt in Zusammenhang steht, während Suizid durch gewaltsame mechanische Mittel mit anderen Geburtstraumata in Verbindung gebracht wurde. Der tschechische Psychiater und Psychoanalytiker Stanislav Grof, ein Schüler Otto Ranks, setzte LSD ein, um seinen Patientinnen zu helfen, ihre traumatischen Geburten erneut zu durchleben, und stellte zahlreiche Übereinstimmungen zwischen den wiedererlangten Erinnerungen und entsprechenden Berichten von Ärzten und Eltern fest.[3] In einer groß angelegten Untersuchung aus dem Jahr 2019, die von Marina Mendonça und Kollegen an der University of Warwick in Großbritannien durchgeführt wurde und eine Metaanalyse von 21 Studien mit 4,4 Millionen Teilnehmern umfasst, wurde unlängst festgestellt, dass Erwachsene, die zu früh oder mit geringem Geburtsgewicht zur Welt gekommen waren, mit deutlich geringerer Wahrscheinlichkeit Liebesbeziehungen, Geschlechtsverkehr oder Elternschaft erlebten als ihre normal geborenen Altersgenossen.[4] Bei den am frühesten geborenen Erwachsenen war die Wahrscheinlichkeit, in einer Liebesbeziehung zu leben, um 67 Prozent geringer. Die Autoren empfehlen, bei der Erwägung möglicher Erklärungen sowohl biologische als auch umweltbedingte (einschließlich psychosozialer) Faktoren zu berücksichtigen. Ranks Theorie sagt zudem einen Zusammenhang zwischen Frühgeburtlichkeit und emotionalen Problemen im späteren Leben voraus, da der Fötus noch nicht bereit ist – wenn man in diesem Zusammenhang von Bereitschaft sprechen kann –, geboren zu werden. Frühgeburten sind folglich traumatischer, und die psychischen Langzeitfolgen treten deutlicher zutage.

Dass Geburtstraumata langfristige Folgen haben können, die durch Hirnschäden verursacht werden, ist unstrittig; die Behauptung, dass »Erlebnisse« im Mutterleib und im Geburtskanal die spätere psychische Entwicklung maßgeblich beeinflussen, ist für Skeptiker jedoch problematisch. Warum sollten diese Erfahrungen im Vergleich zu späteren Erlebnissen derart prägend sein? Genügt die Annahme, dass der menschliche Geist im Alter von sieben bis neun Monaten besonders formbar ist? Im Gegensatz dazu herrscht nahezu Einigkeit über die Bedeutung postnataler Erfahrungen (sogar sehr früher postnataler Erfahrungen) für die spätere psychische Entwicklung. Diesen Konsens verdanken wir den Forschungen des britischen Psychiaters und Psychoanalytikers John Bowlby, dessen »Bindungstheorie« zu einem Eckpfeiler der modernen Psychologie geworden ist.

Edward John Mostyn Bowlby war der Sohn eines Baronets. Wie es für jemanden seiner Klasse üblich war, wurde er hauptsächlich von einer Amme und von Kindermädchen großgezogen. Seine Mutter sah er meist nur eine Stunde am Tag. Im Alter von sieben Jahren wurde er auf ein Internat geschickt. Dort war es für ihn so unschön, dass er seiner Frau später anvertraute, er würde nicht einmal einen Hund dorthin schicken. Die räumliche Trennung von seiner Familie und die Unerreichbarkeit seiner Mutter müssen ihn tief getroffen haben, denn er verbrachte den größten Teil seines Berufslebens damit, die langfristigen Auswirkungen mangelnder Gefühlsbindung zwischen Mutter und Kind zu katalogisieren.

Im Gegensatz zu Rank, der sich auf den Disstress während des Geburtsvorgangs konzentrierte, interessierte sich Bowlby für den Disstress in der frühen postpartalen Phase. Bowlby gelangte zu dem Schluss, dass das Fehlen mütterlicher Liebe in den ersten sieben Lebensjahren die Wahrscheinlichkeit einer späteren psychischen Erkrankung erhöht. Wenn unser Grundbedürfnis nach Geborgenheit in der Kindheit unzureichend befriedigt wird, steigt das Risiko, dass wir zu instabilen Erwachsenen werden.

Kleine Kinder durchlaufen in der Regel drei Phasen, wenn sie von ihrer Mutter oder einer anderen Hauptbezugsperson getrennt werden: Protest, Verzweiflung und Loslösung. Zuerst weinen sie. Dann werden sie unglücklich. Schließlich sind sie emotional abgestumpft. Der Schmerz der Trennung ist unerträglich, und sie verdrängen ihre Gefühle. Ich habe oft erlebt, wie sich diese Phasen bei Erwachsenen, die eine Krise durchlebten, wiederholten: Wut und Niedergeschlagenheit, gefolgt von einer Art fatalistischer Gleichgültigkeit. Die Stimme wird roboterhaft monoton, und die Augen bekommen eine glasige, seelenlose Leere. Wenn wir uns unsicher fühlen, fallen wir leicht auf eine frühere Entwicklungsstufe zurück. Bowlby war einer der ersten Psychoanalytiker, der erkannte, dass psychologische Theorien überzeugender sind, wenn sie mit der Evolutionsgeschichte in Einklang gebracht werden können. Er erkannte, dass es in der Welt unserer Vorfahren sinnvoll war, wenn ein von der Mutter getrenntes Kind weinte, um die Aufmerksamkeit der Mutter zu erregen. War das Kind jedoch zu weit entfernt, um gehört zu werden, dann hätte weiteres Weinen nur Energie verschwendet und Raubtiere angelockt. Weinen, gefolgt von Kummer und Rückzug, war eine optimale Überlebensstrategie. Die abschließende Lähmung durch fatalistische Gleichgültigkeit verwandelt ein lebhaftes Kind in ein lebloses Objekt – also in etwas, das vor der statischen Kulisse der Savanne unserer Urahnen weniger auffällt.

Bowlby zufolge gibt eine sichere Bindung dem Kind Selbstvertrauen für seine Erkundungen. Es kann sich lösen, Entdeckungen machen, seine Neugierde befriedigen und Fähigkeiten erwerben. Wenn etwas schiefgeht oder das Kind Angst bekommt, weiß es, dass die Bindungsperson da ist und wartet – ein verlässlicher Quell von Trost und Schutz: eine sichere Basis. Wenn die Gefahr vorüber ist, kann das Kind seine Entdeckungsreise fortsetzen. Bowlby wies darauf hin, dass dieser Prozess andauert, dass wir unser ganzes Leben lang Erkundungsausflüge machen und nach Hause zurückkehren, um bei unseren Bezugspersonen zu sein. Paradoxerweise können wir uns umso weiter vorwagen, je fester wir gebunden sind. Enge Bindungen schränken uns nicht ein. Sie befreien uns. Dieses Prinzip gilt auch jenseits des Physischen. Enge Bindungen ermöglichen es uns, intellektuell und emotional zu weit entfernten Zielen vorzustoßen, um unsere Persönlichkeit optimal zu entwickeln.

Nachdem Bowlby seine Untersuchungen abgeschlossen hatte, erklärte er seine Ergebnisse mit Rückgriff auf psychologische Konstrukte, die er als »Arbeitsmodelle« bezeichnete. Dabei handelt es sich um thematisch geordnete Erinnerungen und Gemütszustände, die beeinflussen, wie Ereignisse interpretiert werden und welche Reaktionen darauf folgen. Der wichtigste und bestimmende Faktor eines Arbeitsmodells ist das frühe soziale Lernen. Durch wiederholten Austausch festigen wir ein inneres Bild von uns selbst, von unseren Eltern und von der Beziehung, die wir zu ihnen haben.

In seinem 1988 erstmals auf Englisch veröffentlichten Buch *Bindung als sichere Basis* schildert Bowlby knapp, wie sich Arbeitsmodelle entwickeln: »Sobald diese *Eltern- und Selbstmodelle* in Wechselbeziehung stehen, scheinen sie festgeschrieben und auf unbewusster Ebene wirksam zu werden. Kinder mit ›sicherer‹ Bindung ändern allmählich ihr Verhalten gegenüber den Eltern und aktualisieren mit gewisser zeitlicher Verzögerung die zugehörigen *inneren Arbeitsmodelle,* wobei ihre bisherigen ›Arbeitsmodelle‹ die Eltern-Kind-Interaktion nach wie vor recht zuverlässig abbilden.« Wahrscheinlich beeinflussen solche Muster unsere Erwartungen an andere enge Beziehungen zu einem späteren Zeitpunkt.

Ein sicher gebundenes Kind internalisiert die liebevolle Fürsorge seiner Bezugspersonen. Darüber hinaus ist das Selbstmodell eines sicher gebundenen Kindes das einer Person, die es wert ist, geliebt zu werden. Für ein nicht sicher gebundenes Kind gilt das Gegenteil: Seine internalisierten Bezugspersonen sind nicht verlässlich oder, schlimmer noch, es gibt gar keine internalisierten primären Bezugspersonen, weil sie abwesend sind. Die Welt wird somit als gefährlich wahrgenommen und den Menschen, die sie bevölkern, mit Vorsicht begegnet. Das Kind fühlt sich nicht liebenswert und entwickelt Abwehrmechanismen, die seine Erfahrungen verzerren und den Aufbau neuer Beziehungen behindern. Mit der Zeit häufen sich die destabilisierenden Belastungen und verstärken die zugrunde liegenden Gefühle der Unsicherheit.

Die Liebe macht uns stärker, mutiger und widerstandsfähiger. Sie macht uns empfänglich für neue Erfahrungen. Und das Wichtigste von allem: Liebe macht uns liebenswert.

Die Gesellschaft ist wettbewerbsorientiert, und akademische Leistungen sind positiv mit Einkommen und Karrierechancen verknüpft. Es ist üblich, dass Eltern ihre Kinder zu guten schulischen Leistungen anspornen; eine übermäßige Betonung der intellektuellen Entwicklung kann jedoch manchmal zu einer entsprechenden Vernachlässigung der emotionalen Entwicklung führen. Kindergärten und Universitäten sind Orte des Lernens, aber sie bilden zugleich ein soziales Umfeld. Jede Betreuung beruht auf einer persönlichen Beziehung, und die Erwartungen, die wir an die Bildung knüpfen, werden in der Regel von Familie und Freunden kontextualisiert. Hervorragende Leistungen sind zwar wünschenswert, aber Qualifikationen und Vorteile werden viel eher in Glück umgewandelt, wenn eine sichere Basis vorhanden ist.

Matthew und Susanna waren seit sieben Jahren verheiratet. Anfangs waren sie sehr glücklich miteinander und standen sich emotional sehr nahe. Doch mit der Geburt ihres ersten Sohnes Mike begann sich alles zu ändern. Susanna steckte ihre gesamte Energie in die Schaffung eines stimulierenden Umfelds und füllte Mikes Schlafzimmer mit Lernspielzeug. Als

Andy, ihr zweiter Sohn, zur Welt kam, wurde sie noch zielstrebiger. »Warum sollte man nicht das Beste für seine Kinder wollen?«, fragte sie. Matthew und Susanna unterhielten sich nun seltener. Susanna war zunehmend mit sich selbst beschäftigt und emotional nicht mehr verfügbar, und das Verhältnis zwischen den Eheleuten kühlte ab. Matthew hatte gehofft, dass ein zweites Kind ihre Beziehung wiederherstellen würde. Doch nach Andys Geburt folgte auf ein kurzes Tauwetter die Rückkehr zu Zank und eisigem Schweigen. Matthew war wütend und fühlte sich im Stich gelassen.

»Worüber streiten Sie?«, fragte ich.

»Über alles«, antwortete Matthew. »Aber meistens über die Jungs: Susie kann sehr kritisch sein.«

Matthew und Susanna hielten sich in diesen Sitzungen nie bei den Händen. Es war, als ob sie nicht daran erinnert werden wollten, was sie verloren hatten. Einmal sah ich, wie sie sich versehentlich berührten. Beide zuckten zurück, als hätten sie sich die Finger an einer heißen Herdplatte verbrannt.

»Er nimmt die Elternrolle einfach nicht ernst«, sagte Susanna und wandte den Blick von ihrem Mann ab; die Schnelligkeit der Bewegung verriet Ablehnung, Verachtung. »Er wollte Kinder. Das lag nicht nur an mir. Aber er will die Zeit nicht investieren, die Arbeit. Er gibt sich keine Mühe.«

»Warum sagen Sie das?«, fragte ich.

»Er will nur mit den Jungs vor dem Fernseher sitzen und Fußball gucken. Das ist seine Vorstellung von einer guten Elternschaft.«

»Stimmt das?«, fragte ich Matthew.

Er wirkte müde, zu müde, um unehrlich zu sein. »Ja«, sagte er. In seinem Gesichtsausdruck spiegelten sich Vorwürfe und Niederlagen wider. »Ich schaue viel Fußball mit den Kindern.«

»Wenn ich einmal das Haus verlasse«, fuhr Susanna fort, »und sei es nur für ein paar Minuten, dann weiß ich genau, was ich vorfinde, wenn ich zurückkomme.« Sie wandte sich an Matthew. »Ist es denn zu viel verlangt, etwas mit ihnen zu machen, etwas Nützliches, etwas Konstruktives? Etwas Papier und ein paar Stifte aus der Schublade holen? Etwas basteln?«

»Ich denke nicht«, antwortete Matthew.

Susanna richtete sich an mich: »Sie brauchen die Aufmerksamkeit.«

»Hör mal, ich verstehe ja, dass …«, wandte Matthew ein.

»Warum handelst du dann nicht verantwortungsbewusster?«, grummelte Susanna. »Es ist doch wichtig, oder?«

»Ja«, antwortete Matthew. »Aber … sie sehen gern fern.«

»Natürlich tun sie das«, erwiderte Susanna. »Es sind Kinder. Deshalb müssen wir die richtigen Entscheidungen für sie treffen.«

»Sie sind noch sehr klein. Ich glaube …« Matthew wagte es, seinen Satz zu beenden: »Ich glaube, du setzt sie zu sehr unter Druck.«

»Ist ja klar, dass du das sagst.« Matthew zuckte mit den Schultern, und Susanna fuhr fort: »Wenn ich alles dir überlassen hätte, was glaubst du, wie es gelaufen wäre? Was glaubst du, wie sie jetzt in der Schule abschneiden würden?«

»Ich weiß«, antwortete Matthew. »Du tust eine Menge für sie. Und ja – du machst die ganzen anstrengenden Sachen. Und vielleicht denke ich zu wenig daran, was gut für sie ist.« Er verstummte, aber ich streckte meine Hand aus, um ihn zum Weitersprechen zu ermuntern. Er schüttelte den Kopf und sah ein wenig verwirrt aus. »Wir sitzen auf dem Sofa und kuscheln uns aneinander. Ich lege meine Arme um sie, einen auf jeder

Seite.« Die Nähe zu seinen Kindern fühlte sich gut an. Sie fühlte sich sicher an.

Wenn sich etwas gut anfühlt, hat das einen Grund. Die Evolution hat dafür gesorgt, dass sich bestimmte Dinge gut anfühlen, denn irgendwann in der Geschichte unserer Spezies haben sie die Überlebenschancen erhöht und damit auch die Fortpflanzung gesichert. Die Tatsache, dass es sich sehr gut anfühlt, wenn wir unsere Kinder in den Arm nehmen, sagt viel über die Bedeutung der Liebe aus. Wenn ein Elternteil mit einem Kind kuschelt, ihm in die Augen schaut, ihm ein Lächeln schenkt, über sein Haar streicht oder seinen Kopf küsst, hat das außergewöhnliche Folgen.

Der orbitofrontale Cortex ist eines von mehreren Hirnarealen, die für die »emotionale Intelligenz« verantwortlich sind (unsere Fähigkeit, eigene Emotionen zu erkennen und zu steuern und die Emotionen anderer zu erkennen und darauf zu reagieren). Es handelt sich um eine Region, die sich fast ausschließlich nach der Geburt entwickelt. Diese Entwicklung ist nicht vorgezeichnet. Die Qualität der sozialen und emotionalen Erfahrungen eines Kindes bestimmt, inwieweit sein orbitofrontaler Cortex die ihm zugedachte Aufgabe erfüllen kann.[5] Wenn ein Elternteil sein Kind liebevoll ansieht, werden körpereigene Opioide wie Beta-Endorphin und der Neurotransmitter Dopamin freigesetzt. Diese lösen Reaktionen aus – wie z. B. die Aufnahme von Glukose –, die das neuronale Wachstum fördern. Angenehme, liebevolle Interaktionen zwischen Eltern und Kind sind weitgehend für die »Verschaltung« des präfrontalen Cortex verantwortlich. Ohne einen voll funktionsfähigen orbitofrontalen Cortex leidet ein Kind an tiefgreifenden sozialen und emotionalen Handicaps. Neurologische Patienten mit orbitofrontaler Schädigung haben ein vermindertes Einfühlungsvermögen und eine schlechte Kontrolle über aggressive Impulse.[6]

Susanna hatte nicht unrecht. Kinder müssen Wissen und Fähigkeiten erwerben, und sie wollte, was wir alle wollen: das Beste für die eigenen Kinder. Indem sie sich jedoch auf die optimale Ausbildung ihrer Söhne konzentrierte, vernachlässigte sie etwas Wesentliches. Matthew sah fern, aber er genoss auch die Nähe seiner Kinder, ihre Wärme und die Behaglichkeit ihrer kleinen Körper in seiner sicheren Umarmung. Er zog sie an sich, unterhielt sich mit ihnen über das Spiel, zerzauste ihr Haar, sah ihnen in die Augen und lächelte. Aus Susannas Sicht schien Matthew nichts zu tun, aber in Wirklichkeit tat er eine ganze Menge. Er baute »geliebt werden« in zwei Arbeitsmodelle ein.

Eines der Gedichte, die nicht unbedingt zum allgemeinen Kulturgut prädestiniert schienen, es aber dennoch wurden, ist »Einen Vers drauf« des englischen Dichters Philip Larkin. Die ersten beiden Zeilen werden häufig zitiert:

Verbockt bist du von Ma und Pa.
Vielleicht nicht absichtlich, doch es ist passiert.

Die umgangssprachliche Formulierung ist schockierend, lustig und vor allem ergreifend, denn die Komik reicht nicht aus, um die Wirkung der tragischen Erkenntnis zu dämpfen. Nur wenige Eltern wollen ihren Kindern Schaden zufügen, aber es kommt vor. Ich vermute, dass dies der Grund ist, warum Larkins ätzendes kleines Gedicht so beliebt ist. In den ersten Zeilen hebt uns Larkin durch den Gebrauch der zweiten Person aus der Masse hervor, und wir spüren sofort, dass das Gedicht einen persönlichen Bezug hat. Wir werden an unsere eigenen Eltern erinnert, an die Schwächen unserer Mutter, die Unzulänglichkeiten unseres Vaters, und wenn wir selbst Kinder haben, denken wir an unsere Erfahrungen als nicht gerade perfekte Eltern. Die Geschichte neigt zur Wiederholung, und wenn Larkin in der letzten Strophe des Gedichts bemerkt: »So hängt der Mensch dem Menschen Elend an«, scheint er eine ewige Wahrheit auszusprechen.

Larkin verfasste »Einen Vers drauf« 1971, ein Jahr nach der Veröffentlichung von Arthur Janovs Buch *Der Urschrei*. Der 2017 verstorbene amerikanische Psychotherapeut Janov vertrat die Ansicht, dass alle neurotischen Krankheiten und Süchte auf einen gemeinsamen Ursprung zurückgeführt werden können, nämlich den Urschmerz, der durch eine dysfunktionale oder mangelhafte Erziehung verursacht wird. Sein Buch machte ihn sofort weltweit berühmt. Ich erinnere mich noch daran, dass ich als etwa Dreizehnjähriger ein Interview mit Arthur Janov im Fernsehen sah. Er muss gewaltigen Eindruck auf mich gemacht haben, denn an andere, vergleichbare Interviews kann ich mich nicht erinnern. Was meine Aufmerksamkeit zunächst fesselte, war eine verheißungsvolle Vorankündigung, die dem britischen Publikum einen Mann von wahrer Größe versprach. Janov hatte, soweit ich mich erinnere, eine interessante Art; er schaffte es, locker und gleichzeitig äußerst eindringlich zu sein. Ich frage mich, ob Philip Larkin dieses Interview auch gesehen hat, denn »Einen Vers drauf« ist ein Destillat von Janovs Psychologie.

Der Urschrei beginnt mit einem Abschnitt, der Erinnerungen aus der klinischen Praxis mit Elementen eines Psychothrillers vermischt: »Vor einigen Jahren hörte ich etwas, das den Verlauf meines Berufslebens und des Lebens meiner

Patienten verändern sollte. Was ich hörte, mag auch das Wesen der Psychotherapie, wie sie jetzt bekannt ist, verändern – ein unheimlicher Schrei, der aus dem Tiefinneren eines jungen Mannes hervorbrach, der während einer therapeutischen Sitzung auf dem Fußboden lag.« Das könnte ein Off-Kommentar am Anfang eines psychoanalytischen *Film noir* sein. Janovs Patient war ein verschlossener zweiundzwanzigjähriger Student, der ermutigt worden war, nach seiner Mutter und seinem Vater zu rufen. Die Schreie »Mama!« und »Papa!« wurden unmittelbar von Zeichen der Verzweiflung begleitet, und der Student wälzte sich bald darauf wie in Todesangst auf dem Boden. Dem Schrei, der »die Wände erzittern ließ«, gingen Krämpfe voraus. Die ganze Episode dauerte nur wenige Minuten, aber als der junge Mann wieder zu sich gekommen war, behauptete er, dass er nicht mehr unter emotionaler Benommenheit leide. Er konnte wieder etwas *fühlen*. Die Wiederholung desselben Verfahrens und die ähnlich positiven Ergebnisse veranlassten Janov dazu, eine Theorie zu entwickeln, die den Schrei mit sehr frühen Erfahrungen von Vernachlässigung, Kritik oder Ablehnung in Verbindung brachte.

Mein eigenes Exemplar von *Der Urschrei* ist eine Taschenbuchausgabe aus den 1970er Jahren, ein zerlesenes Buch mit verfärbten Seiten, das ich vor etwa zwanzig Jahren in einem Antiquariat fand. Die Grafikabteilung des Verlags hatte ein wörtliches, aber perfektes Titelbild gewählt: *Der Schrei* von Edvard Munch. Wenige vergleichbare Werke der Moderne sind so bekannt – es gibt sogar ein entsprechendes Emoji –, doch wie erklärt sich die enorme Popularität dieses Bildes?

Viele Kritiker haben Theorien über die Bedeutung von Munchs Meisterwerk aufgestellt, wobei die düstere Hauptfigur oft als Personifizierung des Todes angesehen wird. Krankheit und Sterblichkeit sind zweifellos wiederkehrende Themen in Munchs Schaffen, doch der unruhige Hintergrund mit seinen Wellen und Kurven erinnert eher an das Weibliche und Organische. Der blutrote Himmel ist wie verdrehtes Muskelgewebe, und das blaue Wasser des Fjords ähnelt einem Geburtskanal. Munch sagte, die Inspiration für das Gemälde sei ein großer »Schrei der Natur« gewesen, den er eines Tages bei einem Spaziergang mit Freunden vernommen habe.* Welche Assoziationen weckt das Wort »Natur«? Mutter Erde, Fruchtbarkeit, Überfluss, Fülle, Ergiebigkeit? Vielleicht geht es in Munchs Gemälde gar nicht um den Tod. Vielleicht geht es um die Geburt: eine universelle Erfahrung. Das Erste, was wir tun, ist schreien.**

Wenn ein kindliches Grundbedürfnis nicht befriedigt wird, ist das eine schmerzliche Erfahrung. Wird das Bedürfnis über einen längeren Zeitraum nicht befriedigt, wird es unterdrückt, aber es lässt nicht nach oder verschwindet. Vielmehr löst es weiterhin Verhaltensweisen aus, deren Ziel es ist, Ersatzbefriedigung zu erlangen. Ein unbefriedigtes kindliches Bedürfnis kann ein Leben lang Wünsche und Entscheidungen beeinflussen. Der Schmerz der Kindheit wird nicht unbedingt durch das verursacht, was man normalerweise als traumatische Erfahrungen bezeichnen würde (wie körperlicher oder sexueller

---

* Manche Kunstkritiker behaupten, die zentrale Figur in Munchs *Der Schrei* schreie nicht, sondern »reagiere« auf den Schrei der Natur; für mich jedenfalls deuten der weit geöffnete Mund und der erschrockene Ausdruck stark auf einen Schrei hin.

** Munch wäre ein idealer Kandidat für eine Primärtherapie gewesen. Seine Mutter starb, als er noch sehr klein war, und sein Vater zog ihn in einer Atmosphäre lähmender Frömmigkeit auf. Als Erwachsener ging er vielen Ersatzbefriedigungen nach (Alkohol, Ruhm, Sex) und erlitt im Alter von sechsundvierzig Jahren einen Nervenzusammenbruch.

Missbrauch). Kleine, aber regelmäßige unsensible Handlungen der Eltern wie etwa harsche Zurechtweisungen, Unaufmerksamkeit oder Unnahbarkeit können ebenso schädliche Auswirkungen haben. Wenn diese Auswirkungen schwerwiegend sind, erhalten sie den Status von Symptomen, und die betroffene Person leidet an einer sogenannten »Neurose«.

Der Hauptgrund, warum es Eltern nicht gelingt, die kindlichen Bedürfnisse ihres Nachwuchses zu befriedigen, liegt darin, dass sie zu sehr mit der Befriedigung ihrer eigenen kindlichen Bedürfnisse beschäftigt sind. Sie sind psychisch und emotional abwesend, weil sie ständig den falschen Versprechungen von Ersatzbefriedigungen nachjagen. Der Zusammenhang zwischen einer Ersatzbefriedigung und einem

Urbedürfnis ist symbolisch bedeutsam. So kann ein Kind, das wiederholt gedemütigt wurde und sich »klein« fühlte, zu einem Erwachsenen werden, der ständig darauf bedacht ist, den äußeren Anschein von Wichtigkeit zu wahren; eine übergewichtige Frau isst vielleicht ständig ihre alten Lieblingsgerichte, weil sie die Sicherheit sucht, die sie in ihrer Kindheit nie hatte; ein Mann fühlt sich vielleicht gezwungen, jede Gesprächspause mit belanglosem Geschwätz zu füllen, weil seine Eltern ihm nie zugehört haben.

Ersatzbefriedigungen können jedoch die kindlichen Bedürfnisse nicht stillen, sodass neurotische Menschen in einem endlosen Kreislauf aus Verlangen und Enttäuschung gefangen sind. Das Kleinkind ist prädisponiert, nach Dingen zu streben, die es braucht – Wärme, Sicherheit und Liebe –, wohingegen der neurotische Erwachsene nach Dingen strebt, die er oder sie nicht braucht: Alkohol, Pornografie, Drogen, Designerkleidung, teure Restaurants.

Das Streben nach Ersatzbefriedigungen schafft ein verzerrtes Identitätsgefühl – ein »irreales« oder »falsches Selbst«. Je mehr Kontrolle an diese Scheinidentität abgegeben wird, desto gefühlloser und stiller wird das »reale« oder »wahre Selbst« mit seinen unbefriedigten kindlichen Bedürfnissen. Das falsche Selbst ist im Grunde ein raffiniertes Verteidigungssystem, da es mit seinen Zielen und Aktivitäten das Individuum von Überlegungen ablenkt, die letztlich Erinnerungen an den kindlichen Schmerz wachrufen würden. Wie alle Abwehrmechanismen erhält auch das falsche Selbst einen unbefriedigenden Kompromiss aufrecht, bei dem die Angst abgewehrt wird, indem die Einsicht getrübt und die Wahrnehmung verzerrt wird. Der Neurotiker ist am Leben – aber er ist nicht ganz lebendig.

Manchmal wird das falsche Selbst daran gehindert, seine gut eingeübten Ablenkungsmanöver auszuführen, und das wahre Selbst – sowie Signale für tiefere Bedürfnisse – dringen ins Bewusstsein vor. Wenn das geschieht, fühlt sich eine Person unter Umständen desorientiert, befremdet oder aufgewühlt. Am ehesten ist dies der Fall, wenn Routinen und Gewohnheiten unterbrochen werden, wie es beispielsweise im Urlaub geschehen kann. Herausgelöst aus ihrer gewohnten Welt der oberflächlichen Anreize und Beruhigungsmechanismen erleben die Betroffenen häufig verstörende Dissoziationen. Das Leben, das sie bisher gelebt haben, erscheint ihnen nicht mehr vertraut, sondern eher wie das Leben eines anderen Menschen. Plötzlich sind sie sich nicht mehr sicher, wer sie sind oder was sie wollen. Dies ist eine bekannte und sehr einschneidende Erfahrung.

Die Primärtherapie bricht Abwehrmechanismen auf, ruft frühe Erinnerungen wach und ermöglicht vor allem das Wiedererleben des Urschmerzes. Dieses Wiedererleben ist so überwältigend, dass die Patienten in der Regel schreien. Nicht der Schrei ist jedoch heilend, sondern der Schmerz. Der Schrei ist lediglich eine Begleiterscheinung. Oft gehen dem Schrei Schluchzen, Weinen und andere Lautäußerungen voraus, doch Janov versichert uns, dass der eigentliche Urschrei unverwechselbar sei.

Janovs Buch ist voll von klinischen Fallstudien, von berührenden Berichten über gewöhnliche Menschen, die, wenn sie in die Erinnerung eintauchen, zu verzweifelten, unglücklichen Kindern werden: »Papa, tu mir nicht mehr weh!« – »Mama, ich habe Angst.« Sie winden sich und stöhnen und flehen die Geister der Vergangenheit um das an, was sie nie hatten. Sie müssen sich harten Wahrheiten stellen: Mama hat mich nicht lieb – ich kann mich nicht auf Papa verlassen – ich bin allein. Schließlich erkennen sie ihre tiefsten Bedürfnisse und spüren den Schmerz, den sie ihr ganzes Leben lang mit sich herumgetragen haben. Sie lernen ihr wahres Selbst wieder kennen. Die Erfahrung ist erschütternd, aber sie ist zugleich eine Art Erneuerung. Man könnte sogar von einer Wiedergeburt sprechen.

Arthur Janov wurde nicht besonders lange gefeiert, denn bei Erscheinen seines Buches war der revolutionäre Eifer der 1960er Jahre im Großen und Ganzen bereits verflogen. Dennoch strömten die Menschen scharenweise in sein Primal Institute, um sich ausbilden oder behandeln zu lassen. Sein berühmtester Patient war John Lennon. Janovs Einfluss zeigt sich in Post-Beatles-Songs wie »Mother«. Darin bekennt Lennon zu Beginn, dass seine Mutter ihn zwar bekam, er sie aber nie hatte. Das Ende des Songs wird durch wiederholte Bitten verlängert, dass Mama nicht gehen und Papa nach Hause kommen möge. Mit jeder Wiederholung gewinnen diese Bitten mehr und mehr den Charakter unartikulierter Schmerzensschreie.

Die Primärtherapie ist eine Art historisches Kuriosum, und es ist schwer zu verstehen, warum ihr anfangs eine derart große Bedeutung beigemessen wurde. Sie wurde als radikal, gewagt, neu und als kühne Infragestellung der klassischen Freud'schen Lehre gepriesen. Doch Janov entfernte sich nicht weiter von der psychoanalytischen Orthodoxie (falls es so etwas überhaupt je gab) als viele seiner rebellischen Vorgänger, in mancherlei Hinsicht sogar weniger. Die Freisetzung unterdrückter Emotionen wurde von Freud und Breuer bereits vor dem Ende des 19. Jahrhunderts als therapeutisches Mittel begriffen. Was Janov jedoch von früheren Abweichlern unterscheidet, ist seine Vorgehensweise.

Der Anspruch, den Janov hinsichtlich seiner Therapie erhob, war ohne Zweifel übertrieben. Er behauptete, die Primärtherapie sei nicht nur die beste, sondern die einzige Heilmethode für Neurosen. Einmal prahlte er, die Primärtherapie werde in wenigen Jahren *die* Therapie schlechthin sein.[7] Das war pure Selbstüberschätzung, denn sein Verfahren wurde nie auch nur annähernd zu dem universellen Allheilmittel, von dem er die ganze Welt überzeugen wollte. Selbst nach einer umfassenden psychologischen Vorbereitung ist nicht sichergestellt, dass die Patienten den Urschmerz wiedererleben. Tatsächlich gelingt vielen Patienten die gewünschte Regression und emotionale Rückkehr nicht. Nach dem anfänglichen Medienrummel verschwand Janov aus dem Blickfeld der Öffentlichkeit, und die Primärtherapie wirkte mehr und mehr wie eine unseriöse Modeerscheinung.

Janovs Ansichten über die Bedeutung der frühkindlichen Erziehung, der Liebe und der Ersatzbefriedigungen waren zwar nicht ganz originell, aber schlüssig, plausibel und gut begründet. Sein »revolutionäres« Verfahren war lediglich ein Versuch, die Entdeckung und Freisetzung verkörperter Emotionen zu vereinfachen – tiefer, innerer Gefühle, die sich nicht einfach durch ein Gespräch reaktivieren lassen. Fritz Perls hatte bereits die Grenzen dessen erreicht, was sich durch sprachliche Steuerung erreichen lässt. Er hatte gezeigt, dass die Neuformulierung bestimmter Sätze einen Menschen emotional zugänglicher und präsenter machen kann. Der Zweck von Janovs Verfahren bestand nun darin, einen noch größeren Teil der Person zugänglich und präsent zu machen, insbesondere die ursprünglichen, unartikulierten Teile, die sich durch herkömmliche Redekuren nicht so leicht zum Vorschein bringen ließen. Das war ein durchaus vernünftiges therapeutisches

Ziel. Außerdem darf man trotz Janovs Großspurigkeit nicht vergessen, dass vielen Menschen durch die Primärtherapie geholfen wurde. Deshalb kann man Janov mit einer zwar zirkulären, aber akzeptablen Verteidigung zustimmen: Die Primärtherapie funktioniert für die Art von Menschen, bei denen die Primärtherapie funktioniert.

Doch wer von uns mag schon auf dem Boden liegen und nach der eigenen Mutter oder dem Vater rufen? Ist der Gedanke so abstoßend, weil wir bereits wissen, dass es peinlich wäre, dass wir uns dumm vorkämen – oder weil wir fürchten, was passieren könnte? Das Hochkommen von Erinnerungen, Tränen, Urschmerz? Verbockt bist du von Ma und Pa. Die meisten wollen nicht herausfinden, wie sehr.

Nach der Lektüre von Rank, Freud und Janov haben Paare mit Kinderwunsch möglicherweise Bedenken, eine Familie zu gründen. Kinder erleben traumatische Geburten, sie ringen mit Ängsten, und ihre Urbedürfnisse werden häufig missachtet. Es entstehen Probleme, und Mütter wie Väter sind gezwungen, ihr Gewissen zu prüfen. Bin ich schuld? Ist es mein Fehler? Der große Vorzug der Psychoanalyse ist jedoch ihre Bereitschaft, Aspekte des menschlichen Daseins zu untersuchen, die andere Denktraditionen entweder ignorieren oder nicht anerkennen wollen. Sie bietet uns ein Korrektiv zum althergebrachten häuslichen Ideal, zur oberflächlichen Wunschvorstellung von rotwangigen Kindern, die mit Kätzchen am Kamin spielen und sich in der Liebe unfassbar gütiger Eltern sonnen, die durch den Willen Gottes für die Ewigkeit vereint sind. Die Psychoanalyse erinnert uns daran, dass solche kitschigen Karikaturen des Familienlebens zwar beruhigend, aber letztlich unehrlich sind.

Die natürliche Auslese sollte eigentlich gewährleisten, dass Eltern gut dafür gerüstet sind, die Urbedürfnisse ihrer Kinder zu befriedigen. Eltern sollten prädisponiert sein, alles Notwendige zu tun, um sozial intelligenten, resilienten und emotional stabilen Nachwuchs aufzuziehen, denn Kinder, die mit diesen Eigenschaften ausgestattet sind, haben eine höhere Überlebenschance, finden leichter einen Partner und pflanzen sich eher fort. Leider deckt sich die Agenda der natürlichen Selektion nicht genau mit der unseren. Sie verfolgt ein übergeordnetes Ziel: den Gentransfer von einer Generation zur nächsten. Alles andere ist nebensächlich. Die natürliche Auslese ist nicht »blind« für die Vorzüge guter Elternschaft, aber bestimmte Veranlagungen erhalten Vorrang, weil sie mit höherer Wahrscheinlichkeit zu einer erfolgreichen Fortpflanzung führen als andere. Sexuelles Verlangen zum Beispiel ist unverzichtbar, elterliche Aufmerksamkeit dagegen weniger. Die Tatsache, dass wir Sex wollen, bedeutet freilich nicht immer, dass wir auch Kinder haben wollen. Oder dass wir gute Eltern abgeben werden. Vor Tausenden oder gar Millionen von Jahren waren unsere elterlichen Fähigkeiten wahrscheinlich noch zweckgerichteter. Erfolgreiche Elternschaft war weniger anspruchsvoll, denn außer der Begegnung mit einem Raubtier konnte viel weniger schiefgehen als heute. Im mittleren Pleistozän des Känozoikums bot sich für unglückliche Nachkommen kaum Gelegenheit, Ersatzbefriedigung zu suchen. Wir hatten schlicht nicht die Möglichkeiten, unser Unglücklichsein in selbstzerstörerische Verhaltensmuster zu verwandeln.

Die natürliche Auslese sorgt zwar nicht dafür, dass wir perfekte Eltern werden, aber das heißt nicht, dass die Sache hoffnungslos ist. Der britische Kinderarzt und Psychoanalytiker

Donald Winnicott führte den Gedanken ein, dass Eltern »gut genug« sein sollten. Jeder Mensch macht Fehler; doch selbst wenn diese Fehler schädlich sind, können die negativen Folgen gemildert werden, wenn Kindern in der Zeit ihrer größten Abhängigkeit – also in den allerersten Wochen, Monaten und Jahren ihres Lebens – das Gefühl von Sicherheit vermittelt wird. Dies wird erreicht durch Signale von Zuneigung und Empathie sowie durch die Schaffung einer Umgebung, in der sich das Kind vor Gefahren geschützt fühlt. Winnicott bezeichnete Zuwendung als »Halten«. Ein Kleinkind kann sowohl physisch als auch metaphorisch gehalten werden – in den Armen und in den Gedanken der Eltern.

Winnicott war versöhnlicher als Janov, und er romantisierte nie die Bindung zwischen Eltern und Kindern; er misstraute der Sentimentalität, die er als Form der Überkompensation für jene Art von Gedanken und Gefühlen ansah, die wir üblicherweise verleugnen. Kinder können anstrengend, kräftezehrend, provozierend, fordernd und narzisstisch sein. Sie sind keine »kleinen Engel«, und Mütter und Väter sind nicht mit heiliger Gelassenheit gesegnet. Manchmal ärgern wir uns über unsere Kinder, weil wir für sie Opfer bringen müssen; wir müssen akzeptieren, dass wir nicht mehr sämtliche Freiheiten genießen, die wir vor ihrer Geburt für selbstverständlich hielten; auf uns lastet eine neue Verantwortung. Eltern, die gut genug sind, müssen nicht völlig selbstlos oder über jeden Vorwurf erhaben sein.

Winnicott sprach mit zurückhaltender Hochachtung von der »gewöhnlichen, hingebungsvollen Mutter«. Die Verwendung des Wortes »gewöhnlich« unterstrich sein Misstrauen gegenüber der wissenschaftlichen Einmischung in die Kinderbetreuung. Würde er heute noch leben, wäre er entsetzt über

die moderne Kinderbetreuungsindustrie: die Heerscharen von Experten, die Berge von Büchern – Erziehungsmethoden, Erfolgsrezepte, Zubehör, Gimmicks und Apps. Winnicott glaubte, dass Mütter von sich aus im Großen und Ganzen das Richtige für ihre Kinder tun. Die Betreuung, die sie bieten, mag nicht perfekt sein, aber sie ist wahrscheinlich viel besser als programmatische Alternativen.

Es gibt viele Beispiele aus der Vergangenheit, in denen psychologische Theorien starr und in unangemessener Weise auf die Kinderbetreuung übertragen wurden. John Watson etwa, der Begründer des amerikanischen Behaviorismus, veröffentlichte 1928 ein einflussreiches Buch mit dem Titel *Psychological Care of Infant and Child*. Darin rät er, auf Grundlage der Pawlow'schen Konditionierung, Umarmungen, Küsse und die Stimulierung von »Liebes«-Reaktionen zu vermeiden. Dieses spartanische Vorgehen, so glaubte er, würde ein selbständiges Kind hervorbringen: »Schütteln Sie ihnen am Morgen die

Hand. Tätscheln Sie ihnen den Kopf, wenn sie eine schwierige Aufgabe außerordentlich gut gelöst haben.« Beide Söhne Watsons litten als Erwachsene unter Depressionen. Einer beging Suizid, und der andere unternahm einen Suizidversuch. Der überlebende Sohn machte dafür die Erziehungsmethoden seines Vaters verantwortlich.

Von den 1940er bis zu den 1960er Jahren hielt Winnicott eine Reihe von Radiovorträgen, die von der BBC ausgestrahlt wurden. Seine freundliche, hohe Stimme ist bedächtig und angenehm. Er trägt seine Beobachtungen sehr bescheiden und in einer einfachen, leicht verständlichen Sprache vor; er »hält« den Zuhörer auf dieselbe Weise, wie er Mütter dazu auffordert, ihre Kinder zu »halten«. Darüber hinaus regt er vorsichtig an, dass wir uns alle gegenseitig »halten« sollten.

Es ist interessant, dass Winnicott nur selten das Wort »Liebe« verwendet, denn meistens ist es das, worüber er wirklich spricht. Er sagt uns – manchmal direkt, manchmal indirekt –, dass wir unsere Unvollkommenheiten überwinden können, wenn wir lieben oder einfach nur versuchen zu lieben, und dass wir, wenn wir unsere Kinder lieben, die Welt zu einem unendlich besseren und sichereren Ort machen. Er verknüpft die private, intime Welt des Spielzimmers mit dem Erfolg oder Misserfolg demokratischer Prozesse. Emotional sichere Kinder wachsen zu emotional sicheren Erwachsenen heran; sie gründen stabile Familienverbände, die wiederum die Basis für eine stabile Gesellschaft bilden. Stabilität ist die Voraussetzung für Wahlen – die Ablösung von Führungsriegen durch freie Wahlen, die friedliche Übertragung von Macht. Winnicott legt das gesamte Schicksal der Zivilisation in die Hände der gewöhnlichen, hingebungsvollen Mütter. Sie sind

Superheldinnen, deren geheime Kraft darin besteht, dass sie nicht außergewöhnlich sind.

In Liebesdingen spielt Sicherheit zunächst keine große Rolle. Verliebte sind leidenschaftlich und elementar, die Liebe ist ein Abenteuer. Sicherheit ist im Vergleich dazu eher langweilig, ein Zustand, den wir mit Routine und Häuslichkeit assoziieren. In diesem Kontext könnte Sicherheit sogar eine negative Konnotation erhalten, denn wenn wir uns zu sicher fühlen, könnte unsere Beziehung fade und berechenbar werden. Und doch sollten wir die Qualität der Liebe, ihre Tiefe und Beständigkeit, vermutlich danach beurteilen, inwieweit sie uns Sicherheit vermittelt. Werden wir gehalten? Fühlen wir uns beschützt? Ist unsere Beziehung ein Ort, an den wir nach einer Entdeckungsreise zurückkehren können? Ist sie etwas Dauerhaftes, auf dessen Fortbestand wir vertrauen, auch wenn unsere Entdeckungsreisen uns in die Ferne führen?

Liebe ist kein Abenteuer. Aber sie macht Abenteuer möglich. Die Gründe, warum sich Menschen ineinander verlieben, sind zu vielfältig, um sie alle zu benennen. Auf die Frage nach den Gründen für eine Partnerwahl geben die Menschen häufig vage Erklärungen wie »es hat sich richtig angefühlt«. Auch der Verweis auf die »Chemie« ist weit verbreitet. Wahrscheinlich handelt es sich bei diesem Gefühl der Richtigkeit, des Zusammenpassens, der Ergänzung, bei all diesen nebulösen Allgemeinplätzen um verschiedene Formen, wie wir Sicherheit beschreiben können. Wenn wir über unsere Partner sprechen, sagen wir selten, dass wir uns bei ihnen »sicher« fühlen. Bei heterosexuellen Frauen könnte eine solche Aussage den Eindruck der Selbstentmachtung erwecken, bei heterosexuellen Männern den der Schwäche. Geschlechterpolitik und kultureller Ballast verwässern das Thema. Liebe ist notwendigerweise ein Zustand der Abhängigkeit. Sie erinnert an den Zustand der kindlichen Abhängigkeit und vielleicht sogar an die ultimative Abhängigkeit der pränatalen Symbiose.

Wenn wir unseren Kindern ein Gefühl der Sicherheit vermitteln, bereiten wir sie trotz unserer Unzulänglichkeiten darauf vor, Liebe zu geben und zu empfangen. Wir befähigen sie, Bindungen einzugehen – keine einschränkenden Bindungen, sondern Bindungen, die befreien. Dann sind unsere Kinder frei, ihre evolutionäre Bestimmung zu erfüllen.

Das International Mate Selection Project, eine Umfrage zur Partnerwahl unter mehr als 9000 Menschen aus 33 Ländern von sechs Kontinenten, stellte 1990 fest, dass die am meisten geschätzten Eigenschaften bei einem zukünftigen Partner Güte und Verständnis sind.

Sicherheit ist alles andere als langweilig. Sicherheit ist sexy.

3

Einsicht:

Das Herz hat seine Gründe

Freuds wichtigster Beitrag zur Psychologie war seine beharrliche Feststellung, dass wir nur geringe Einsicht in unser eigenes Verhalten haben. Wir können zwar Erklärungen finden, aber diese sind nachträgliche Rechtfertigungen und häufig falsch. Vieles, was wir tun, wird durch unbewusste Erinnerungen oder Reize ausgelöst, die im Gehirn registriert werden, ohne dass wir uns darüber im Klaren sind. Obwohl die Bedeutung des unbewussten Seelenlebens zeitweise infrage gestellt wurde, haben übereinstimmende Erkenntnisse aus einer Reihe verwandter Disziplinen die allgemeine Position Freuds bestätigt.

Weil unsere Einsicht begrenzt ist, wiederholen wir regelmäßig selbstzerstörerische Verhaltensmuster. Diesen unseligen Zyklen kann man entkommen, indem man ein besseres Selbstverständnis erlangt, aber das Unbewusste gibt seine Geheimnisse nicht einfach auf Anfrage preis. Einsicht ist mühsam. Ungehemmtes Sprechen und stete Selbstreflexion sind unabdingbar, wenn verschüttete Erinnerungen wieder ans Tageslicht kommen sollen. Nur so lassen sich die Zusammenhänge zwischen vergangenen Ereignissen, Gedanken, Gefühlen und Verhaltensweisen vollständig erschließen.

Es ist allgemein anerkannt, dass Freuds Darstellung des Menschen wenig schmeichelhaft ist. Aristoteles definierte den Menschen als *animal rationale*. Freud hingegen hielt menschliches Verhalten für weitgehend irrational. Die Vorstellung, dass das Verhalten durch unbewusste Erinnerungen beeinflusst werden kann, existierte bereits lange vor Freuds ersten Veröffentlichungen. (So bemerkte beispielsweise der Mathematiker Blaise Pascal im 17. Jahrhundert mit poetischer Sparsamkeit: »Das Herz hat seine Gründe, die der Verstand nicht kennt.«) Freud geht jedoch noch einen Schritt weiter. Der Mensch ist irrational, gewiss. Doch auch rationales (oder scheinbar rationales) Verhalten kann in den dunklen Tiefen des Unbewussten verwurzelt sein.

Wie beeinflusst das Unbewusste unser Denken und Verhalten?

Freud vermutete, dass sich Erinnerungen, Gedanken und Gefühle im Unbewussten verdichten und zu systematischen Wahrnehmungs- und Verhaltensverzerrungen führen können, wenn wir uns in bestimmten Situationen befinden. Tatsächlich war es Jung und nicht Freud, der als Erster den Begriff »Komplex« zur Beschreibung solcher Konstellationen verwendete. In seiner 1934 gehaltenen Vorlesung *Allgemeines zur Komplextheorie* erklärte Jung einen Komplex als »Teilpersönlichkeit« – als weitgehend autonomen Teil des Selbst, der gewissermaßen zeitweise von uns Besitz ergreift. Wenn also ein Komplex »konstelliert« ist, agieren wir mit geminderter Verantwortung. Wir sind uns unserer Komplexe größtenteils nicht bewusst, und ihr Vorhandensein lässt sich nur durch Beobachtung ihrer Auswirkungen feststellen.

Der Dreh- und Angelpunkt der Psychoanalyse ist der Ödipuskomplex. Er wird oft folgendermaßen zusammengefasst:

Jungen wollen Sex mit ihren Müttern haben und ihre Väter töten. In dieser plumpen Formulierung finden die meisten Menschen den Gedanken absurd und sogar ziemlich anstößig. Das Konzept verdient jedoch eine differenziertere Betrachtung.

Ödipale Themen tauchen in der westlichen Kunst und Literatur außerordentlich häufig auf. Von Sophokles und Shakespeare bis hin zu *Psycho* und *Star Wars* hat die qualvolle Dynamik der elementaren Familientrias (Mutter-Vater-Kind) unzähligen Handlungssträngen ihre vitale, treibende Energie verliehen. Auffällige Regelmäßigkeiten solcher Art sind für gewöhnlich das Ergebnis evolutionärer Zwänge. Universelle menschliche Eigenschaften wie bestimmte Vorlieben, Ängste oder Abneigungen sowie die Fähigkeit, manche Dinge leichter zu lernen als andere, sind mit ziemlicher Sicherheit auf natürliche Auslese zurückzuführen, weil sie in der Vergangenheit die Wahrscheinlichkeit erhöhten, dass unsere Vorfahren überlebten und sich fortpflanzten. So ist zum Beispiel die Lust auf Zucker weit verbreitet (weil Süßes eine hervorragende Energiequelle ist), und Schlangen lösen eher Angst aus (weil sie giftig sind). Ein Urahn, der nach süßen Beeren suchte und Schlangen tunlichst mied, lebte also vermutlich länger als einer, der das Gegenteil tat. Alle psychologischen Phänomene oder Verhaltensmuster, die häufig zu beobachten sind, haben sich wahrscheinlich mehr oder weniger stark durch natürliche Selektion entwickelt. Das gilt für alles, von der Lust auf Süßes bis hin zu immer wiederkehrenden kulturellen Motiven wie den ödipalen Narrativen. Die natürliche Auslese selektiert keine Geschichten – wohl aber Gene und damit verbundene Dispositionen, die letztlich in Geschichten ihren Ausdruck finden.

Fast alle psychotherapeutischen Schulen erkennen die Existenz von Komplexen oder etwas Vergleichbarem an, um unbewusste Einflüsse zu erklären. Die Psyche wird so verstanden, dass sie eine fließende obere Ebene hat, in der kognitive Ereignisse stattfinden (z. B. Gedanken, Wahrnehmungen), und eine untere Ebene, ausgehend von der dauerhaftere Merkmale, die bisweilen als kognitive Strukturen oder Schemata bezeichnet werden, das Wesen dieser kognitiven Ereignisse beeinflussen. So führt eine »Struktur« aus miteinander verbundenen Überzeugungen über die persönliche Vulnerabilität dazu, dass eine Person Gefahren überschätzt und häufiger Angstgedanken hat (z. B.: »Wenn ich nachts ausgehe, werde ich überfallen«). Der Ödipuskomplex ist das bedeutendste Beispiel für ein inzwischen weithin akzeptiertes Paradigma: Bestimmte Konstellationen von unbewusstem Wissen und damit verbundenen Gefühlen können das Verhältnis zur Realität verändern. Auch die Arbeitsmodelle von John Bowlby sind eine Form kognitiver Strukturen. Auf diese Weise kontextualisiert, sollte der Ödipuskomplex mit dem Respekt betrachtet werden, der jedem frühen (und folglich unvollkommenen) Ansatz innerhalb der Geistesgeschichte gebührt.

Freud hat seit jeher heftige Kritik auf sich gezogen. Viele seiner frühen Anhänger lehnten seine Folgerungen schließlich ab (oft wegen seines Beharrens auf der Bedeutung des Ödipuskomplexes), und ganze akademische Karrieren bestanden aus kaum mehr als dem, was man heute allgemein als »Freud-Bashing« bezeichnet. Unter den Freud-Bashern gibt es einen, der sich von allen anderen abhebt. Sein Bashing war so zielgenau, dass es einige Jahrzehnte lang so aussah, als ob das gesamte Gebäude der Psychoanalyse einstürzen könnte.

Als ich am damaligen Institute of Psychiatry im Süden Londons studierte, wohnte ich – etwas ungünstig – weit entfernt

im Norden der Stadt. Um den Berufsverkehr zu vermeiden, stand ich früh auf, manchmal extrem früh, und fuhr quer durch die City. Oft traf ich noch vor Sonnenaufgang am Institut ein, und der Parkplatz war meist leer. Im Gebäude war es still, und das Geräusch meiner Schritte erzeugte ein angenehmes Echo. In der psychologischen Fakultät musste ich einen langen, fensterlosen Flur entlanggehen. Alle Türen waren verschlossen – mit einer Ausnahme. Wenn ich an dieser einzigen offenen Tür vorbeieilte, sah ich in das kleine Büro und erblickte dort einen lässig gekleideten Mann (allerdings immer mit Krawatte), der neben einem Schreibtisch stand und in ein tragbares Aufnahmegerät sprach.

Sein Name war Hans Jürgen Eysenck. Normalerweise kehrte er mir den Rücken zu – wie ein Mann in einem Hopper-Gemälde –, aber ich konnte seinen konzentrierten Gesichtsausdruck erkennen, der sich in der schwarzen Fensterscheibe des Büros spiegelte. Manchmal diktierte er innerhalb weniger Wochen ein ganzes Buch. Ab und zu trafen sich unsere Blicke, doch er ließ sich nie von meinem flüchtigen Spiegelbild ablenken und fuhr ohne Pause mit seinem Text fort. Er war Mitte siebzig, aber so voller Entdeckerfreude, dass er schon fleißig arbeitete, wenn die meisten wissenschaftlichen Mitarbeiter noch im Bett lagen.

In der zweiten Hälfte des 20. Jahrhunderts galt H. J. Eysenck lange Zeit als führender britischer Psychologe. Er wurde in Berlin geboren, floh aber 1935 vor den Nationalsozialisten aus Deutschland und ließ sich in London nieder. Seine Forschungsinteressen waren breit gefächert und reichten von der Genetik bis zur Astrologie. Außerdem war er außergewöhnlich fleißig. Neben seinen wissenschaftlichen Veröffentlichungen schrieb er auch für Laien verständliche Psychologiebücher, die sich millionenfach verkauften. Ende der 1950er Jahre war er über die Grenzen der akademischen Welt hinaus recht gut bekannt. Sein Prosastil war kämpferisch, und ab Anfang der 1960er Jahre galt er als kontroverse Figur. Ein Jahrzehnt später wurde sein Name stark mit der Forschung zum Zusammenhang zwischen »Rasse« und IQ in Verbindung gebracht. Man nannte ihn einen Faschisten, griff ihn körperlich an und schickte ihm sogar Morddrohungen. Heute beruht sein Ruf auf seiner einflussreichen Persönlichkeitstheorie, und man erinnert sich an ihn vor allem als Kritiker der Freud'schen Psychoanalyse. 1952 überprüfte Eysenck die Beweise für die Wirksamkeit der Psychotherapie – einschließlich der Psychoanalyse – und gelangte zu dem Schluss, dass die Ergebnisse nicht besser waren als die Zahlen der Spontanremissionen.

Die darauffolgenden Debatten waren hitzig und erbittert. Eysencks Kritik schuf ein Meinungsklima, das die Entwicklung alternativer psychologischer Behandlungsmethoden förderte. Grundlage hierfür bildeten die Laborexperimente von Iwan Pawlow (der bekanntlich Hunde darauf konditionierte, auf ein Klingelzeichen hin zu speicheln) und B. F. Skinner (der das Verhalten von Tauben durch Belohnungen und Bestrafungen veränderte). Diese neuen »Verhaltenstherapien« erwiesen sich als äußerst wirksam – insbesondere bei Bettnässen, Angstzuständen und Verhaltensstörungen.

Hätte man Eysenck gefragt, warum er Freud so kritisch gegenüberstand, hätte er geantwortet, dass die Behauptungen der Psychoanalyse nicht durch Beweise gestützt würden. Eysenck war ein Empiriker, und sein Berufsleben war der Suche nach Wahrheit gewidmet. Das war seine Hauptmotivation. Zumindest aus seiner Sicht.

1990 veröffentlichte Eysenck seine Autobiografie: *Rebel with a Cause.* Das Buch ist ein würdiges Denkmal für seine beachtlichen Leistungen, wird aber durch die leicht getrübte Selbstwahrnehmung des Autors etwas geschmälert. Mehrere Passagen sind erschreckend unbescheiden: »›Wie haben Sie es geschafft, so viel zu schreiben und so einflussreich zu werden?‹, ist eine Frage, die mir oft gestellt wird.« Er teilt uns unverfroren mit, dass er im Science Citation Index neben 42 Nobelpreisträgern aufgeführt wird und dass er auf dieser Liste vor allen anderen lebenden Psychologen zu finden ist. Dennoch schließt er diesen Absatz mit einem vielsagenden Nachgedanken: »Trotzdem liegt Freud noch vor mir.« Das störte ihn.

Ich wurde als Psychologe fast ausschließlich von Wissenschaftlern und Klinikern ausgebildet, die – vor allem aufgrund von Eysencks Feindseligkeit gegenüber der Psychoanalyse – den »Freudianismus« als gefährlichen, betrügerischen Unsinn abtaten. Irgendwann begann ich, mich unwohl zu fühlen, wenn ich in Forschungssitzungen oder Fallbesprechungen saß, in denen die bloße Erwähnung von Freud automatisch für Gelächter sorgte. Es wurde ermüdend. Die Antipathie erschien mir unverhältnismäßig, zu extrem. Ich begann zu ahnen, dass mehr dahintersteckte, als sich durch eine bloße Meinungsverschiedenheit erklären ließ.

Freud vermutete, dass Jungen zwischen dem dritten und fünften Lebensjahr ihre Mütter allein besitzen wollen und ihre Väter als Rivalen wahrnehmen. Mit Erreichen der Geschlechtsreife lösen sich diese Spannungen, laut Freud, in der Regel auf; allerdings könnten Reste des Ödipuskomplexes im Unbewussten fortbestehen und das Verhalten auf Dauer beeinflussen. Institutionen und Autoritätspersonen, die väterliche Kontrolle und Dominanz symbolisieren, ließen, so Freud, dann leicht jugendliche Ressentiments und Eifersuchtsgefühle wieder aufleben. Da der Ödipuskomplex seinen Einfluss aus dem Unbewussten heraus ausübe, brächten nur wenige Männer ihr Bedürfnis, Autoritäten herauszufordern, mit den ohnmächtigen Wutausbrüchen der Kindheit in Verbindung. Obwohl Freuds ursprüngliche Formulierung des Ödipuskomplexes insbesondere die aufkeimenden sexuellen Gefühle hervorhebt, kann er in einem weiteren Sinne als erster Ausdruck eines grundlegenden Bedürfnisses gesehen werden, Konkurrenz auszuschalten und eine Vormachtstellung zu erlangen (wenn auch auf der bescheidenen Ebene innerfamiliärer Machtverhältnisse). In einem nächsten Schritt spekulierte Freud – manche würden sagen, ziemlich wild – über die evolutionären Ursprünge der ödipalen Feindseligkeit. Er ließ sich von Darwins These inspirieren, dass die Frühmenschen wahrscheinlich in urzeitlichen Horden zusammenlebten, die von einem ranghohen polygamen Mann beherrscht wurden. Freud nahm an, dass sich junge

Männer unter solchen Bedingungen regelmäßig zusammentaten und die älteren erschlugen, um uneingeschränkten Zugang zu den Frauen zu erhalten. Tatsächlich ist bei Schimpansen der Zusammenschluss junger Männchen zum Angriff auf ein Alphamännchen zu beobachten (obwohl es bei Schimpansen nur selten zu Todesfällen kommt).[1,2] Freuds These impliziert, dass jede Generation mit einer »psychischen Veranlagung« geboren wird, gegen ihre Vorgänger aufzubegehren.

Wenn ich an Eysencks unermüdliche, kompromisslose und extreme Attacken auf die Psychoanalyse denke, verfolgt mich ein Bild von Freud, der eine Zigarre pafft und dabei leise vor sich hin kichert, während seine Augen vor wissendem Humor glänzen. Eysencks durchsichtiges Bemühen, Freud zu verdrängen und zu ersetzen, besitzt merkwürdig ödipale Züge.

Eysencks Vater, ein Wanderschauspieler, war im Elternhaus weitgehend abwesend. Als sein Sohn gerade neun Jahre alt war, heiratete er erneut. Dennoch war er so präsent, dass der Junge dessen Schwächen erkannte. Eysenck beschrieb seinen Vater als »Schürzenjäger«. Eines der wenigen Dinge, die er über sein Verhältnis zu ihm festhielt, waren ihre Streitereien.

Mit Blick auf Eysencks letzten großen Angriff auf die Psychoanalyse forderte der britische Psychiater Anthony Clare seine Leserschaft auf, Eysencks polemisches Talent zu würdigen, »während er sich seinen Weg durch die fadenscheinigen Grundlagen von Freuds Theorien bahnte«, ohne jemals lockerzulassen. Man muss sich fragen: Woher nahm Eysenck die Energie? Es wäre naiv zu glauben, dass seine Beweggründe vollkommen integer waren. Ebenso naiv wie die Vorstellung, dass *irgendjemandes* Beweggründe vollkommen integer wären. Es gibt immer Subtexte, versteckte Absichten und Hintergedanken.

Von den 1930ern bis in die 1970er Jahre war Herbert Graf ein sehr erfolgreicher Opernproduzent. Die meiste Zeit seiner Karriere war er am Metropolitan Opera House in New York tätig, aber er arbeitete auch in Europa. Seine Inszenierung von Mozarts *Don Giovanni* war legendär. Doch erlangte er in einer ganz anderen Rolle eine Art Unsterblichkeit. Als Kind war er Patient einer von Freuds Fallstudien: »Analyse der Phobie eines fünfjährigen Knaben«. Dieser Fall ist besser bekannt unter dem Namen »Der kleine Hans«, den Freud dem Jungen gab, um dessen wahre Identität zu verschleiern. Freud veröffentlichte nur sehr wenige Fälle, sodass Herbert Graf zu einer kleinen Gruppe Auserwählter gehört.

Der kleine Hans war Sohn des Kritikers und Musikwissenschaftlers Max Graf. Dessen spätere Frau Olga machte ihn mit Freud bekannt, und Freud spielte den Mittelsmann, während Olga und Max sich noch umwarben. Die beiden Männer wurden dicke Freunde. Max und Olga gehörten zu Freuds allerersten Anhängern, was so weit ging, dass sie nach der Geburt ihres Sohnes ihr häusliches Umfeld in eine informelle psychoanalytische Feldstudie verwandelten. Sie beobachteten den kleinen Hans aufmerksam und berichteten Freud von ihren Erkenntnissen. Von allen Fallstudien Freuds ist diejenige über den kleinen Hans die am deutlichsten ödipale. Sie ist vermutlich auch der Ursprung der Kinderpsychotherapie.

Vom dritten Lebensjahr an zeigte der kleine Hans mehrere Erscheinungsformen kindlicher Sexualität: eine allgemeine Beschäftigung mit Genitalien (er forderte die Mutter auf, seinen Penis zu berühren), Neugier auf den Körper seiner Mutter und den Wunsch, mit einem vierzehnjährigen Mädchen zu »schlafen«. Als seine Mutter feststellte, dass er seinen Penis berührte, drohte sie damit, einen Arzt zu holen, der ihn abschneiden würde. Diese Drohung könnte die ersten Anflüge von »Kastrationsangst« ausgelöst haben – jener Angst, die laut Freud entsteht, wenn ein kleiner Junge erkennt, dass sein Wunsch nach der ausschließlichen Liebe der Mutter väterlichen Zorn und gewaltsame Vergeltung hervorrufen könnte.

Ein paar Monate vor seinem fünften Geburtstag entwickelte der kleine Hans Angst vor Pferden. Er fürchtete sich besonders vor Zugpferden, die Wagen zogen und von denen er erwartete, dass sie straucheln und stürzen würden; seine größte Angst war jedoch, dass sie ihn beißen könnten. Als diese Angst vor Pferden aufkam, wurde die Analyse des Jungen größtenteils von seinem Vater unter Freuds Aufsicht durchgeführt. Freud zufolge konnte der kleine Hans mit seinen starken Gefühlen, seinem Verlangen nach der Mutter und der Angst vor dem Vater nicht umgehen. Folglich übertrug er seine Angst vor dem Vater auf die Pferde. Für den kleinen Hans war es einfacher, sich vor Pferden zu fürchten, weniger verwirrend und weniger durch Ambivalenzen belastet.

Besonders beunruhigte ihn das Zaumzeug der Pferde (»das Schwarze um deren Mund«). Freud vermutete, dass das Zaumzeug aus der kindlichen Perspektive des kleinen Hans eine verblüffende Ähnlichkeit mit dem großen schwarzen Schnauzbart von Max Graf hatte und dass diese Ähnlichkeit eine willkommene Möglichkeit bot, seine Ängste zu übertragen. Es ist schließlich verständlich, dass ein Kind Angst vor einem großen, bissigen Tier hat. Man versuchte, dem kleinen Hans behutsam zu vermitteln, dass sein Vater nicht böse auf ihn sei, und mit der Zeit verschwand die Phobie des Jungen.

Freud starb, bevor Herbert Graf in der Opernwelt berühmt wurde. Doch 1922 stellte sich ein junger Mann bei Freud als »kleiner Hans« vor. Freud war erfreut zu hören, dass der kräftige Neunzehnjährige vollkommen gesund und seine Phobie nie wieder aufgetreten war.

Fast vierzig Jahre nach diesem Treffen verfasste Eysenck einen kritischen Aufsatz über den Fall des kleinen Hans, in dem er zuvor die Publikationen zweier Kollegen zusammenfasste. Er stellte nicht zu Unrecht fest, dass manche von Freuds Spekulationen unbegründet seien und dass die Fallstudie im weiteren Verlauf zunehmend inkohärent werde. Der Kern seiner Kritik bezieht sich auf ein Ereignis, das Freud fast beiläufig erwähnt und das eine alternative, nicht ödipale Erklärung für die Pferdeangst des kleinen Hans liefert: Kurz bevor die Probleme des Jungen begannen, musste er miterleben, wie ein Pferd, das einen Bus zog, vor seinen Augen zusammenbrach. Dieses Ereignis war bestimmt sehr erschreckend und mag ihn ängstlich gemacht haben.

Eysencks Erklärung ist verlockend, weil sie einfach ist, aber sie bedeutet keineswegs einen Todesstoß für die Freud'sche Theorie. Psychoanalytiker unterscheiden zwischen auslösenden und eigentlichen Ursachen; daher könnte man argumentieren, dass sowohl das zusammenbrechende Pferd als auch die Gefühle des kleinen Hans gegenüber seinen Eltern wichtige Faktoren für seine Phobie waren. Es ist zum Beispiel denkbar, dass der Unfall die zugrunde liegenden ödipalen Ängste »konstelliert« hat.

Eysencks Kritik ist zwar bewundernswert scharfsichtig, aber etwas verfehlt. Er scheint den Reichtum von Freuds allgemeineren Thesen nicht zu würdigen, und nur wenn man diese berücksichtigt, wird der eigentliche Wert des Falles deutlich. Es ist nicht leicht, die Ursachen von Angst zu ermitteln – tatsächlich trifft dies auf einen Großteil unseres Verhaltens zu. Zudem nimmt Freud die Kindheit sehr ernst. Er versucht, in die Haut des kleinen Hans zu schlüpfen und durch die Augen des Jungen zu sehen. Natürlich sieht die Welt für ein Kind ganz anders aus als für einen Erwachsenen. Dinge, die ein Erwachsener als selbstverständlich betrachtet – Stuhlgang, Geschlechtsorgane, Tiere –, sind für ein Kind noch etwas ganz Neues. Heute weiß man, dass frühe Erlebnisse ein entscheidender Faktor für die Entwicklung sind und die Erinnerungen an diese Erlebnisse lebenslang unsere Gedanken, Überzeugungen, Wünsche und Gefühle beeinflussen, auch wenn wir uns dessen nicht bewusst sind.

Der Ödipuskomplex ist nach wie vor Sinnbild für Freud'sche Übersteigerungen und bildet für viele ein unüberwindbares Hindernis. Er steht der Akzeptanz der Psychoanalyse entgegen. Ein Großteil dieses Widerstands beruht darauf, dass Freud die Bedeutung der kindlichen Sexualität hervorhebt, ein Thema, das uns unangenehm berührt. Typischerweise führt unser Unbehagen zur Leugnung. Doch auch wenn Freuds Schriften zu diesem Thema mit Entsetzen und Unbehagen aufgenommen wurden, so sagte er, wie er selbst betonte, doch nichts, was die meisten Kindermädchen und Erzieherinnen schockiert hätte. Als Erwachsene neigen wir dazu, unsere Erinnerungen an frühkindliche Sexualität zu vergessen oder zu verdrängen, an die Erforschung von Körperteilen, die durch heimliche »Doktorspiele« getarnt waren. Wir stellen uns Kinder lieber als rein und unschuldig vor.

Inwieweit ist der Ödipuskomplex durch Nachweise belegt? Aus Sicht der Psychoanalytiker sind Fallstudien Beweis genug, aber natürlich wird ihnen von Skeptikern Voreingenommenheit unterstellt. Evolutionspsychologen stufen den Ödipuskomplex als plausibel ein (zumindest als logische Möglichkeit), und in jüngster Zeit haben Internet-Suchdaten gezeigt, dass ein relativ hoher Anteil von Männern und Frauen Pornografie zum Thema Inzest sucht.

Der Ödipuskomplex kann als darwinistische Zwangsläufigkeit betrachtet werden. Die Mutter ist das erste Modell von Weiblichkeit, und der angenehme Kontakt mit ihrem Körper fördert eine mögliche spätere sexuelle Motivation – die wichtigste Voraussetzung für reproduktiven Erfolg. Ferner versucht ein Kind, die volle Aufmerksamkeit seiner Mutter zu erlangen, um seine Überlebenschancen zu optimieren, wodurch es unweigerlich in Konkurrenz zu seinem Vater gerät. In einem späteren Stadium bietet der ödipale Wettbewerb Söhnen die Möglichkeit, Fähigkeiten zu erproben, die ihnen im gesellschaftlichen Miteinander einmal nützlich sein werden, wenn sie mit Gleichaltrigen um Partnerinnen und Ressourcen konkurrieren müssen.

Sobald Internetnutzerinnen und -nutzer allein und vermeintlich unbeobachtet sind, kommen Neigungen, die normalerweise aufgrund ihrer gesellschaftlichen Inakzeptanz verborgen blieben, relativ leicht zum Ausdruck. In seinem 2017 erschienenen Buch *Everybody Lies: What the Internet Can Tell Us About Who We Really Are* führt der Datenanalytiker Seth Stephens-Davidowitz eine Reihe von Statistiken an, die Freuds ödipale Vermutungen offenbar bestätigen. Sechzehn der hundert häufigsten von Männern getätigten Suchanfragen auf PornHub haben einen Inzestbezug (etwa »Mutter und Sohn«, »Mutter fickt Sohn«). Neun der hundert häufigsten PornHub-Suchanfragen von Frauen stehen ebenfalls im Zusammenhang mit Inzest, obwohl Frauen eher nach Material suchen, das Väter und Töchter zeigt. Von allen Internetsuchen nach dem Muster »Ich möchte Sex mit ...« ist die beliebteste Eingabe zur Vervollständigung des Satzes »meiner Mutter«. Vergleichbare

Satzstrukturen, zum Beispiel »Ich fühle mich hingezogen zu …«, werden ebenfalls von inzestuösen Ergänzungen dominiert. Stephens-Davidowitz räumt ein, dass seine Erkenntnisse eher suggestiv als beweiskräftig sind. Dennoch schreibt er: »Ich bin absolut sicher, dass die endgültige Beurteilung der Sexualität Erwachsener einige von Freud hervorgehobene Schlüsselthemen enthalten wird. Die Kindheit wird eine wichtige Rolle spielen. Ebenso die Mütter.«

Wie bisher beschrieben, ist der Ödipuskomplex ein Phänomen, das nur Knaben betrifft. Das wirft die Frage auf: Was ist mit den Mädchen? Freud entwarf einen ergänzenden Elektrakomplex, ein Spiegelbild des Ödipus-komplexes. Kleine Mädchen, so sagte er, fühlen sich zu ihren Vätern hingezogen und nehmen ihre Mütter als Rivalinnen wahr. Leider sind Freuds Schriften zur weiblichen Sexualität (und zum Thema Frauen allgemein) weniger überzeugend als seine Schriften über Männer und Jungen. Das war ein Defizit, dessen er sich sehr wohl bewusst war. Ein Großteil der psychoanalytischen Theorie war von Freuds Selbstanalyse geprägt. Er konnte damals keinen anderen Psychoanalytiker aufsuchen, weil er selbst der einzige war. Aus diesem Grund sind seine Gedanken über die psychosexuelle Entwicklung von Jungen wesentlich fundierter als die zur psychosexuellen Entwicklung von Mädchen. Ungeachtet der geschlechtsspezifischen Asymmetrien in der Psychoanalyse ist der Ödipuskomplex dennoch ein kohärenter Ansatz, wenn man ihn im Rahmen seiner eigenen Grenzen beurteilt.

Freud glaubte, dass Humor mitunter defensiv sei und wir manchmal lachen würden, um unsere Ängste zu überwinden oder zu verbergen. In seiner Autobiografie schildert Eysenck gleich zu Beginn des ersten Kapitels eine kuriose Begebenheit.

Als er neun Jahre alt war, fuhr er nach München, um die zweite Frau seines Vaters kennenzulernen, eine Kabaretttänzerin. Während seines Aufenthalts fiel ihm ein Buch über Sex in die Hände, und er begann, darin zu lesen: »Die Ausführungen zum Cunnilingus fand ich amüsant, bei der Fellatio brach ich in Gelächter aus, aber als ich zum Soixante-neuf kam, lachte ich so sehr, dass ich aus dem Bett fiel!« Sein Vater kam, um nachzusehen, was los war, und nahm ihm das Buch weg. Es sollte uns also nicht überraschen, dass Eysenck den Ödipuskomplex lächerlich fand.

Als Jugendlicher las ich eifrig Eysencks populärpsychologische Bücher und war von seinen Ausführungen beeindruckt. Später besuchte ich seine Vorlesungen und veröffentlichte gemeinsam mit seinem Sohn wissenschaftliche Artikel. Er war eine herausragende Persönlichkeit. Vielleicht bin auch ich, während ich diese Worte schreibe, ein wenig ödipal.

Das Unbewusste ist tief, und fast alles, was wir tun, ist von seinem Einfluss geprägt.

Freud erhob das Unbewusste zum zentralen und wichtigsten Konzept der Psychoanalyse. Doch selbst einige seiner frühesten Mitarbeiter fanden, dass er ihm zu große Bedeutung beimaß. Die bewusste geistige Aktivität, so argumentierten sie, sei ebenso wichtig und sollte gleichberechtigt behandelt werden. Nach Freud richtete die Psychotherapie ihr Augenmerk zunehmend darauf, mit den Patienten über erinnerte Erfahrungen zu sprechen, anstatt vergessene oder verdrängte Erinnerungen wiederherzustellen. Als sich hinter Hans Eysenck immer mehr Kritiker scharten, wuchs die Abneigung gegen die Psychoanalyse, und das gesamte Konzept des unbewussten Seelenlebens wurde mit Argwohn betrachtet. Das Unbewusste war mit zu vielen abstrusen Assoziationen befrachtet, als dass es von einer Generation junger Empiriker ernst genommen werden konnte. Es wurde zu einer historischen Fußnote, zu einem Studienobjekt, das nur für Außenseiter interessant war. Behavioristen verzichteten ganz auf die Erforschung des Geistes.

Das Gehirn *muss* jedoch in der Lage sein, Informationen unbewusst zu verarbeiten, da gut eingeübte Verhaltensweisen – wie beispielsweise das Autofahren – vollständig automatisiert werden. Wir können Gespräche führen und gleichzeitig die körperlichen Bewegungen ausführen, die zur Steuerung eines Fahrzeugs notwendig sind, ohne diese Bewegungen bewusst zu initiieren und zu überwachen. William James, der Vater der wissenschaftlichen Psychologie in Amerika, war sich dieser Tatsache bereits 1890 bewusst. »Das Bewusstsein zieht sich aus jedem Vorgang zurück, bei dem es nicht mehr gebraucht wird«, sagte er. Andere Phänomene wie etwa der sogenannte »Cocktailparty-Effekt« gaben Rätsel auf und konnten nur durch die unbewusste Bewertung von Sinneseindrücken erklärt werden. Wenn man auf einer Party ist und jemand aus einer Gruppe in der Nähe den eigenen Namen sagt, hört man ihn höchstwahrscheinlich, auch wenn man nichts von dem gehört hat, was zuvor gesagt wurde. Das deutet darauf hin, dass die Hintergrundgeräusche der Party einer kontinuierlichen Analyse unterzogen werden, und wenn der eigene Name fällt, dieser erkannt, als wichtig eingestuft und ins Bewusstsein aufgenommen wird. Das schlafende Gehirn zeigt eine ähnliche Sensibilität. Es ist viel wahrscheinlicher, dass ein Mensch aufwacht, wenn man seinen Namen sagt, als wenn man ein gleich lautes Geräusch verursacht oder ein neutrales Wort sagt. Darüber hinaus gibt es im Schlaf eine ausgeprägte elektrische Gehirnreaktion auf das »Hören« des eigenen Namens.[3]

Obwohl das Unbewusste aus dem Fokus geriet, deuteten Laborstudien von Experimentalpsychologen (insbesondere auf dem Gebiet der unterschwelligen Wahrnehmung) darauf hin, dass extrem kurze, nicht erfassbare Reize dennoch die Wahrnehmung, Entscheidungen und die Stimmung beeinflussen.[4] Weitere wissenschaftliche Bestätigung erfuhr das Unbewusste durch neurologische Fallstudien. So entdeckte man beispielsweise, dass Patienten, die aufgrund einer Schädigung der Sehrinde (nicht des Auges) erblindet waren, trotzdem auf Reize reagierten, die sie nicht sehen konnten.[5] Diese Patienten waren unter Umständen sogar in der Lage, die Buchstaben des Alphabets richtig zu erkennen, auch wenn sie subjektiv das Gefühl hatten, nur zu raten. Auch hier wurden offensichtlich Informationen verarbeitet, ohne dass sie sich dessen bewusst waren.

Etwa zur selben Zeit, als Laborstudien den Nachweis für vorbewusste Prozesse erbrachten, entwickelten Evolutionsbiologen Theorien, die eine Unterteilung des Geistes in bewusste und unbewusste Bereiche voraussetzten. In seinem Vorwort zu der 1976 erschienenen englischen Originalausgabe von Richard Dawkins' Buch *Das egoistische Gen* schrieb Robert Trivers: »Es muss ein starker Selektionsdruck dahingehend bestehen, Täuschungen zu entdecken, was bei der Selektion wiederum zu einem gewissen Grad der Selbsttäuschung führen wird; bestimmte Fakten und Beweggründe müssen unbewusst werden, um die praktizierte Täuschung nicht durch die unterschwelligen Zeichen der Selbstkenntnis zu verraten.« Mit anderen Worten: Der Mensch belügt sich selbst, damit er andere mit größerer Überzeugung belügen kann. Der Psychoanalytiker Heinz Hartmann bezeichnete die Psychoanalyse einmal als »Theorie der Selbsttäuschung«. Die Evolutionsbiologen klangen nun ausgesprochen freudianisch.

Seit Entwicklung der Gehirnscan-Technologie ist es möglich, die unbewusste Verarbeitung von Informationen in der Großhirnrinde direkt zu beobachten. Wenn Versuchspersonen etwa unterschwellig Wörter und Nicht-Wörter präsentiert werden, aktivieren nur die Wörter (und nicht die Nicht-Wörter) die Regionen, die mit der Produktion und dem Verständnis von Sprache in Zusammenhang stehen.[6] Wir können beobachten, wie das Gehirn einen Stimulus analysiert, während die dazugehörige Person nichts davon bemerkt.

Es gibt zwei vorherrschende Modelle des Unbewussten: das Freud'sche (oder dynamische) Unbewusste und das kognitive oder neue Unbewusste. Ersteres ähnelt einer sekundären Persönlichkeit oder Handlungsmacht, da es häufig »unabhängige« Entscheidungen zu treffen scheint. Es kann zum Beispiel verhindern, dass bestimmte Erinnerungen ins Bewusstsein gelangen. Das kognitive Unbewusste ist eher mechanisch, ein Substrat des Bewusstseins, in dem »Routinen« auf vorgegebene Weise ablaufen und in der Regel durch bestimmte Auslöser aus der Umwelt aktiviert werden. Der Begriff »*neues* Unbewusstes« ist eigentlich eine Fehlbezeichnung, da William James und seine Zeitgenossen bereits im 19. Jahrhundert von »Automatismen« und »Reflexfunktionen des Gehirns« sprachen.[7] Die viktorianischen Gelehrten stellten sich ein Unbewusstes vor, das komplexes Verhalten aus Prozessen generieren kann, die der Funktionsweise einer Uhr oder einer Verknüpfung von Kniesehnenreflexen ähneln.

Diese beiden Modelle sprechen unterschiedliche akademische Kreise an und gelten als inkompatibel. Doch worin besteht der grundlegende Unterschied? 1992 veröffentlichten Elizabeth Loftus und Mark Klinger in der Zeitschrift *American Psychologist* einen Artikel mit dem Titel »Is the Unconscious Smart or Dumb?« Psychodynamische Psychologen glauben, das Unbewusste sei klug, wohingegen kognitive Psychologen es für dumm halten. Erstere neigen dazu, ihre Position mit Beweisen aus der therapeutischen Praxis zu verteidigen, Letztere mit Laborergebnissen. »Klug« und »dumm« sind einfache, alltägliche Begriffe, die dabei helfen können, den grundlegenden Unterschied zwischen dynamischen und kognitiven Modellen des Unbewussten zu verstehen; sie sind jedoch nur bis zu einem gewissen Punkt anwendbar. Manche Informatiker behaupten etwa, ein Taschenrechner besitze eine rudimentäre Form von Intelligenz. Und nach Alan Turing, dem Erfinder des gleichnamigen Turing-Tests, ist eine überzeugende maschinelle Simulation der menschlichen Intelligenz ebenfalls Intelligenz. Anstatt über das Vorliegen oder Fehlen von Intelligenz nachzudenken, sollten wir vielleicht eine Unterscheidung der KI-Forscher aufgreifen: Das dynamische Unbewusste verfügt über eine *allgemeine* Intelligenz, das kognitive Unbewusste hingegen über eine *schwache*.[8]

Obwohl die Wissenschaft immer noch darüber streitet, wie das Unbewusste begrifflich zu fassen sei, ist doch festzustellen, dass solche Debatten heutzutage in einem zunehmend harmonischen Kontext stattfinden. Ich bin alt genug, um mich daran zu erinnern, dass es an den psychologischen Fakultäten der Universitäten Dozenten gab, die nicht an das Unbewusste glaubten – wie ein Kreationist nicht an die Evolution glaubt. Heute akzeptieren fast alle Mainstream-Psychologen, dass es eine Schicht mentalen Lebens gibt, die unterhalb der

Bewusstseinsebene liegt. Zumindest in dieser Hinsicht hat Freud über seine Kritiker triumphiert.

Neurowissenschaftler sind sich einig, dass die meisten unserer Entscheidungen letztlich durch unbewusste Prozesse bestimmt werden.[9] Wir handeln nach diesen Entscheidungen und entwickeln dann passende Fiktionen, um zu erklären, was wir gerade getan haben. Die meisten Menschen haben keine Ahnung, dass dies geschieht, während sie durchs Leben gehen und entscheiden, was sie essen, welche Prüfungen sie ablegen, für welchen Job sie sich bewerben, wen sie heiraten und ob sie Kinder haben wollen oder nicht. Wenn man bedenkt, dass der menschliche Verstand auf diese Weise funktioniert, ist es ein Wunder, dass überhaupt jemand gute Entscheidungen trifft.

Die junge Frau in Edward Hoppers *Automat* kann stundenlang, tagelang, ja sogar monatelang nachdenken. Könnte sie, sollte sie? Vielleicht sollte sie, vielleicht auch nicht? Die meisten Entscheidungen sind ein Sprung ins Ungewisse, deshalb treffen wir auch so viele falsche Entscheidungen. Unsere Komplexe verbiegen unsere Gedanken, so wie Festkörper das Licht krümmen.

In *Silent Theater* spekuliert mein Freund Walter Wells über die Gedanken der jungen Frau, den genauen Grund für ihre Schwermut. Er stellt die Vermutung auf, dass das ins Bild hineinragende Geländer einen Hinweis bieten könne: »Im Kopf dieser jungen Frau könnte der Gedanke sein, dass es keinen Ausweg aus ihrem Dilemma gibt – nur eine Treppe nach unten.« Verzweiflung, enttäuschte Hoffnungen – Niederlage. Vielleicht gibt es hier aber noch eine andere Möglichkeit, eine alternative Lesart von Hoppers Symbolik. Vielleicht bietet die Treppe nach unten eine Möglichkeit zur Flucht?

Um zu optimalen Lösungen zu gelangen, ist Einsicht erforderlich. Wir müssen ins Unbewusste hinabsteigen, Erinnerungen aufdecken und herausfinden, wie uns die Vergangenheit beeinflusst. Wir müssen uns selbst verstehen. Wie ein raffiniertes Zen-Paradoxon führt der Weg nach unten (nach innen) am Ende doch nach oben (nach draußen).

Dieser Abstieg ist nicht einfach; die meisten Menschen finden es schwierig, ihn allein zu bewältigen. Sie brauchen jemanden, mit dem sie reden können: Ermutigung, Unterstützung, eine objektive Meinung. Leider sind die Erinnerungen, die wir am dringendsten aufdecken müssen, diejenigen, mit denen wir uns am wenigsten beschäftigen wollen. Schmerzliche Kindheitserinnerungen, sexuelle oder peinliche Erinnerungen, Erinnerungen, für die wir uns schämen, schmutzige

Geheimnisse, inakzeptable Wünsche, Gedanken, die unsere Schwächen, Unvollkommenheiten, Fehler offenlegen. Um diese Abneigung gegen die Erkundung der Inhalte des Unbewussten zu beschreiben, führte Freud den technischen Begriff »Widerstand« ein. Wenn wir in unsere verborgenen Tiefen eindringen, werden wir zunehmend ängstlich. Wenn wir uns daraus zurückziehen, verspüren wir Erleichterung. Da Vermeidung leichter ist, zumindest kurzfristig, meiden wir das Unbewusste so lange, bis daraus ein Automatismus wird. Wir überreden uns selbst, alles wieder in die Kiste zu packen. Wir schließen den Deckel und wenden uns ab. Mit der Zeit wird die Innenschau zur sinnlosen Übung: Wir harken an der Oberfläche, schwimmen im Flachen. Hoppers junge Frau hat die Augen gesenkt. Sie scheint direkt in ihre Tasse zu blicken. Ob sie dort wohl ihr eigenes Gesicht sieht, das auf der Oberfläche des Kaffees zittert?

Kennt sie die Person, die sie dort sieht? Und wenn sie die Person, die sie sieht, nicht kennt, wie kann sie dann die richtige Entscheidung treffen?

Wir sind uns selbst fremd. Deshalb ist das Leben oft so schwer zu meistern.

4

Verfälschte Wahrnehmung:

Zerrspiegel

Wir gehen durch unser Leben und verhalten uns dabei so, als übermittelten unsere Sinne dem Gehirn präzise Eindrücke von der Welt und als würden diese Eindrücke durch ähnliche Prozesse wie bei einer Videoaufzeichnung oder einer Fotografie in wahrheitsgetreue Erinnerungen umgewandelt. Das Auge ist jedoch keine Kamera, und unsere Erinnerungen sind nicht wie Filme oder Fotos. Sehen ist nur aufgrund qualifizierter Vermutungen möglich. Das Gehirn füllt Lücken auf der Grundlage vergangener Regelmäßigkeiten, und was wir sehen, wird sowohl von unseren Erwartungen als auch von der objektiven Realität bestimmt. Erinnern ist eher eine Neuerschaffung oder Rekonstruktion als eine Wiederholung.

Manche Erinnerungen sind leichter zugänglich als andere, und das, woran wir uns erinnern, verändert sich im Laufe der Zeit. Ende des 19. Jahrhunderts entwickelte Freud den Begriff der »Deckerinnerungen«, erfundene Erinnerungen, die uns den Zugang zu tieferen und belastenderen Erinnerungen versperren. Viele unserer Erinnerungen haben sich verändert – ähnlich wie sich eine Geschichte durch häufiges Wiedererzählen verändert –, und manche unserer Erinnerungen gehören möglicherweise sogar anderen Menschen. Kindheitsanekdoten über Geschwister werden häufig in »autobiografische« Erinnerungen umgewandelt. Selbst an jüngste Ereignisse kann man sich falsch erinnern. So beruhen häusliche Auseinandersetzungen oft auf unterschiedlichen Darstellungen gemeinsamer Erlebnisse – wer hat was, wann und wo gesagt? Beide Parteien können sich nicht einigen. Erinnerungen sind so wandelbar, dass eine bloße Änderung im Wortlaut einer Frage genügt, um den Inhalt einer Erinnerung zu verändern. Zum Beispiel wird eine Person mit größerer Wahrscheinlichkeit angeben, zerbrochenes Glas auf der Straße gesehen zu haben, wenn ein Autounfall als Zusammenstoß und nicht als Kollision bezeichnet wird.[1] Um es mit Hamlet zu umschreiben: Wir halten dem Leben einen Spiegel vor, und was wir in diesem Spiegel sehen, wird zu unseren Erinnerungen. Leider ist das Spiegelbild verzerrt. Wenn man Wahrnehmung und Erinnerung nicht trauen kann, wie viel Vertrauen können wir dann in unsere Entscheidungen haben? Die einfache, aber zu erwartende Antwort lautet: sehr wenig.

Anna Freud war das jüngste Kind Sigmund Freuds, ein unglückliches Mädchen, das sich selbst für hässlich und dumm hielt. Fotografien von ihr im frühen Erwachsenenalter zeigen jedoch eine ausgeglichene, besonnene junge Frau. Als sie heranreifte, wurde sie für mehrere Anhänger Freuds zu einem verlockenden Objekt der Begierde. Anna wurde Lehrerin, war aber stets an der Arbeit ihres Vaters interessiert. Wenn er sich mit Kollegen traf, um seine Ansätze zu diskutieren, nahm sie an diesen Besprechungen teil. Als Lehrerin entwickelte sie naturgemäß ein besonderes Interesse an der Kinderpsycholo-

gie. Zur psychoanalytischen Ausbildung gehört es, selbst analysiert zu werden, weshalb sich Anna von ihrem Vater analysieren ließ. Heute würden wir ein solches Arrangement als gänzlich unangemessen empfinden. Damals jedoch war die Analyse von engen Freunden und Familienmitgliedern eine weitaus üblichere Praxis. Max Graf etwa analysierte seinen Sohn Herbert. Dennoch müssen Anna und Sigmund geahnt haben, dass ihr Vorgehen nicht ganz korrekt war. Annas Analyse wurde ein streng gehütetes Geheimnis, bis Ernest Jones es in den 1960er Jahren an die Öffentlichkeit brachte.

Anna wurde eine bedeutende Kinderpsychoanalytikerin – allerdings war sie nicht die erste Kinderpsychoanalytikerin (ein weit verbreiteter Irrtum, zu dessen Richtigstellung sie jedoch nur wenig unternahm). Ihr Vater hatte mit seiner Fallstudie über den kleinen Hans bereits wichtige Vorarbeit geleistet, ebenso wie Hermine Hug-Hellmuth, deren psychoanalytische Karriere ein jähes Ende fand, als ihr geisteskranker Neffe sie strangulierte. (Er sagte, ihre ständigen Analysen hätten ihn in den Wahnsinn getrieben.) Anna heiratete nie, ging mehrere enge Freundschaften mit Frauen ein und wurde schließlich die Lebensgefährtin von Dorothy Burlingham (Erbin des Tiffany-Vermögens), mit der sie in Wien und London lebte. Anna Freud galt als äußerst produktive Autorin, die häufig für ihre klare Sprache gelobt wurde. 1956 schickte man Marilyn Monroe, die während der Dreharbeiten zu *Der Prinz und die Tänzerin* unter schweren psychischen Problemen litt, zu ihr. Offensichtlich konnte sie der Schauspielerin helfen, denn Monroe kehrte ans Set zurück, und der Film wurde erfolgreich abgeschlossen.

An Sigmund Freuds 80. Geburtstag überreichte Anna ihm ein Exemplar ihres wohl bedeutendsten theoretischen Beitrags zur Psychoanalyse, *Das Ich und die Abwehrmechanismen*. Freud hatte den Gedanken einer Schutzreaktion auf Stress bereits in seinen frühesten Schriften entwickelt, wenngleich er sich zu jener Zeit fast ausschließlich für die »Verdrängung« interessierte: Verstörende Impulse, Gedanken oder Erinnerungen können ins Unbewusste verdrängt werden, um Ängste oder Unbehagen zu verringern. Dadurch entsteht ein annehmbareres Selbstbild, welches jedoch falsch ist, da unvollständig. Je stärker wiederum unsere *Abwehrmechanismen* sind, desto mehr entfernen wir uns von der Realität und sind für andere und uns selbst nicht mehr zugänglich. Eine gewisse Abwehrhaltung ist normal, doch wenn sie zu stark ausgeprägt ist, beeinträchtigt sie die Auseinandersetzung mit dem Erlebten und schränkt die Möglichkeiten für persönliches Wachstum ein. Im Wesentlichen sind Abwehrmechanismen Verzerrungen, die das Leben (kurzfristig) erträglicher machen. Heutige Psychoanalytiker unterscheiden zahlreiche Abwehrmechanismen, die ursprünglich von Sigmund und Anna identifiziert wurden, aber auch andere, die von ihren Kollegen und Nachfolgern beschrieben wurden.

Unter »Projektion« etwa versteht man die Übertragung negativer innerer Eigenschaften auf andere. Zum Beispiel könnte ein Mensch, der mit seinen eigenen hasserfüllten Gedanken zu kämpfen hat, behaupten, er werde schikaniert. »Rationalisierung« ist die Verwendung logischer Rechtfertigungen für Handlungen, die in Wirklichkeit aus moralisch fragwürdigen Gründen oder aus Eigeninteresse ausgeführt wurden. Ein Mann, der untreu war, könnte beispielsweise argumentieren, dass er seiner Frau nicht von der Affäre erzählen könne, weil die Wahrheit ihre Gefühle verletzen würde. »Spaltung« ist die Lösung eines emotionalen Konflikts, indem man sich selbst oder andere als vollständig gut oder schlecht betrachtet und so die Welt vereinfacht. Dadurch werden Anforderungen vermieden, die beim Umgang mit komplexen und beunruhigenden Ambiguitäten erforderlich wären. Eine abhängige Person, die verzweifelt versucht, eine scheiternde Beziehung zu retten, könnte sich auf die lebhafte Art des Partners fokussieren, während sie den Egoismus desselben Menschen als gelegentliche Abweichung betrachtet, die ignoriert werden kann. »Humor« kann als Ventil zum Stressabbau dienen, auch wenn die Situation vielleicht nicht besonders lustig ist. Mediziner sind berüchtigt für ihren Galgenhumor, mit dem sie den Disstress bewältigen, der durch die immer wiederkehrende Konfrontation mit menschlichem Leid und Tod entsteht. Bei der

»Reaktionsbildung« werden böse Absichten durch Verhaltensweisen verschleiert, die das genaue Gegenteil suggerieren. Ein Kind, das sich den Tod seines kleinen Bruders wünscht, könnte zum Beispiel übertriebene Sorge um das Wohlergehen seines Geschwisters an den Tag legen. Passive Aggressivität – also stilles Blockieren oder unkooperatives Verhalten – kann feindseligere Absichten verschleiern. Die Liste lässt sich fortsetzen: Begriffe wie »Affektualisierung«, »Autoaggression«, »Derealisation«, »Intellektualisierung«, »Projektive Identifikation«, »Somatisierung«, »Sublimierung«, und »Verleugnung« beziehen sich alle auf bestimmte Arten von Abwehrmechanismen. Eine umfassende Auflistung dieser Mechanismen würde allein ein ganzes Kapitel füllen.

Sind Abwehrmechanismen erst einmal installiert, wirken sie meist automatisch. Wir sind uns weitgehend nicht bewusst, wie sie unsere Welt und unser Selbstverständnis systematisch verzerren. Das erhöht die Wahrscheinlichkeit, dass wir unsere Fehler wiederholen. Wenn wir in einen Konflikt geraten oder unter Druck stehen, machen sich Abwehrmechanismen stärker bemerkbar, weil sie defensiv sind. Eine Person, die nicht gut mit Kritik umgehen kann, könnte zum Beispiel kindisch werden. Sie verteidigt sich, indem sie sich auf eine frühere Entwicklungsstufe »zurückzieht«, eine Zeit, in der von ihr keinerlei Verantwortungsbewusstsein erwartet wurde und sie einfach andere für ihre Fehler verantwortlich machen konnte.

Nach der klassischen Freud'schen Theorie wehren sich die Teile der Psyche, die in etwa dem autobiografischen Selbst entsprechen (also der Person, als die man sich selbst versteht), gegen drei Bedrohungen: internalisierte elterliche Kritik, primitive Triebe und schließlich Gefahren, die in der realen Welt angesiedelt sind (wie körperliches Leid, Peinlichkeiten oder Demütigung). Anna Freud vertrat die Ansicht, dass wir nur durch die Analyse von Abwehrmechanismen zu aussagekräftigen Einsichten gelangen können: Ohne deren Kenntnis können wir zwar viel über den Inhalt der verdrängten triebhaften Wünsche und Fantasien erfahren, jedoch wenig oder nichts über den Wandel, den sie durchlaufen haben, und die verschiedenen Wege, auf denen sie in die Persönlichkeitsstruktur eingehen. Mit anderen Worten: Eine genaue Untersuchung der Abwehrmechanismen verrät wahrscheinlich mehr Wissenswertes über eine Person, als es ihre sexuellen und aggressiven Triebe je könnten. In gewissem Sinne *sind* wir unsere defensiven Verzerrungen. Wenn wir dem Leben einen Spiegel vorhalten, macht uns die verzerrende Spiegeloberfläche zu dem, was wir sind.

Abwehrmechanismen schützen eine Person vor Bedrohungen und vermindern Unbehagen, doch die negativen Aspekte einer verfestigten Abwehrhaltung übertreffen mit großer Wahrscheinlichkeit ihren Nutzen. »Dissoziation« – bei der die Person ihr Selbst loslöst von dem, was sie erlebt – steht in engem Zusammenhang mit früheren Traumata. Die Betroffenen haben gelernt, mit Stress umzugehen, indem sie sich von unangenehmen Gefühlen »abkapseln«. Traumata wie sexueller Missbrauch oder körperliche Misshandlung können leichter ertragen werden, wenn die Opfer dissoziieren und sich nicht mehr mit dem missbrauchten Körper identifizieren. Das passiert nicht mit mir, das ist nicht mein wahres Ich. Langfristig ist es jedoch kontraproduktiv, sich als Reaktion auf Stress in einen veränderten Bewusstseinszustand zu flüchten. Der potenzielle therapeutische Nutzen von Liebe und Intimität etwa wird geschmälert, wenn die üblichen Meinungsverschiedenheiten, die zwischen Paaren auftreten, automatisch Gefühlskälte und emotionale Unzugänglichkeit auslösen.

Anna Freud selbst griff merkwürdigerweise kaum auf Abwehrmechanismen zurück. Wir wissen, dass sie in der Lage war, die schlimmsten Gegebenheiten zu akzeptieren und Schlussfolgerungen zu ziehen, vor denen die meisten Menschen zurückschrecken würden. Am 22. März 1938 wurde sie von der Gestapo verhört.[2] Sie hatte ein tödliches Medikament bei sich, das sie einnehmen wollte, falls sie gefoltert würde. Das Präparat war nicht notwendig, aber später, als sich abzeichnete, dass die Familie Freud möglicherweise nicht aus Wien würde fliehen können, fragte sie ihren Vater, ob es nicht besser wäre, gemeinsam Suizid zu begehen. Sigmund war ein hartgesottener Realist, doch er brauchte trotzdem einige Abwehrmechanismen. Häufig wandte er trockenen Humor an. »Warum?«, entgegnete er. »Weil sie das gerne hätten?«

Die meisten Menschen werden sich im folgenden Absatz wiederfinden.

Sie wollen gut schlafen, denn am nächsten Tag haben Sie etwas Wichtiges zu tun. Vielleicht steht eine lange Reise bevor, eine Präsentation bei der Arbeit oder eine Rede. Sie wachen mitten in der Nacht auf und denken an alles, was schiefgehen könnte. In Ihrem Kopf spielen sich Szenarien ab, deren Ausgang immer katastrophaler wird. Es fällt Ihnen schwer, wieder einzuschlafen, und Ihre Gedanken rasen. Sie wachen ständig auf und werden von albtraumhaften Visionen heimgesucht. Wenn schließlich das Sonnenlicht durch die Vorhänge dringt, steigen Sie erschöpft aus dem Bett und vollziehen Ihre üblichen morgendlichen Rituale. Sie erinnern sich an sämtliche Szenarien, die Sie wach gehalten haben – wie Ihr Flugzeug abgestürzt ist, wie Sie alle Ihre Notizen vergessen haben oder wie Sie im Scheinwerferlicht erstarrt sind und nicht mehr sprechen konnten –, und erkennen, dass Sie mitten in der Nacht offenbar jeden Sinn für Verhältnismäßigkeit verloren haben. Der vor Ihnen liegende Tag ist zwar immer noch anstrengend, doch die Dinge, über die Sie sich um zwei Uhr morgens Sorgen gemacht haben, erscheinen nicht mehr glaubwürdig (und vielleicht sogar ein wenig lächerlich). Sie werden nicht mit ihrem Wagen von einer Klippe stürzen, werden nicht stolpern und auf die Nase fallen oder ohnmächtig werden, wenn Sie das Wort ergreifen wollen. Während Sie frühstücken, gewinnen Sie wieder den Überblick. Sie sind nervös, aber die fieberhaften Gedanken, die Sie bis zum Morgengrauen wach gehalten haben, sind verflogen.

In der nächtlichen Finsternis gibt es keine Bezugspunkte, die uns in der Realität verankern, keine physischen Räume, die uns an objektive Grenzen erinnern, keine freundlichen Stimmen, die uns unnötige Sorgen nehmen. Wir akzeptieren ängstliche Gedanken, als wären sie Tatsachen, und schätzen Wahrscheinlichkeiten falsch ein. Wir werden zunehmend unruhig und konzentrieren uns auf mögliche Katastrophen. Wir werden *irrational*.

Jahrtausendelang, von der chinesischen Zhou-Dynastie bis zum Europa der Aufklärung, galt die Vernunft als bestimmendes Merkmal des Menschen. Zivilisation und technischer Fortschritt sind nur möglich, weil der Mensch logisch denken und Probleme lösen kann. Die Bedeutung der Vernunft wird noch offenkundiger, wenn das Denken fehlerhaft oder beeinträchtigt ist. Wahnsinn, das vielleicht extremste Beispiel für menschliches Leiden, manifestiert sich in erster Linie als Zustand gestörten Denkens. Andere Probleme, etwa Phobien, können ebenfalls als Denkstörungen begriffen werden. Die tatsächliche Bedrohung durch das Gefürchtete (z. B. eine Maus) stimmt nicht mit der Reaktion des Betroffenen (auf einen Stuhl springen und schreien) überein. Vernunft wird seit jeher mit geistiger Gesundheit in Verbindung gebracht, während der Verlust der Vernunft stets mit psychischen Krankheiten assoziiert wird.

Anfang des 20. Jahrhunderts veröffentlichte Paul Dubois, Psychiater und Professor für Neuropathologie an der Universität Bern, ein Buch mit dem Titel *Die Psychoneurosen und ihre psychische Behandlung*. Ebenso wie Freud zog er es vor, mit seinen Patienten zu sprechen, statt ihnen Medikamente zu verabreichen oder sie in Sanatorien einzuweisen. Die von Dubois propagierte Art der therapeutischen Konversation wich stark von der für die Psychoanalyse typischen freien Assoziation und Interpretation ab. Dubois vertrat die Ansicht, dass psychisch kranke Menschen besser zurechtkämen, wenn sie Selbstkontrolle ausüben könnten, und vermutete, dass sonderbare oder suboptimale Verhaltensmuster aus falschen Überzeugungen resultierten. Wenn diese Überzeugungen mit Hilfe stichhaltiger Logik korrigiert würden, bekämen die Menschen ein besseres Gespür für die Realität und könnten sich folglich angemessener verhalten. Mäuse sind nicht gefährlich und greifen Menschen nicht an. Wenn man das voll und ganz akzeptiert, gibt es keinen Grund, zu schreien und auf einen Stuhl zu steigen.

Alle Psychotherapien appellieren an die Vernunft, aber Dubois legte besonderen Wert auf den Vernunftgebrauch. Eine kurze Zeit lang konkurrierte seine Persuasionstherapie mit der Psychoanalyse, doch sowohl Dubois als auch sein Ansatz gerieten bald in Vergessenheit. Erst in den 1950er Jahren wurde wieder etwas versucht, das seiner Technik nahekam – abgesehen vielleicht von Alfred Adler, der die »sokratische Befragung« anwandte: Er regte die Menschen dazu an, ihre eigenen Antworten zu finden, indem er ihnen Fragen stellte, anstatt ihnen Lösungen oder Interpretationen anzubieten.

Der 2007 verstorbene Amerikaner Albert Ellis war ein klinischer Psychologe, der eine auf Logik basierende Behandlung entwickelte, die er Rational-Emotive Therapie (RET) nannte. Sie wird heute meist als Rational-Emotive Verhaltenstherapie (REVT) bezeichnet. Ellis war stark von den stoischen Philosophen der griechischen und römischen Antike beeinflusst, die davon ausgingen, dass wir Ereignisse nur in dem Maße als störend empfinden, wie wir sie als bedrohlich oder bösartig interpretieren. Shakespeare griff diese Ansicht – vielleicht etwas eleganter – auf, als er Hamlet erklären ließ: »An sich ist nichts weder *gut* noch *böse*, das Denken macht es erst dazu.«

Bevor er Psychoanalytiker wurde, arbeitete Ellis für ein Bekleidungsgeschäft, das getragene, noch brauchbare Jacketts und neue Hosen zusammenstellte, sowie als Personalleiter eines Geschenkartikel-Herstellers. Daneben verbrachte er einen Großteil seiner Freizeit mit dem Schreiben von Belletristik, in der Hoffnung, wie viele seiner Generation, den großen amerikanischen Roman zu schreiben. Diese Tätigkeiten waren möglicherweise frühe Anzeichen jener Nonkonformität, die später dazu führte, dass ihn viele Wissenschaftler ausgrenzten.

Während seiner Tätigkeit im Greystone Park State Hospital in New Jersey wuchs Ellis' Enttäuschung über die Psychoanalyse. Er entwickelte eine alternative »aktiv-direktive« Behandlungsmethode und präsentierte 1956 seinen ersten Vortrag über RET auf einer Konferenz der Psychological Association in Chicago.

Ellis zufolge hat der Mensch zwei grundlegende Ziele: Überleben und Glück. Rationales Handeln hilft uns, diese Ziele zu erreichen, während irrationales Handeln uns in Gefahr bringt und uns generell unglücklich macht. Ellis zog keine scharfe Trennlinie zwischen Denken und Fühlen. Er vertrat vielmehr die Ansicht, dass Denken und Fühlen eng miteinander verbunden seien: Gedanken verstärken die Gefühle, und Gefühle beeinflussen die Gedanken. Jemand, der denkt: »Ich habe versagt«, wird vermutlich traurig sein, aber seine oder ihre Traurigkeit wird auch weitere Gedanken über Versagen hervorrufen. Ellis glaubte, dass Menschen anfällig für irrationales Denken seien, weil das Gehirn nicht immer effizient arbeite. Diese angeborene Schwäche werde durch frühe Lernerfahrungen verstärkt. Ungünstige Denkweisen über das Selbst und die Welt würden durch soziale Beobachtung verfestigt. Wenn Eltern sich irrational verhielten, ahmten ihre Kinder sie unweigerlich nach und entwickelten ähnliche irrationale Verhaltensmuster.

Ellis war insofern durchaus prophetisch, als er darauf hinwies, dass irrationales Denken durch die Massenmedien (die auf Sensationsgeschichten und »Indoktrination« statt auf differenzierte Argumentationen setzen) noch verschlimmert werde. Diese Feststellung traf er lange vor dem Aufkommen des Internets und der Verbreitung starrer Meinungen, die auf wenig oder gar keinen Beweisen beruhen. Die allgegenwärtige Verzerrung der Wahrheit im Internet und im Fernsehen, die wir heute »Fake News« nennen, steht kritischem Denken naturgemäß entgegen.

Ellis entwickelte ein einfaches ABC-Schema, um die Beziehung zwischen A (*activating events*, auslösenden Reizen), B (*beliefs*, Überzeugungen) und C (*consequences*, Reaktionen) zu analysieren. Ein auslösender Reiz ist eine objektive Tatsache wie etwa das Verhalten einer anderen Person oder ein bestimmtes Ergebnis – zum Beispiel, dass man nach einem schwierigen Vorstellungsgespräch eine Stelle nicht bekommt. Überzeugungen sind im Wesentlichen bewertende Gedanken, wie etwa »Ich bin völlig nutzlos« oder »Abgelehnt zu werden, ist unerträglich«. Reaktionen sind die Verhaltensweisen und Schlussfolgerungen, aus denen sich die Gesamtreaktion einer Person zusammensetzt – in diesem Beispiel der Widerwille, sich um eine weitere Stelle zu bewerben, oder, dass man sich niedergeschlagen und wertlos fühlt. Die meisten Menschen gehen von einer direkten Verbindung zwischen auslösenden Reizen und Reaktionen aus, doch laut Ellis ist diese Annahme falsch: Vielmehr sind Reaktionen wie etwa selbstschädigendes Verhalten und emotionale Not fast immer vor allem mit Überzeugungen verbunden. Die effizienteste Art der Behandlung von Ängsten ist demnach die Veränderung von Überzeugungen.

In der Realität werden die Reaktionen auf aktivierende Reize sowohl von rationalen als auch von irrationalen Überzeugungen bestimmt; allerdings ist es wahrscheinlicher, dass Menschen emotionale Probleme bekommen, wenn ein aktivierender Reiz mit frühen negativen Erfahrungen zusammenhängt. Ein intelligentes Kind, das von einem sadistischen Lehrer wiederholt als »dumm« beschimpft wird, könnte als Erwachsener von Selbstzweifeln geplagt werden, wenn es von seinem Chef mit geistig anspruchsvollen Aufgaben betraut wird.

Irrationale Überzeugungen weisen bestimmte Merkmale auf. Sie sind in der Regel persönlich, starr und anspruchsvoll (insoweit sie hohe oder unrealistische Erwartungen widerspiegeln). Bleiben Fähigkeiten oder Verhalten anderer hinter solchen hohen Erwartungen zurück, werden die Ergebnisse als katastrophal empfunden. Ein häufiges Merkmal dieser Art des Denkens ist ein extremer und folglich nicht zielführender Perfektionismus. Sind Ergebnisse nicht durchweg gut, dann werden sie als durchweg schlecht angesehen. Ellis stellte außerdem fest, dass bestimmte Wörter wie »müssen« und »sollen« im Sprachgebrauch irrational denkender Menschen überrepräsentiert sind. Wenn man Sätze formuliert, die eine unversöhnliche oder zwingende Sprache enthalten – »ich muss gut sein, ich sollte besser sein« –, dann denkt man höchstwahrscheinlich auf eine Art und Weise, die emotionalen Disstress verursacht. Solche Worte spiegeln selten objektive Beurteilungen wider. Im Leben gibt es wenig, was man tun *muss*, und kaum etwas, was man tun *sollte*. Der Grad der Freiheit, den wir haben, variiert von Situation zu Situation, doch in aller Regel gibt es einen – wenn auch bescheidenen – Spielraum für die Erkundung alternativer Möglichkeiten. Vieles, was wir als »furchtbar« oder »unerträglich« bezeichnen, ist eher als »unangenehm« zu bewerten. Es kann äußerst vorteilhaft sein, sich einer weniger übersteigerten Ausdrucksweise zu bedienen.

Ellis' Methode zur Bekämpfung von Irrationalität war das Streitgespräch – das Infragestellen und Überprüfen der Richtigkeit von Überzeugungen. Sein Ansatz lässt sich vielleicht am besten als sokratische Befragung beschreiben, die jedoch mit zielgerichteter Entschlossenheit praktiziert wird. »Warum ist es so schlimm, abgelehnt zu werden? Ist es wirklich unerträglich? Ist es nicht eher ein Rückschlag als eine Katastrophe? Wie kann man völlig wertlos sein? Wie kommst du darauf?« Das Hinterfragen irrationaler Überzeugungen deckt deren

Fehler und Schwachstellen auf und ermöglicht es, treffendere, rationalere Ersatzlösungen zu finden.

Es ist schwierig, emotionale Zustände direkt zu verändern. Wo soll man anfangen? Obwohl Ellis das Ausmaß, in dem sich Kognition und Emotion überschneiden, vermutlich überbewertete, ist die Kognition sicherlich ein wichtiger Aspekt der Emotion, und Gedanken, denen man sprachlichen Ausdruck verleiht, können mit anderen geteilt werden. Ein Gedanke ist nachvollziehbar, wohingegen ein Gefühl vage und schwer lokalisierbar ist (beispielsweise als Muster von Empfindungen an verschiedenen Stellen des Körpers). Die RET ist ausgesprochen praxisnah: Sie konzentriert sich auf die Dimension der Emotionalität, die sich am leichtesten ausdrücken und verändern lässt.

In den 1980er und 1990er Jahren begegnete ich häufig etablierten Therapeuten, die mit Ellis und seinen Gedanken nicht vertraut waren. Im Nachhinein mag dies etwas seltsam erscheinen, denn Ellis ist zweifellos eine bedeutende Persönlichkeit. Gleichwohl lässt sich leicht erklären, warum er damals (insbesondere außerhalb der Vereinigten Staaten) relativ unbekannt war. Zwischen 1962 und 1964 veröffentlichte ein Psychiater aus Philadelphia, der mit Vorliebe Fliegen trug, mehrere Artikel mit ganz ähnlichen Gedanken. Erst 1963 las Ellis einen seiner Beiträge und schrieb sofort an den Autor, Aaron T. Beck. Dies war der erste von vielen Schriftwechseln, aus denen sich im Laufe der Zeit eine lebenslange Korrespondenz entwickelte. Dreißig Jahre später hatte sich die von Beck entwickelte kognitive Therapie, die eine Korrektur falscher Gedanken durch Disputation vorsieht, als wirksame und effiziente Behandlungsmethode durchgesetzt. Ellis' herausragende Vorarbeit wurde in akademischen Kreisen entweder nur am Rande zur Kenntnis genommen oder völlig übersehen.

Die kognitive Therapie, die schließlich unter der Bezeichnung Kognitive Verhaltenstherapie (KVT) bekannt wurde, ist heute die weltweit am häufigsten praktizierte Psychotherapie. Becks Ausgangspunkt – Irrationalität – war mit Ellis' Modell identisch, aber Beck entwickelte einen ausdifferenzierteren theoretischen Rahmen, verfeinerte therapeutische Techniken und belegte die Wirksamkeit seiner Behandlung durch klinische Studien. Seine Ergebnisse waren beeindruckend, und er fand viele Befürworter, die seinen Ansatz weiterentwickelten und dessen Anwendungsbereich erheblich vergrößerten.

Es gab jedoch noch weitere Gründe, warum Beck Ellis in den Schatten stellte. Diese waren überwiegend persönlicher Natur. Beck war taktvoll, diplomatisch, er ging Streitigkeiten aus dem Weg. Das lässt sich von Ellis nicht behaupten. Er war ein ganz anderer Mensch. Ellis verwendete nicht selten Kraftausdrücke, wenn er Psychotherapie-Workshops leitete; er erfand den Begriff »Musturbation«, um den übermäßigen

Gebrauch des Wortes »müssen« (engl.: *must*) zu veranschaulichen; er war dreimal verheiratet, führte über lange Zeit eine offene Beziehung und wurde in einen Rechtsstreit mit seinem eigenen Institut verwickelt. Für einen rationalen Denker schien er zudem ein merkwürdig geringes Interesse daran zu haben, seine Methoden empirisch zu validieren.

Ellis verdient zweifellos mehr Anerkennung, als ihm in der Vergangenheit zuteilwurde; doch wie es scheint, schenkt eine zunehmende Zahl von Experten seinen Leistungen Beachtung. So wurde er zum Beispiel von den Mitgliedern der American Psychological Association zum zweiteinflussreichsten Psychotherapeuten des 20. Jahrhunderts gewählt – nicht nach Aaron T. Beck, sondern nach dem humanistischen Psychotherapeuten Carl Rogers.

Die Begriffe »Überzeugung« und »Gedanke« werden häufig in ähnlichen Kontexten verwendet, können aber unterschieden werden. In der Alltagssprache bedeutet »Überzeugung« in der Regel eine dauerhafte Gesinnung (wie bei einem religiösen Glauben). Ein »Gedanke« hingegen ist eine Vorstellung, eine Idee oder Ansicht, die in das Bewusstsein eindringt, in der Regel in Form eines Satzes (wir können auch in Bildern denken, aber wenn dies geschieht, bezeichnen wir es eher als Bilder denn als Gedanken). Wenn Ellis von Überzeugungen sprach, meinte er damit eigentlich wertende Gedanken (oder »Einschätzungen«); wenn Beck und die Vertreter seines Ansatzes jedoch von Überzeugungen sprechen, bezeichnen sie damit etwas, das der Definition im Wörterbuch sehr viel näherkommt – eine tief verwurzelte Einstellung. Überzeugungen repräsentieren Lernprozesse über das Selbst und die Welt, die in dauerhafter oder zumindest relativ stabiler Form gespeichert sind. Diese Erkenntnisse werden gewöhnlich als Bedingungssätze oder schlichte Aussagen formuliert: »Wenn die Menschen mich nicht mögen, kann ich niemals glücklich sein« oder »Die Menschen mögen mich nicht«. Überzeugungen dieser Art – auch als »dysfunktionale Annahmen« bezeichnet – sind so tief in der Psyche verankert, dass wir uns ihrer Existenz oft gar nicht bewusst sind, obwohl sie sehr wahrscheinlich den Inhalt unserer Gedanken und unser Verhalten beeinflussen.

Dysfunktionale Annahmen werden gebündelt. Eine Person mit geringem Selbstwertgefühl hat möglicherweise eine Reihe tief verwurzelter Überzeugungen, die thematisch miteinander verbunden sind: »Wenn die Leute mich besser kennen würden, würden sie merken, was für ein schlechter Mensch ich bin«, »Ich bin wertlos« und »Mit mir stimmt etwas nicht«. Sammlungen dysfunktionaler Annahmen werden als Schemata bezeichnet. Sie sind wie Schablonen oder Prototypen, die unsere Wahrnehmungen, Erwartungen und sogar das, woran wir uns erinnern und was wir vergessen, beeinflussen. Schemata sind wie Linsen, durch die wir die Welt betrachten. Je mehr Mängel die Linse aufweist, desto wahrscheinlicher ist es, dass unsere Wahrnehmung der Welt verzerrt ist; je mehr dysfunktionale Annahmen wir haben, desto größer die Wahrscheinlichkeit, dass unser Denken und Verhalten selbstschädigend sind.

Eine andere Möglichkeit, Schemata zu begreifen, liefert der Vergleich mit einem Drehbuch. Wir folgen ihnen, ohne sie zu hinterfragen, und in der Regel bestimmen sie die Ergebnisse vor. Eine Person, die einem Schema folgt, das aus dysfunktionalen Annahmen über Minderwertigkeit besteht, ist sozial ängstlich, interpretiert neutrale Äußerungen als feindlich und vermeidet soziale Situationen. Schemata sind enge

Verwandte der Freud'schen Komplexe und der Arbeitsmodelle von Bowlby. Sowohl Schemata als auch Komplexe und Arbeitsmodelle sind Formen kognitiver Strukturen – Vorstellungssysteme, die sich im Gedächtnis verfestigt haben.

Natürlich handelt es sich bei den Schemata um hypothetische Konstrukte, die nicht gemessen oder direkt beobachtet werden können. Doch auf einer bestimmten Ebene müssen Schemata mit der materiellen Realität korrespondieren, da sie im Gehirn gespeichert sind. Manche Vorstellungen müssen in gewissem Sinne »näher« beieinander gespeichert sein als andere – sonst ließen sich keine assoziativen Phänomene beobachten. Zum Beispiel kommt uns »Katze und Maus« leichter in den Sinn als »Katze und Blauwal«. Miteinander verbundene dysfunktionale Annahmen können als Teile derselben »Struktur« verstanden werden. Der Neurobiologe Bruce Wexler hat erörtert, wie interne Strukturen im Gehirn, wenn sie erst verfestigt sind, unsere Wahrnehmungen verzerren und sich jeder Änderung widersetzen: »Wir ignorieren, vergessen oder versuchen, Informationen, die mit diesen Strukturen nicht übereinstimmen, aktiv zu diskreditieren.«[3]

Die kognitive Therapie setzt bei der Identifizierung negativer Gedanken an und arbeitet sich dann weiter nach unten vor, wobei dysfunktionale Annahmen und schematisch gespeichertes Wissen offengelegt werden. Sobald dysfunktionale Annahmen erkannt werden, können sie – ähnlich wie irrationale Gedanken – hinterfragt oder widerlegt werden. Beck zufolge sind dysfunktionale Annahmen nicht deshalb problematisch, weil sie irrational sind, sondern, weil sie die normalen kognitiven Prozesse stören. In der Praxis lassen sich dysfunktionale Annahmen jedoch nur schwer verändern, selbst wenn Therapeuten darauf verweisen, dass sie nicht mit der Realität übereinstimmen. Insofern ist und bleibt ihr hervorstechendstes Merkmal oft ihre Irrationalität.

Jeffrey Young, ein ehemaliger Schüler Becks, entwickelte eine Form der kognitiven Therapie, die besonderes Augenmerk auf frühkindliche Schemata legt. Da sich manche dieser Schemata vor dem Erwerb der Sprache herausbilden, sind sie oft nonverbal. Sie können weiterhin als Schablonen zur Orientierung, Fokussierung und Interpretation dienen, doch ihre Aktivierung ruft die ungefilterten Ur-Emotionen der Kindheit wieder hervor, die hauptsächlich als starke körperliche Reaktion erlebt werden. Ungünstige Schemata, die im Säuglings- und Kindesalter entstanden sind, bezeichnet Young als »maladaptiv«. Umgangssprachlich spricht er auch von »Lebensfallen«, weil sie oft dazu führen, dass Menschen lebenslang in wiederkehrenden Mustern von selbstschädigendem Denken und Verhalten gefangen sind. Es fällt uns schwer, uns aus diesen Lebensfallen zu befreien, weil sie ein fester Bestandteil unseres Wesens und sehr tief in uns verankert sind. Alternativen stellen nicht nur einen beängstigenden Sprung ins Ungewisse dar, sondern auch eine fundamentale Bedrohung unseres Selbstverständnisses. Lieber empfinden wir psychischen Schmerz, als das Risiko einer Form der Vernichtung einzugehen. Ein weiterer Grund, warum wir selbstschädigende Verhaltensmuster wiederholen, liegt darin, dass sie wahrscheinlich einmal adaptiv waren. In unserer Kindheit waren sie möglicherweise angemessen oder »rational«. Wie bereits angedeutet, könnte der emotionale Rückzug eine rationale Bewältigungsstrategie für ein Kind gewesen sein, das häufig von körperlichem oder sexuellem Missbrauch bedroht war. Für einen Erwachsenen, der eine intime Beziehung eingehen möchte, gilt dies jedoch nicht.

Maladaptive Schemata werden durch Auslöser aktiviert, die den sozialen Situationen ähneln, in denen sie entstanden sind und gefestigt wurden. Da das Ausbrechen aus den mit der Aktivierung verbundenen Denk- und Verhaltensmustern ein hohes Maß an Angst und Unbehagen erzeugt, ist es sehr schwierig, sich weiterzuentwickeln und zu entfalten. Menschen neigen dazu, Rechtfertigungsgründe vorzubringen, die ihnen den Erhalt des Status quo ermöglichen. Dadurch verringern sich Angst und Unbehagen, aber das zugrunde liegende maladaptive Schema bleibt bestehen. Die Rechtfertigung von selbstschädigendem Verhalten erfordert ein hohes Maß an kognitiver Verzerrung – das Selbst, die Welt und Beziehungen müssen falsch dargestellt sein. Hier treffen kognitive Therapie und Psychoanalyse zusammen. Durch ein solches Verteidigungsmanöver wird zwar der Abbau von Ängsten erreicht, doch bei näherer Betrachtung zeigt sich, dass die Verteidigung aus irrationalen Gedanken besteht. Die Verzerrung erhält alte, nicht hilfreiche Vorgaben und Routinen aufrecht. Zum Beispiel könnte jemand einen objektiv angenehmen Gesprächspartner als aggressiv einstufen, um die Rücknahme einer Bewerbung zu rechtfertigen. Auf diese Weise wird das Risiko der Ablehnung und des emotionalen Schmerzes vermieden, allerdings um den Preis beruflichen Stillstands. Durch die Angst vor möglichem emotionalen Unbehagen nimmt sich die Person in diesem Fall eine Chance. Letztlich stellen Verzerrungen diejenigen Umstände unserer Kindheit wieder her, die uns am meisten geschadet haben.

Der Versuch, rational zu sein, ist ein vernünftiges Bestreben – doch selbst wenn wir glauben, rational zu sein, sind wir häufig trotzdem irrational. Das bedeutet nicht, dass wir die Rationalität aufgeben sollten oder dass es kein legitimes Ziel wäre, rational zu sein: Dank ihres Vernunftstrebens kann die Menschheit Atome spalten und zum Mond fliegen. Es bedeutet jedoch, dass es viel schwieriger ist, rational zu sein, als sich viele vorstellen – insbesondere, wenn wir versuchen, rationale Entscheidungen von persönlicher Tragweite zu treffen.

Symmetrische Tintenkleckse sind zu einem Sinnbild für alles Psychologische geworden und besitzen vielleicht sogar eine höhere Symbolkraft als die Psychoanalyse-Couch. Der berühmteste Tintenkleckstest wurde von dem Schweizer Psychiater Hermann Rorschach entwickelt. Rorschachs Leben verlief nicht besonders ereignisreich: Er arbeitete in einer psychiatrischen Klinik, war verheiratet, hatte zwei Kinder und starb relativ jung. Obwohl er seine Patienten »analysierte«, war er nie ein Anhänger Freuds und wusste durchaus um die Grenzen der Psychoanalyse.

Rorschach war nicht nur Psychiater, sondern auch ein begabter Künstler. Sein Talent zeigte sich schon früh, was wahrscheinlich auch der Grund für seinen äußerst treffenden Spitznamen – »Klecks« – war, den er schon während seiner Schulzeit erhielt.[4] Rorschach war nicht der Einzige, der glaubte, dass man mit Tintenklecksen die Psyche erforschen könnte (es gab Konkurrenten), aber sein Test wurde weltberühmt und zu einer Ikone des 20. Jahrhunderts. Gelegentlich wurde behauptet, Rorschach sei aufgrund seiner künstlerischen Begabung dort erfolgreich gewesen, wo andere gescheitert waren. Seine Tintenkleckse sind nicht einfach symmetrische Schmierereien, sondern Kunstwerke mit Tiefe und Struktur; sie sind sorgfältig konstruiert und verblüffend zweckdienlich. Das Gleichgewicht zwischen Abstraktion und Andeutung ist perfekt austariert. Es gibt reichlich Spielraum

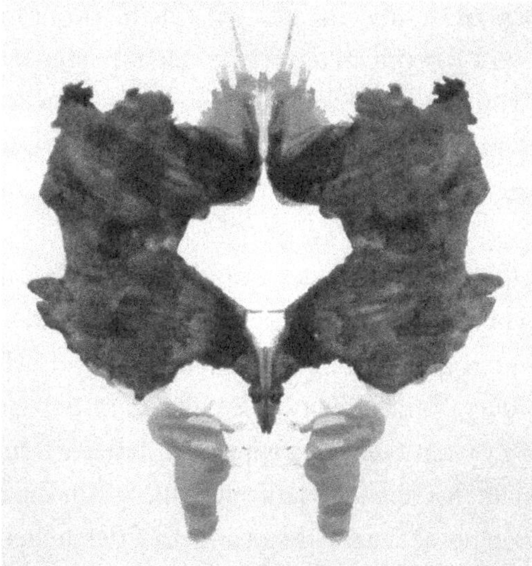

für Interpretationen, doch die Fantasie wird durch die Suggestivität der Formen gebremst. Seine Tintenkleckse sind mehrdeutig – aber nicht zu sehr.

Im Gegensatz zu seinen Vorgängern ging es Rorschach weniger darum, mit Tintenklecksen die Vorstellungskraft zu messen. Er nutzte seine Tintenkleckse zur Untersuchung von Wahrnehmung und Persönlichkeit, und die Ergebnisse seines Tests sollten zur Erstellung der Diagnose dienen. Nach seinem Tod 1922 begannen Psychologen und Psychiater, Rorschachs Tintenkleckse als »projektiven Test« zu verwenden. Projektion ist nicht nur eine Abwehr, bei der unerwünschte oder unangenehme Eigenschaften auf andere übertragen werden, sondern kann auch als allgemeineres, von der psychoanalytischen Theorie losgelöstes Phänomen verstanden werden. Das Gehirn ist ständig auf der Suche nach Mustern in der Umwelt. Wenn wir mit mehrdeutigen Reizen konfrontiert werden, versuchen wir automatisch zu definieren, was wir sehen. Diese Interpretation wird von Persönlichkeitsmerkmalen, früheren Erlebnissen und Erinnerungen beeinflusst, sodass sie etwas über uns selbst aussagt. Wir projizieren unsere innere Welt auf die äußere und sehen Dinge, die eigentlich gar nicht da sind.

In den 1940er Jahren war der Rorschach-Test Teil der Populärkultur, vor allem dank begeisterter amerikanischer Verfechter. Er fand sogar Eingang in einen Hollywood-Film, *Der schwarze Spiegel* mit Olivia de Havilland in der Hauptrolle. Nach dem Zweiten Weltkrieg wurden mit neuer Dringlichkeit Fragen zur menschlichen Natur gestellt. Wenn die Nationalsozialisten eine abscheuliche Anomalie darstellten, konnte man hoffnungsvoll in die Zukunft blicken; wenn sie jedoch ganz normale Menschen waren, musste man damit rechnen, dass sich ihre Gräueltaten wiederholten. Die Öffentlichkeit erhoffte sich von Psychiatern und Psychologen eine Klärung dieser Frage.

In Nürnberg bot sich eine Gelegenheit, die Psyche der NS-Verbrecher zu studieren. Viele führende Funktionäre waren inhaftiert und warteten auf ihren Prozess, darunter auch einige von Hitlers engsten Mitarbeitern: Albert Speer, Rudolf Hess und Hermann Göring. Die Tests wurden von zwei Amerikanern durchgeführt: dem Psychiater Douglas Kelley und einem jüdischen Gefängnispsychologen, Gustave Gilbert. Zu den Untersuchungen gehörte auch der Rorschach-Test.

Gab es so etwas wie eine Nazi-Persönlichkeit? Zeigten Nationalsozialisten ein abnormales Maß an Psychopathologie? Die Forscher fanden heraus, was sie herausfinden wollten. Kelley stellte fest, dass Nationalsozialisten zurechnungsfähig seien und sich von den meisten normalen Amerikanern nicht grundlegend unterschieden, während Gilbert sie für mörderische, böse – im Wesentlichen unmenschliche – Roboter hielt, mit Persönlichkeitsmerkmalen, die von denen der meisten Menschen deutlich abwichen. Kelley und Gilbert, die schon immer ein gespanntes Verhältnis zueinander hatten, wurden zu Feinden. Viele Jahre später analysierte man ihre Daten erneut, und immer noch kam kein Konsens zustande; die jüngste Auswertung der Rorschach-Ergebnisse von Kelley und Gilbert, *The Quest for the Nazi Personality: A Psychological Investigation of Nazi War Criminals*, die 1995 von Eric Zillmer und Kollegen veröffentlicht wurde, gelangte jedoch zu dem Schluss, dass die Rorschach-Datensätze nicht zur Unterstützung von Gilberts Standpunkt herangezogen werden könnten. Der Wissenschaftsjournalist Jack El-Hai fasst den derzeitigen Stand wie folgt zusammen: »Bis sie widerlegt werden, besagt die neueste Forschung, dass die einzigartige NS-Psyche, die Kelley nicht erkennen konnte, die Gilbert verführte und so viele andere Wissenschaftler in den Bann zog, ein Märchen ist.«[5]

Man beachte allerdings die Einschränkung: *bis sie widerlegt werden*. Selbstverständlich ist es möglich, dass die Debatte erneut aufflammt. Die schlichte Erklärung für diese Ungewissheit ist, dass der Rorschach-Test unzuverlässig ist – was vermutlich stimmt. Dies ist jedoch eine eher oberflächliche Feststellung, die einen allgemeineren und möglicherweise interessanteren Punkt außer Acht lässt. Kelley und Gilbert interpretierten die Testergebnisse ihren eigenen Überzeugungen und Erwartungen entsprechend, wie es Menschen nun einmal tun. Obwohl Nürnberg Verwirrung stiftete und die Autorität des Rorschach-Tests untergrub, beweisen die widersprüchlichen Schlussfolgerungen von Kelley und Gilbert das Prinzip, das solchen projektiven Tests zugrunde liegt: Wir sehen, was wir sehen wollen. Die meiste Zeit unseres Lebens betrachten wir die Welt auf defensive Art und Weise, um kurzfristiges Unbehagen zu minimieren und bestehende Überzeugungen zu festigen. Ein Nationalsozialist, der in einer Gefängniszelle sitzt, kann als Mensch oder als Monster gesehen werden. Gilbert hatte sehr gute Gründe, ein Monster zu sehen. Seine Eltern waren jüdische Einwanderer aus Österreich, und er hatte kurz vor der endgültigen Kapitulation des NS-Regimes das Konzentrationslager Dachau zu Gesicht bekommen.

Wenn die Nationalsozialisten, wie Kelley annahm, ganz normale Menschen waren, dann könnten sich Tragödien wie die des Zweiten Weltkriegs wiederholen. Vielleicht setzte er deshalb am Neujahrstag 1958 seinem Leben selbst ein Ende. Wir wissen, dass er unter Stress stand und seine Ehe unglücklich war, doch angesichts der beunruhigenden Implikationen seiner Ansichten kann man davon ausgehen, dass die psychischen Ursachen für seinen Suizid wesentlich tiefer lagen. Nach einem häuslichen Streit stellte sich Kelley auf den Treppenabsatz, sah hinab auf seine Frau, seinen Vater und seinen Sohn und verkündete: »Ich muss das nicht mehr ertragen! Ich werde dieses Kaliumcyanid nehmen und in dreißig Sekunden tot sein. Ich werde es nehmen, und niemand wird sich darum scheren!« Er führte seine Hand an die Lippen und schluckte. Kurze Zeit später bekam er Krämpfe, und Schaum quoll aus seinem Mund.

Gilbert, unbeeindruckt von der Kritik seines ehemaligen Kollegen, sagte im Eichmann-Prozess in Jerusalem aus, wo seine Nürnberger Testergebnisse als Beweis zugelassen wurden. Die Geschichte scheint der politischen Philosophin Hannah Arendt das letzte Wort gegeben zu haben. Sie wurde von der Zeitschrift *New Yorker* entsandt, um über den Eichmann-

Prozess zu berichten, wo sie den Ausdruck »die Banalität des Bösen« prägte. Wenn es so etwas wie eine Nazi-Persönlichkeit gab, dann war sie erschreckend, aber nur, weil sie so erschreckend »banal« war.

Wenn etwas »mit Gefühl« gesagt wird, gehen wir davon aus, dass das zum Ausdruck gebrachte Gefühl authentisch ist. Ein »Bauchgefühl« ist vertrauenswürdig, etwas, das aus dem eigenen Inneren kommt. Gefühle können jedoch ebenso irreführend sein wie unsere Gedanken.

Evolutionspsychologen gehen davon aus, dass Gefühle Bewertungen der Umwelt kodieren. Sie sind das Ergebnis beschleunigter Einschätzungen, die uns sagen, ob etwas gut oder schlecht ist. Gefühle bewirken auch physiologische Veränderungen, die uns auf Handlungen vorbereiten. Wie fast alle anderen Bestandteile des mentalen Lebens wurden auch Gefühle letztlich durch evolutionären Druck selektiert und ausgeformt, um den Gentransfer von einer Generation zur nächsten zu erleichtern. Ihre Präzision war nicht ausschlaggebend. Gefühle kodieren Urteile – aber nicht unbedingt präzise Urteile. Sie dienen dem primären evolutionären Ziel, nicht den sekundären und tertiären Zielen, die uns persönlich zugutekommen. Wir wollen Sex haben, weil es uns Spaß macht, aber der Spaß ist nur ein Trick, damit wir mehr Sex haben.

Vorfahren, die auf haarige Pflanzen und gewundene Lianen ängstlich reagierten und sie für giftige Spinnen und Schlangen hielten, ergriffen eher die Flucht, überlebten, pflanzten sich fort und gaben ihre ängstliche Veranlagung somit eher weiter als ihre beherzteren Artgenossen. Die Evolution hat Interpretationsfehler in das Verarbeitungssystem eingebaut, um Überleben und Fortpflanzung zu fördern. Manchmal ist eine gewundene Form auf dem Boden tatsächlich eine Schlange, und es ist durchaus angebracht davonzulaufen. Im Allgemeinen aber »wollen« unsere Gene, dass wir auf potenzielle Gefahren über- und nicht unterreagieren. Alle unsere Gefühle unterliegen denselben evolutionären Einflüssen. Als solche sind sie nicht immer adäquate oder angemessene Reaktionen auf bestimmte Situationen. Wenn wir versuchen, Entscheidungen zu treffen, geben sie uns häufig die falschen Signale.

Ein grundlegender Lehrsatz, der von allen großen Psychotherapieschulen geteilt wird, besagt, dass psychische Probleme entstehen, wenn wir uns von der Realität distanzieren oder loslösen. In gewissem Sinne ist dies jedoch unser Normalzustand. Das »Dasein« steht immer in Diskrepanz zur Wirklichkeit. Unsere Wahrnehmungen, Gedanken und Gefühle sind unzuverlässig, und wenn wir unsere Entscheidungen auf unzuverlässige Informationen stützen, entgleitet uns zunehmend der Bezug zur Realität.

Denker wie Dubois, Ellis und Beck fordern uns auf, rationaler zu sein. Wir müssen unsere Wahrnehmungen und Überzeugungen überprüfen, uns vor unseren Gefühlen in Acht nehmen. Reflexion ist keine Option – etwas, das sich auf unbestimmte Zeit verschieben lässt oder auf das nächste Mal, wenn wir am Strand sitzen und den Sonnenuntergang genießen. Es ist eine permanente Notwendigkeit.

Wie viele Gedanken aus der Psychotherapie wirkt auch die These, dass Reflexion von Vorteil sei, ganz offenkundig. Das ist sie auch. Nicht offenkundig ist jedoch, dass produktives Reflektieren eine Herkulesaufgabe ist. Wenn wir versuchen, unsere Gedanken zu bewerten, tun wir dies im Vertrauen auf eine Logik, die ständig zu entgleisen droht. Es ist, als versuchten wir, Objekte zu überprüfen, die in einem Zerrspiegel erscheinen, reflektiert von einem zweiten oder sogar einem dritten Zerrspiegel. Unter solchen Umständen ist es praktisch unmöglich zu erkennen, was man eigentlich sieht. Die Selbsterforschung wird durch schier endlose Verzerrungen erschwert.

»Ich muss alles nur noch einmal gründlich durchdenken.«

Das klingt einfach. Aber wenn Sie glauben, dass es einfach wäre, haben Sie sich gründlich getäuscht. Tatsächlich ist die Annahme, alles ließe sich einfach »durchdenken«, möglicherweise eines Ihrer größten Probleme.

5

Identität:

Das geteilte Selbst

Wo finden wir uns selbst? Ein guter Ort, um mit der Suche zu beginnen, ist unser eigener Kopf. Doch was erblicken wir, wenn wir in uns hineinschauen? Gedanken und Bilder, die entweder neutral oder von einer persönlichen Stimmung durchdrungen sind. Ein Gedanke folgt auf den anderen, daher herrscht ein gewisser Fluss, der sogenannte »Bewusstseinsstrom«. Dieser Strom ist seicht und nicht sehr breit. Zwei Gedanken gleichzeitig zu fassen, ist nahezu unmöglich. Doch trotz dieser Einschränkung sind wir uns zu jedem Zeitpunkt dessen bewusst, dass wir in unserer Gesamtheit viel größer sind. Der heilige Augustinus war vielleicht der Erste, der diese Eigenheit beschrieb: »Und doch fasse ich selbst nicht ganz, was ich bin.« In gewisser Weise bietet unsere schlummernde persönliche Vorgeschichte einen Resonanzrahmen. Wenn ich einen Baum betrachte, bin ich mir nicht nur seiner Merkmale, der Beschaffenheit der Rinde und der Form der Blätter bewusst, sondern auch, dass der Baum von einem Menschen betrachtet wird – und dieser Mensch bin ich, ich selbst. Unbewusste Erinnerungen prägen mein Bewusstsein durch ein kontinuierliches Identitätsempfinden. Insoweit es nicht zerlegt oder fotografiert werden kann, ist das Selbst ein »idealer Gegenstand«, doch liefert es uns den notwendigen philosophischen Beweis für sicheres Wissen: »Ich denke, also bin ich.«

Obwohl das Selbst schwer zu fassen ist, lässt es sich anhand seiner Eigenschaften und Merkmale definieren. Es besitzt einen physischen Aspekt. Wir sind uns unserer Körperlichkeit bewusst und identifizieren uns stark mit dem Gesicht, das wir sehen, wenn wir in den Spiegel schauen. Das Selbstsein ist kontinuierlich und wird nur durch traumlosen Schlaf unterbrochen. Die Erinnerungen an Ihre Kindheit und die Erinnerungen an die Geschehnisse des gestrigen Tages sind und bleiben *Ihre* Erinnerungen. Sie gehören ein und derselben Person, auch wenn sich Ihre Welterfahrung als Kind qualitativ von Ihrer Welterfahrung als Erwachsener unterscheidet. Das Selbst ist reflexiv. Es kann sich selbst in den Blick nehmen. Wir können sagen: »Ich bin heute traurig«, und überlegen, wie diese Stimmung unsere Gedanken und Wahrnehmungen beeinflusst. Alles, was wir tun, wird durch einen Akt des Willens initiiert. Wir sind selbstmotiviert.

Körperlichkeit, Kontinuität, Reflexivität und Handlungsfähigkeit – oder zumindest scheinbare Handlungsfähigkeit – sind allesamt Schlüsselmerkmale des Selbstseins. Zu dieser Liste ließe sich noch die Einheit hinzufügen. Wir erleben uns als kohärentes Ganzes. Unsere Hoffnungen, Ängste, Erinnerungen, Gefühle, Überzeugungen und Wünsche verschmelzen miteinander. Unsere Vergangenheit, unsere Gegenwart und unsere Erwartungen an die Zukunft sind miteinander verwoben. Die Einheit der Identität spielt in vielen von der Psychotherapie ausgehenden Theorien über Geist und Verhalten eine zentrale Rolle. Die meisten teilen die weit verbreitete

Annahme, dass wir unglücklich, ängstlich und verletzlich werden, wenn die Einheit des Selbst gestört ist, wenn das Selbst also fragmentiert, dupliziert oder geteilt ist.

Teilt sich ein Selbst entlang ähnlicher Bruchlinien wie ein anderes? Was sind die psychischen Folgen einer Identitätsfragmentierung? Warum teilt sich ein Selbst? Und wie kann ein geteiltes Selbst wieder zusammengefügt werden?

Wenn die Leute an ein geteiltes Selbst denken, stellen sie sich in der Regel extreme Beispiele vor, wie die unheimlichen gespaltenen Persönlichkeiten, die in Kriminal- und Horrorromanen vorkommen. Doch nicht jede Spaltung des Selbst ist derart spektakulär. Wir alle kennen das Gefühl, wenn wir in einen Konflikt geraten – etwa, wenn unser Gewissen verlangt, einer Versuchung zu widerstehen. Bisweilen wirkt dieser innere Kampf – abhängig von den Umständen – wie ein Streit zwischen zwei verschiedenen Versionen unseres Ichs. Dasselbe gilt für andere Dilemmata. Viele Eltern stehen vor der Frage, ob sie mit einem neugeborenen Kind zu Hause bleiben oder in den Beruf zurückkehren sollen. Solche Zwickmühlen lassen sich auch als Identitätsproblem beschreiben: »Elternteil« und »Karrierist« ziehen plötzlich in unterschiedliche Richtungen. Üblicherweise führt dies zu Stimmungsschwankungen, und die darauffolgenden Phasen der Beunruhigung ähneln Versuchen, widerstreitende Identitäten wieder zusammenzufügen. Häufig enthüllen Dilemmata Spannungen zwischen dem, was wir wirklich sind – unserem wahren Selbst –, und einer angenommenen oder weniger authentischen Identität, einem falschen oder idealisierten Selbst. In jüngster Zeit haben Psychologen den Begriff »Derailment« (Entgleisung) eingeführt, womit eine Diskontinuität zwischen dem gegenwärtigen und dem früheren Selbst bezeichnet wird.[1] Diese Diskrepanz ist ein

Risikofaktor für Depressionen. Nahezu alle Therapieschulen sind sich darin einig, dass die Beseitigung innerer Spaltungen entscheidend für das Wohlbefinden ist. Einige haben dieses Prinzip so überhöht, dass es einem spirituellen Ziel ähnelt. In gewisser Weise sind wir alle fragmentiert, und die Zusammenführung unserer einzelnen Teile bleibt ein lebenslanges Projekt.

Zoe hatte kurzes, stacheliges Haar und Piercings in Nase und Unterlippe. Auch ihre Schamlippen waren vielfach gepierct. »Ja«, sagte sie und zeigte in Richtung ihrer Genitalien, »ich habe da unten eine Menge Ringe.« Sie war rastlos, hatte zahllose Tätowierungen und trug Armeehosen und Kampfstiefel. Durch den häufigen Missbrauch intravenöser Drogen bestand die Gefahr einer HIV-Infektion. (Das war zu einer Zeit, als ein positiver HIV-Test praktisch ein Todesurteil bedeutete.) Sie war inzwischen eine Berühmtheit der Subkultur, ein bekannter Name in einer Unterwelt aus fensterlosen Clubs, in denen extreme Formen sadomasochistischer Rollenspiele gang und gäbe waren. »Die Leute lassen dich in Ruhe, wenn du so aussiehst«, versicherte sie mir einmal. »Sie verarschen dich nicht.«

Wir unterhielten uns über die Liebe, und ich fragte sie, ob sie nicht einmal die Vorteile einer ernsthaften Langzeitbeziehung überdenken wolle. »Ich lebe in einer ernsthaften Langzeitbeziehung«, sagte sie und ärgerte sich zu Recht darüber, dass ich ihr etwas unterstellt hatte. »Wir sind schon seit Jahren zusammen. Sie lebt in Paris.«

»Wie heißt sie?«

»Keine Ahnung, sie hat es mir nie gesagt. Ich nenne sie einfach Geliebte.« Zoes Geliebte lebte in einer großen Wohnung im 20. Arrondissement. Besuche waren selten und nur auf Einladung möglich. Sobald Zoe die Wohnung betrat, war sie eine willige Gefangene – eine Sexsklavin.

»Ich weiß nie, wie es wird. Manchmal komme ich an, und wir gehen direkt ins Bett. Ein anderes Mal führt sie mich in ein leeres Zimmer und befiehlt mir, mich auszuziehen. Dann legt sie mir Handfesseln an – sodass ich quasi hänge –, und ich kann weder sitzen noch schlafen oder sonst etwas. Sie bringt Gewichte an meinen Ringen an und lässt mich dort allein. Sie geht einfach weg – und spielt Cello. Ich höre sie spielen, stundenlang – sie spielt und spielt und spielt. So kann ein ganzes Wochenende vergehen. Die Schmerzen werden schlimm, wirklich schlimm, aber es ist, als würden wir die Dinge an ihre Grenzen bringen, auf eine ganz neue Ebene.«

Zoe ging unnötige Risiken ein, und mitunter waren ihre Sexualpraktiken potenziell lebensbedrohlich. Ich befürchtete, dass einige ihrer Praktiken zu schweren inneren Verletzungen führen könnten. Sie schwankte zwischen Zuständen extremer Passivität, in denen sie sich foltern ließ, und Anfällen von Wut und Zorn. Es war beinahe so, als wäre sie zwei verschiedene Personen. Ich sprach mit ihr darüber, und sie überraschte mich mit den Worten: »Ich *bin* zwei Personen.«

»Wie meinst du das?«, fragte ich.

»Ich bin Zoe, und ich bin Miss Smith.«

Ich neigte den Kopf zur Seite: »Wie bitte …?«

»Ich lebe mein Leben als zwei Personen. Jetzt bin ich Zoe, aber manchmal wache ich auf und beschließe, Miss Smith zu sein.«

»Wie ist sie denn so, diese Miss Smith?«

»Ruhig, etwas weltfremd, sie gelt sich nicht die Haare hoch und trägt keine Piercings. Und sie zieht sich auch nicht so an.«

Sie strich mit beiden Händen über ihren Körper. »Sie hat eine ganz andere Garderobe. Im wahrsten Sinne des Wortes: einen anderen Kleiderschrank.«

»Du hast zwei Schränke in deiner Wohnung?« Ich konnte meine Skepsis nicht verbergen.

»Ja, einen für Zoe und einen für Miss Smith – es gibt auch zwei CD-Sammlungen, zwei Stereoanlagen, zwei Zahnbürsten, zwei Sorten Deodorant – von allem zwei.«

Fälle von multiplen Persönlichkeiten werden in der medizinischen Literatur seit dem 17. Jahrhundert beschrieben, doch stets in Verbindung mit abergläubischen oder mythologischen Vorstellungen von vorausgegangenen Verwandlungen. Werwölfe sind ein bekanntes Beispiel. Ab Mitte des 19. Jahrhunderts erlebte die wissenschaftliche Erforschung der multiplen Persönlichkeit einen Aufschwung, was sich auch in zeitgenössischen Romanen wie Robert Louis Stevensons *Dr. Jekyll und Mr. Hyde* widerspiegelt. Die Ärzte erkannten, dass sich der Geist spontan teilen und zwei oder mehr Identitäten mit unterschiedlichem Grad an gegenseitigem Bewusstsein hervorbringen kann. Heute wird die klassische Persönlichkeitsspaltung, bei der eine Person eine Bewusstseinsstörung erlebt und keine Erinnerung an ein Alter Ego hat, als »dissoziative Identitätsstörung« bezeichnet.

Zoe hatte zwei verschiedene Identitäten, die sich einander jedoch bewusst waren. Die Entscheidung, von der einen in die andere zu wechseln, wurde in einem Zustand der Klarheit getroffen. Zoe wählte ein Kostüm, schlüpfte in die Rolle der Miss Smith und wurde augenblicklich konventioneller. Dieses dramaturgische Element ändert nichts an der Tatsache, dass Zoes Selbstwahrnehmung beunruhigend instabil war.

Obwohl Zoes doppelte Identität auf den ersten Blick bizarr

erscheint, kann sie als übersteigerte Form eines gewöhnlichen Phänomens verstanden werden. Wir ändern unser Verhalten regelmäßig, indem wir es den Erfordernissen der jeweiligen Situation anpassen. Tatsächlich kann es anderen manchmal so vorkommen, als würden wir uns wie eine andere Person verhalten. Auch die Stimmung beeinflusst das Verhalten. Wenn Stimmungsschwankungen klinisch signifikant werden – wie es bei den sogenannten »bipolaren Störungen« der Fall ist –, kann ein und dieselbe Person gesprächig und enthemmt sein, wenn sie »high« ist, und wortkarg und misstrauisch, wenn sie »down« ist. Normalerweise kommt es zu Stimmungsschwankungen innerhalb einer einzigen Identität. Wenn sie sich jedoch nicht mehr eindämmen lassen, kann sich ein einheitliches Bewusstsein spalten.

Manche Kliniker interpretieren dissoziative Zustände (selbst extreme) als Abwehr. Auch hier lassen sich Kontinuitäten erkennen, die das Gewöhnliche und das Ungewöhnliche miteinander verbinden. Eine gängige Strategie im Umgang mit Schmerzen ist die Ablenkung. Wir verlagern den Fokus unserer Aufmerksamkeit. Mit anderen Worten: Wir versuchen, den bewussten Aspekt unseres Selbst vom körperlichen Aspekt zu trennen.

Die Trennung wird vorgenommen, um den Umgang mit Schmerz zu erleichtern. Multiple Persönlichkeiten können ebenfalls eine schützende Funktion haben. Für manche Menschen ist das Leben so erdrückend, dass es von einer einzelnen Person schlicht nicht mehr bewältigt werden kann und sich die Identität der Betroffenen in mehrere spezialisierte Handlungsorgane aufspaltet. Im Falle einer Bedrohung können aggressive Instinkte durch eine kämpferische Teilpersönlichkeit genutzt und kanalisiert werden.

Abwehrmechanismen entkoppeln uns jedoch von der Realität – mit oft katastrophalen Folgen. Zoe war verwirrt, sprunghaft, unbefriedigt und begab sich ständig in gefährliche Situationen. Ich erinnere mich, wie bemerkenswert ich es bei jeder unserer Begegnungen fand, dass sie noch am Leben war.

Störungen der Einheit des Selbst – oder ein Ungleichgewicht zwischen den einzelnen Teilen des Selbst – wurden wiederholt als Ursache für Unglücklichsein und Verwirrung identifiziert.

Freud unterteilte den menschlichen Geist in drei Teile: das Es, das Ich und das Über-Ich. Diese Instanzen entsprechen näherungsweise dem Unbewussten, dem bewussten Geist und dem »Gewissen«. Die Entsprechung ist deshalb nur eine Annäherung, weil das Es zwar vollständig unbewusst ist, das Ich und das Über-Ich aber ebenfalls unbewusste Bereiche umfassen. Sie werden traditionell als Instanzen bezeichnet, weil sie nicht träge, sondern operativ sind; sie verfolgen unterschiedliche Ziele und interagieren miteinander. Freuds Strukturmodell der Psyche sollte nicht als starres Schema betrachtet werden, sondern eher als eine Art Computersimulation mit beweglichen Teilen.

Obwohl die Gedanken des Gewissens in den Bewusstseinsstrom einfließen, wird das Gewissen auch als teilautonom erlebt. Die Stimme des Gewissens ist nicht gänzlich unsere eigene und spricht zu uns aus einer gewissen Distanz. Das ist vermutlich der Grund, warum das Gewissen in Märchen oft personifiziert wird. An einem kritischen Punkt erscheint ein kleines Tier oder vielleicht ein übernatürliches Wesen, das den Protagonisten davon überzeugt, der Versuchung zu widerstehen – man denke nur an Jiminy Cricket, die sprechende Grille in der Disney-Version von Carlo Collodis *Die Aben-*

teuer des Pinocchio. Das Es hingegen ist das genaue Gegenteil des Gewissens. Es ist prinzipienlos, ein Hort primitiver Begierden, die sofortige Befriedigung verlangen.

Das Ich ist der Kanal, durch den die Gesamtheit einer Person mit der Realität in Beziehung tritt. Es besetzt eine schwierige Position »zwischen« dem Es und dem Über-Ich – wie ein Wagenlenker, der versucht, zwei widerspenstige Pferde zu bändigen, die in entgegengesetzte Richtungen ziehen wollen. Das bewusste Selbst muss Entscheidungen treffen, die sowohl das Es als auch das Über-Ich befriedigen. Beispielsweise müssen die sexuellen Bedürfnisse des Es erfüllt werden, ohne dabei die vom Über-Ich vorgegebenen Moralvorstellungen zu verletzen. Dieses Gleichgewicht wird normalerweise durch die Teilnahme an den gesellschaftlich akzeptierten Ritualen des Umwerbens erreicht, die zu einvernehmlichem Sex führen.

Wird das Es nicht gezügelt, überwältigt es das Ich mit primitiven Trieben, wodurch Ängste hervorgerufen werden (etwa »Ich werde die Kontrolle verlieren und etwas tun, was ich später bereue«). In gleicher Weise können die strafenden Zurechtweisungen eines oppressiven Über-Ichs erdrückende Schuld- und Schamgefühle auslösen (etwa »Ich bin ein schlechter Mensch«). Wir kommen am besten zurecht, wenn Es, Ich und Über-Ich einen optimalen Zustand gegenseitiger Anpassung und Balance erreicht haben. In diesem Zustand ist der Einzelne nicht frustriert und kann seine Grundbedürfnisse befriedigen, ohne die moralischen Regeln zu verletzen, auf denen die soziale Ordnung beruht.

Für Freud entstehen psychische Probleme dann, wenn zwischen den Teilen des Selbst ein Ungleichgewicht herrscht. Andere Theoretiker hingegen haben die Rolle von Doppelidentitäten hervorgehoben, die (bis zu einem gewissen Grad) mit den Phänomenen vergleichbar sind, die in klassischen Fällen von multipler Persönlichkeit beobachtet werden. Wir haben bereits Arthur Janovs »irreales Selbst« kennengelernt, die Scheinidentität, die sich um den Keim frühkindlicher Vernachlässigung bildet und das »reale Selbst« schließlich erstickt. Janovs »irreales Selbst« ist nur eine von vielen Formen eines falschen Selbst, die von Psychotherapeuten diskutiert werden.

Tatsächlich ist die Vorstellung eines Kampfes zwischen authentischem und nicht authentischem Selbst ein Grundpfeiler der postfreudianischen Psychologie. Donald Winnicott glaubte, dass Mütter in der Regel das Beste für ihre Kinder tun; eine schlechte mütterliche Betreuung (definiert als unzureichende alltägliche Fürsorge) könne jedoch zur Herausbildung einer falschen Identität führen. Dies ist, laut Winnicott, besonders wahrscheinlich, wenn Kleinkinder eine schlechte Betreuung erfahren, solange sie noch vollkommen abhängig sind. Da sich das Kleinkind unsicher fühlt, greift es zu einer defensiven Besänftigungsstrategie. Es erfüllt die Erwartungen anderer und stellt seine eigenen Bedürfnisse zurück. In extremen Fällen verschwindet das wahre Selbst vollständig hinter einem falschen Selbst. Das wahre Selbst hat keinen Bezug zur Realität, und das Leben wird zu einer sinnlosen, leeren Erfahrung. Auch der amerikanische Psychologe Carl Rogers, der die Personenzentrierte Psychotherapie entwickelte, ging von Teilungen des Selbst aus. Er postulierte die Existenz eines realen, fundamentalen Selbst (manchmal auch als »organismisches Selbst« bezeichnet) und mehrerer zusätzlicher Identitäten (zum Beispiel eines Selbst, das andere von uns erwarten). Je mehr sich unsere verschiedenen Selbstkonzeptionen mit unserem wahren Selbst überschneiden, desto mehr erleben wir das Leben als erfüllend. Rogers bezeichnete diesen Zustand als Kongruenz. In dem Maße wiederum, in dem unsere Selbstkonzeptionen und unser reales Selbst nicht übereinstimmen – also inkongruent sind –, sind wir unzufrieden und können unser Potenzial nicht voll ausschöpfen.

Manche Ansätze führen psychische Probleme auf Ungleichgewichte zwischen einzelnen Teilen des Selbst zurück, andere heben Dopplungen oder Fragmentierungen des Selbst hervor. Die »Analytische Psychologie« Carl Gustav Jungs beinhaltet beide Gedanken. Innerhalb dieses theoretischen Rahmens umfasst eine einzelne Identität verschiedene Aspekte, die auch als Unterpersönlichkeiten verstanden werden können. Der »Schatten« ist eine Art minderes Selbst, das um inakzeptable Impulse herum angeordnet ist; Männer haben eine weibliche Seite, die »Anima« genannt wird, wohingegen Frauen eine männliche Seite besitzen, den »Animus«. Die »Persona« – ein Begriff, der von der Bezeichnung für die Maske entlehnt ist, die Schauspieler im antiken Griechenland trugen – ist das Gesicht, das wir der Welt nach außen hin präsentieren. Diese Teilpersönlichkeiten beeinflussen, laut Jung, unser Verhalten und gewährleisten erwünschte Resultate. Wenn eine Frau in eine Situation gerät, in der sie körperlich bedroht wird, kann ihr Animus (der von kulturell bedingten Geschlechterstereotypen geprägt ist) eine furchtlose, kriegerische Reaktion hervorrufen. Diese vorübergehenden Zustände der Unterordnung unter ein Alter Ego können zwar hilfreich sein, aber auch kontraproduktiv. Ein Mensch, der einen irrationalen, gewalttätigen Wutanfall bekommt, hat seinem Schatten zu viel Macht überlassen.

Jung bevölkerte den Geist mit einer Vielzahl von Personifikationen. Diese werden gelegentlich als Archetypen bezeichnet (wenngleich ein Archetyp in Wirklichkeit eine unbewusste Schablone ist, die Individuen dazu *prädisponiert*, bestimmte Klassen von Personifikationen und Symbolen zu bilden). Auf kultureller Ebene lässt sich die geballte Wirkung solcher Prädispositionen am wiederholten Auftauchen bestimmter Charaktertypen und Bilder in unseren Mythen und Geschichten beobachten: Helden, Zauberer, Jungfrauen – ineinandergreifende Kreise oder eine Schlange, die ihren Schwanz frisst. Auf Grundlage von Erkenntnissen aus klinischen und anthropologischen Studien nahm Jung an, dass diese Muster in einem besonders tiefen Bereich des Unbewussten verankert sind, der vererbbar und der gesamten Menschheit gemein ist: dem kollektiven Unbewussten.

Glück und Erfüllung lassen sich leichter erreichen, wenn alle diese Personifikationen – Schatten, Anima, Animus usw. – in eine harmonische Gemeinschaft integriert sind. Auf diese Weise werden Gegensätze versöhnt, Widersprüche aufgelöst und die bewusste und unbewusste Ebene des Geistes in eine engere Beziehung zueinander gebracht. Jung zufolge wird dieser wünschenswerte Endpunkt durch einen Prozess unterstützt, den er »Individuation« nannte.

Die Individuation wird von einer Person eingeleitet, die – in der Regel nach einer Krise in der Lebensmitte – erkennt, dass es an der Zeit ist, reflektierter zu werden und in sich selbst nach Antworten zu suchen. Der Fortschritt wird von einem Archetyp geleitet, einer Schablone der Ganzheit, die Jung als »Selbst« bezeichnete. Da Archetypen im kollektiven Unbewussten gespeichert sind, ist die Individuation universell, und Symbole für die Vollendung einer erfolgreichen Integration finden sich in vielen Kulturen. Sie sind üblicherweise kreisförmig und geviertelt (beispielsweise durch ein Kreuz). Man-

dalas, farbenfrohe Muster aus der buddhistischen und hinduistischen Ritualkunst, sind vielleicht das eindrucksvollste Beispiel. Dieser von Jung hergestellte Zusammenhang verdeutlicht, dass die Individuation gleichermaßen eine spirituelle Reise wie auch ein psychischer Prozess ist. Die Vollendung der Individuation stellt einen Übergang zu einem höheren Seinszustand dar. Als solcher besitzt sie Ähnlichkeiten mit der von Mystikern angestrebten »Selbstverwirklichung«. Praktisch gesehen, ist die notwendige Voraussetzung für eine Individuation ein gesteigertes Bewusstsein für das eigene Innenleben: Nur wer bewusst der Macht seiner inneren Stimme folgen kann, wird zu einer Persönlichkeit.

Da Jungs Analytische Psychologie einem metaphysischen Denksystem ähnelt, wurde sie von Empirikern heftig kritisiert. Doch Jung begann seine Karriere als Experimentalwissenschaftler und unternahm später große Anstrengungen, um seine Thesen durch anthropologische Feldforschungen zu untermauern. Trotz ihrer esoterischen Ausrichtung basiert die Analytische Psychologie auf klinischer Beobachtung und einer gründlichen Analyse symbolischer Ausdrucksformen von Kulturen. Jung wird häufig von Studierenden der vergleichenden Kultur- Religions- oder Literaturwissenschaften zitiert (insbesondere, wenn es um universale Aspekte von Narrativen geht). Dennoch halten viele Mainstream-Psychologen Jungs Modell des menschlichen Geistes – in dessen Unbewussten geradezu wagnerianische Kämpfe zwischen Teilpersönlichkeiten ausgetragen werden – für gänzlich unvereinbar mit den heutigen Neurowissenschaften. Zweifellos sind Jungs Schriften über das Selbst vom Numinosen durchdrungen, doch lässt sich einwenden, dass dieser Exotismus relativ oberflächlich bleibt; Jung gebraucht lediglich farbenfrohe Metaphern, um den Grundgedanken zu verdeutlichen, dass die Identität aus teilbaren Elementen besteht und das Individuum, wenn diese Elemente ausgeglichen und integriert sind, wahrscheinlich mehr Glück und inneren Frieden empfindet. Er war einer der ersten Theoretiker, die das Konzept der Identität hervorhoben, ein Ansatz, der in der Folgezeit breite Zustimmung fand.

Die moderne Welt und insbesondere das Internet bieten nie da gewesene Möglichkeiten, Identitäten zu spalten, zu duplizieren, zu verbreiten und aufzulösen. Anonymität im Netz und physische Unzugänglichkeit schwächen das Über-Ich und befreien das Es. Der Bildschirm lädt uns ein, eine virtuelle Umgebung zu betreten, in der die Kontrollmechanismen des persönlichen Kontakts nicht mehr gelten. Im Cyberspace können die Menschen sein, wer sie wollen. Ungefähr die Hälfte aller Jugendlichen macht im Internet falsche Angaben zur eigenen Person. Ab einem Alter von etwa elf Jahren gewöhnen sie sich daran, falsche Identitäten zu schaffen, die im Großen und Ganzen deutlich regressive Merkmale aufweisen (wie übermäßige Eitelkeit oder den Wunsch, andere neidisch zu machen). Eine Studie der Jugendorganisation YMCA aus dem Jahr 2019 ergab, dass zwei Drittel der Jugendlichen Fotos von sich selbst bearbeiten, bevor sie diese in den sozialen Medien posten, und dabei bis zu 45 Minuten darauf verwenden, Mitesser zu entfernen, die Hautbeschaffenheit zu verbessern und die Zähne aufzuhellen.[2] Diese idealen Selbstbilder sind fast immer nahezu perfekt und stehen in enormer Diskrepanz zum realen, verkörperten Selbst. Sie fördern Zustände extremer Inkongruenz: innere Spannung, Unbehagen und Unzufriedenheit.

Die Informationstechnologie ermöglicht es den sogenannten »Digital Natives« (also Menschen, die nach der Verbreitung von Computertechnologie und Internet geboren wurden), ihr Selbst so tief zu spalten, dass ihr angestrebtes Ideal – oder ihre Ideale – eine Art unabhängige Existenz erlangen. Die Folge ist eine Fragmentierung des Selbst, die der dissoziativen Identitätsstörung ähnelt, deren Hauptmerkmal die Aufspaltung des Bewusstseins in zwei oder mehr verschiedene Persönlichkeiten ist. Digital Natives erschaffen Versionen von sich selbst, mit denen sie die physischen Grenzen einer Fotografie vollständig überwinden; sie können wunderschöne Avatare erfinden, die ihr ideales Selbst im Cyberspace repräsentieren und ihre Körperlichkeit abstreifen wie eine Schlangenhaut.

Damit will ich nicht sagen, dass das Bearbeiten von Selfies oder das Erfinden von Avataren unweigerlich zu einer psychiatrischen Diagnose führt. Aber ich bin der Meinung, dass die mühelose Erschaffung sichtbarer, perfekter Versionen des

Selbst die Unzufriedenheit mit der unvollkommenen Realität verstärkt und dass die starke Identifikation mit einem idealen Selbst die bestehenden Bruchlinien innerhalb einer Person vertiefen kann. Das Gehirn ist plastisch, vor allem im Säuglingsalter, in der Kindheit und in der frühen Adoleszenz. Es ist vielleicht kein Zufall, dass sich die Generation der Digital Natives insgesamt als besonders anfällig für Stimmungstiefs erwiesen hat. Das Leben ist unsicher und voller Enttäuschungen. Immer wieder gibt es Verluste und schmerzhafte Trennungen – wir werden alt, dann sterben wir. Ein kohärentes Selbstgefühl gibt uns die Kraft, der Realität ins Auge zu sehen, während ein Selbst, das nur lose zusammengehalten wird, leicht zerfällt und sich auflöst. Der Erfolg von Gesprächstherapien hängt zumindest teilweise davon ab, inwieweit das Gleichgewicht zwischen den Teilen des Selbst wiederhergestellt wird, Spaltungen überwunden und falsche Identitäten aufgegeben werden. Dies sind sinnvolle Zielsetzungen – nicht nur für Patienten in der Psychotherapie, sondern für uns alle.

Die junge Frau aus Hoppers *Automat* sitzt immer noch an ihrem Tisch, doch die reflektierten Lichter haben mittlerweile an Bedeutung gewonnen. Vielleicht weisen die beiden ins Leere führenden Reihen darauf hin, dass sie nicht nur wegen ihrer Unentschlossenheit im Zwiespalt ist. Vielleicht hat ihr doppeltes Bewusstsein einen tieferen Grund. Steckt hinter ihrem Dilemma eine innere Spannung? Eine Spannung zwischen der Person, die sie ist, und der Person, die sie sein möchte? Oder eine Spannung zwischen dem authentischen, wahren Selbst und dem falschen Selbst, das sie der Person, deren Abwesenheit durch den leeren Stuhl verdeutlicht wird, bis dahin präsentiert hat?

Wir haben bereits einige Anhaltspunkte entdeckt: das Grün ihres Mantels und das Rot des Kleides, das sie darunter trägt, die Andeutung eines Konflikts zwischen Unschuld und Begehren. Wenn sie doch nur von Hoppers tödlichem Schweigen befreit werden könnte. Wenn sie nur sprechen könnte, mit ihren wahren Gefühlen in Kontakt kommen und erkennen könnte, was sie wirklich braucht. Kein Wunder, dass sie isoliert und unglücklich wirkt, kein Wunder, dass die Dunkelheit hinter ihr so bedrohlich erscheint. Diese Dunkelheit könnte von außen hineindringen, sich zwischen den Identitäten der jungen Frau einnisten und von ihr Besitz ergreifen. Wie wird sie sich dann fühlen?

Die weiterführende Schule, die ich besuchte, lag in einem rauen Arbeiterviertel im Norden Londons, wo Fußball-Rowdytum und rassistisch motivierte Übergriffe an der Tagesordnung waren. Die Disziplin im Unterricht geriet leicht aus den Fugen, und in der Regel wurde die Ordnung mit einer Tracht Prügel wiederhergestellt. Die Lehrer zogen an den Haaren, teilten Stockhiebe aus, schlugen die Gesichter der Kinder auf die Tische, tobten und traten Möbel um. Zeitweise fühlte man sich wie in einer Haftanstalt für jugendliche Straftäter und nicht wie in einer Bildungseinrichtung. Sowohl innerhalb als auch außerhalb der Schule war die allgemeine Atmosphäre ungehemmter Aggression und Bedrohung beherrschend. Als ich erfuhr, dass nur wenige Gehminuten vom Schulhof entfernt ein junger Mann ermordet worden war, kam es mir so vor, als hätten wir alle schön längst darauf gewartet.

Außerdem erfuhr ich, dass die Spurensicherung die Kreideumrisse der Leiche nicht weggewaschen hatte. Natürlich war ich neugierig, und bei der ersten Gelegenheit machte ich mich gemeinsam mit einem Freund auf den Weg, den Tatort zu besichtigen. Bald erreichten wir unser Ziel, eine unbelebte Seitenstraße, und starrten wie gebannt auf die zweidimensionale, sich über mehrere Gehwegplatten erstreckende Figur. »Stell dir vor«, sagte mein Freund, der auf jungenhafte Weise versuchte, die existenziellen Implikationen der Situation zu erfassen, »da ist doch tatsächlich jemand gestorben.« Er deutete nach unten. »Du weißt schon, tatsächlich gestorben.« Wir konnten unseren eigenen Tod in diesem Kreideumriss sehen. Die Blutflecken auf dem Beton konfrontierten uns unmittelbar mit unserer Sterblichkeit.

Eines Tages stand ich in der Nähe der Schulturnhalle und blickte durch einen Maschendrahtzaun auf einen trostlosen Wohnblock, als ein anderer Freund auf mich zukam und sagte: »Sieh dir das mal an.« Sein verstohlenes Auftreten ließ mich vermuten, dass er mir ein paar pornografische Bilder zeigen wollte, aber stattdessen reichte er mir ein schmales Taschenbuch. Ich öffnete es und begann zu lesen:

Jill: Ich habe Angst
Jack: Hab keine Angst
Jill: Ich habe Angst Angst zu haben, wenn du mir sagst,
ich soll keine Angst haben

Das Buch war voller gewundener Gedanken, die wie Gedichte auf den Seiten angeordnet waren. Ein Teil des Textes war in etwas eingebettet, das wie technische Diagramme aussah. Ich verstand keinen einzigen Vers, aber ich konnte hinter jedem kunstvoll konstruierten Psychodrama das Wirken einer gerissenen, boshaften Intelligenz erkennen. Als ich aufblickte, sagte mein Freund: »Cool, was?« Er hatte recht. Dieses Buch hatte etwas wirklich Cooles an sich. Ich betrachtete den Einband. Da stand: *Knoten*, von R. D. Laing.

Etwa ein Jahrzehnt lang war R. D. Laing der meistgelesene Psychiater der Welt. Seine Bücher waren in den Rucksäcken von GIs, die in Vietnam kämpften, ebenso zu finden wie in den Fransentaschen von Hippies, die durch Indien zogen. Er erreichte sogar mich, einen Schuljungen inmitten einer kulturellen Einöde im Norden Londons.

Laings Werk spiegelt im Wesentlichen seine Beschäftigung mit der Identität und ihrer Fragmentierung wider. Sein bekanntestes Buch, das 1960 erschien, ist *Das geteilte Selbst*. Wenngleich Laings klinisches Interesse in erster Linie der Schizophrenie galt, sind seine Erkenntnisse über die Entstehung der Schizophrenie von weitaus höherer Relevanz, da wir alle – bis zu einem gewissen Grad – den Faktoren ausgesetzt sind, die den Geist spalten können.

Laings zentrales Erklärungskonzept ist die »ontologische Unsicherheit«. Ontologie ist die philosophische Lehre des Seins und der Entstehung des Seins. Laing ging davon aus, dass das Selbstgefühl einer ontologisch unsicheren Person so instabil ist, dass sie die Realität als erdrückend, lähmend und bedrohlich empfindet. Unter solchen Bedingungen zieht sich das Selbst zusammen und schrumpft nach innen, hinterlässt aber eine Art Maske, ein falsches Selbst, das als Schutzschild dient. Dauert der Rückzug des Selbst auf unbestimmte Zeit an, wird eine Schwelle überschritten, und die Person zeigt erste Symptome einer Psychose. Es kann passieren, dass jemand so weit nach innen reist, dass er sich von seiner Körperlichkeit entfremdet. Das Gefühl der Verbundenheit von Geist und Körper wird schwächer, und körperliche Bewegungen werden als willensunabhängig wahrgenommen. Folglich entwickeln psychotische Patienten bizarre Hypothesen, um ihre bizarren Erfahrungen zu erklären. Nicht selten gelangen sie zu dem Schluss, dass ihre Gliedmaßen von einer äußeren Instanz kontrolliert werden, etwa von einem übernatürlichen Wesen oder einer manipulativen Maschine.[3]

Gestörte Kommunikation, insbesondere innerhalb der Familie, vertieft die ontologische Unsicherheit. Laing interessierte sich besonders für sogenannte »Double Binds« (also Doppelbotschaften wie zum Beispiel die Aufforderung, eine Wahl zu treffen, wenn alle Ergebnisse negativ sind) und für Formen des Sprechens, die den Zuhörer schwächen und verwirren (etwa widersprüchliche Botschaften). Laings poetische Versuche, die ich als Schüler faszinierend fand, waren im Wesentlichen Erkundungen der komplexen Denkprozesse, die einer gestörten Kommunikation zugrunde liegen. Die Art und Weise, wie wir glauben, dass andere uns sehen, unterscheidet sich oft stark davon, wie andere uns *tatsächlich* sehen. Manchmal beruht unsere Kommunikation auf solchen »Metawahrnehmungen«, die oft erheblich von den Wahrnehmungen anderer abweichen. Wenn zwei Menschen miteinander reden, werden Sprache und Ausdrucksweise von ihren Metawahrnehmungen beeinflusst, und die Gefahr von Fehlinterpretationen und Missverständnissen vervielfacht sich exponentiell; sie entfernen sich in immer weiter werdenden Schleifen voneinander. Zwischen den Identitäten kann sich eine Distanz auftun, die ebenso schädlich ist wie die Distanz, die ein Selbst teilt. Authentizität oder Bestätigung von Gefühlen und Meinungen sind nicht mehr möglich.

Laing wurde in den 1960er und frühen 1970er Jahren zur wichtigsten Koryphäe der Psychiatrie. Fotos von ihm auf dem Höhepunkt seines Ruhmes zeigen einen Mann, der die Attribute eines Rockstars mit denen eines Schamanen zu verbinden scheint. Die Zwangsjacke des medizinischen Konservativismus hat er abgelegt und stattdessen offenbar eine neue, düster-charismatische Identität angenommen.

Laings Ruhm verbreitete sich schnell und weit, weil seine radikalen Ansichten mit jenem revolutionären Idealismus in Einklang standen, der seine produktivsten Jahrzehnte prägte. Seine Darstellung der Schizophrenie als verständliche Reaktion auf unerträgliche Situationen fand in der rastlosen jüngeren Generation, die sich stark mit Schizophrenen identifizierte, ein wohlwollendes Publikum. Auch diese jungen Leute wollten aus einer Welt aussteigen, die für sie keinen Sinn mehr ergab; auch sie wollten protestieren, rebellieren und lehnten traditionelle Institutionen und Konformität ab.

Abgesehen von gutem Timing war Laings Ruhm auch auf seine beträchtlichen Ausdrucksfähigkeiten zurückzuführen.

Sein Prosastil ist verführerisch und lässt sich hervorragend zitieren: »Wir zerstören uns selbst durch Gewalt, die sich als Liebe maskiert«; »Wenige Bücher heute sind entschuldbar«; »*Einzig* Erfahrung ist evident«.[4] *Knoten* und *The Bird of Paradise* (ein kurzes Stück, das sich jeder Kategorisierung entzieht) gelten als bedeutende Werke der modernen Literatur.

Mit der Unterstützung seiner Mitstreiter gründete Laing eine therapeutische Gemeinschaft in Kingsley Hall im Londoner East End. Für die Bewohner dieses nüchternen Gebäudes, das einst eine Einrichtung für arme Kinder beherbergt hatte, galten die allgemein anerkannten Regeln des Sozialverhaltens nicht. Sie durften ihren »Wahnsinn« uneingeschränkt und frei ausleben. Was von außen als chaotisches Verhalten erschien, wurde als Beweis für eine spontane innere Heilung gedeutet, einen Prozess, dem man – so glaubte Laing – seinen natürlichen Lauf lassen sollte. Ziel dieser Reise war die Wiedererlangung des wahren Selbst. Laings Denkweise stützt sich auf zahlreiche Fallbeispiele, vor allem aus den Schriften Jungs, aber auch auf die zeremoniellen Praktiken bestimmter Stammeskulturen, die häufig die Herbeiführung veränderter Bewusstseinszustände zur Selbsterneuerung umfassen. Kingsley Hall wurde zu einem Mekka der Gegenkultur, das von angesagten Persönlichkeiten wie Timothy Leary und Sean Connery besucht wurde. Durch Laing wurde der Wahnsinn geradezu schick.

Die berühmteste Bewohnerin von Kingsley Hall war Mary Barnes, eine Krankenpflegelehrerin, der während ihres Aufenthalts in einem walisischen Kloster von der Priorin geraten wurde, psychologische Hilfe in Anspruch zu nehmen. Barnes wurde hauptsächlich von Laings amerikanischem Gefolgsmann Joseph Berke behandelt, und zu gegebener Zeit schrieben Barnes und Berke gemeinsam ein Buch: *Mary Barnes: Meine Reise durch den Wahnsinn.*

Barnes wurde angehalten, sich in einen infantilen Zustand zurückzuversetzen, aus dem sie später als ganzheitlichere und ontologisch gefestigte Person wieder hervortreten sollte. Eine Weile lang sprach sie nicht mehr, quiekte wie ein Baby, ließ sich mit der Flasche füttern und schlief nackt in einer Holzkiste. Sie beschmutzte sich selbst (eine symbolische Ausscheidung des »Schlechten«) und beschmierte die Wände mit Fäkalien. Als Berke sie mit Buntstiften und Farben versorgte, begann sie, Wandbilder von künstlerischem Wert zu schaffen – Eruptionen von urtümlicher und religiöser Symbolkraft, glühende Landschaften, belebt von fließenden Energien. Ihre Arbeiten waren kühn und kraftvoll und gaben etwas von den ungewöhnlichen Geisteszuständen wieder, die sie durchlebt hatte. Schließlich wurde sie eine erfolgreiche Künstlerin, deren Bilder regelmäßig ausgestellt wurden. Die

Wiederherstellung ihrer fragmentierten Identität war entscheidend für ihre Genesung. Berke schreibt, dass Barnes zu sich kam und wie ein Puzzle wieder zusammengesetzt wurde. Mit Beginn der 1980er Jahre lösten Materialismus und Pragmatismus den revolutionären Eifer ab. Laings Konzepte wirkten nun zunehmend unzeitgemäß. Er begann, zu viel zu trinken, wurde wegen Cannabiskonsums vor Gericht gestellt, bediente sich in seinen Vorträgen einer unbeherrschten Sprache und verunsicherte seine Mitmenschen durch den Verzicht auf Umgangsformen. Ein ehemaliger Patient warf ihm schweres berufliches Fehlverhalten vor: Laing habe ihn einmal in eine Kneipe mitgenommen und ein anderes Mal aufgefordert, an der Therapiesitzung eines anderen Patienten teilzunehmen. Die medizinische Aufsichtsbehörde des Vereinigten Königreichs General Medical Council forderte Laing schließlich auf, seinen Namen aus ihrem Verzeichnis zu löschen. Im Alter von 61 Jahren starb er beim Tennisspielen in St. Tropez an einem Herzinfarkt. Als er gefragt wurde, ob man einen Arzt holen solle, waren seine letzten Worte: »Arzt, was für ein Scheißarzt?«

Unvoreingenommen gelesen, sind Laings Bücher ein beeindruckendes Zeugnis seiner Sensibilität und seines kreativen Genies. Es ist wirklich absurd, dass der Trinker Ronnie Laing die Größe des existenziellen Psychotherapeuten R. D. Laing überschatten sollte, dessen wichtigste Erkenntnisse die verstörenden Auswirkungen von Spaltungen innerhalb des Selbst betreffen. Obwohl Laing immer noch als umstrittene Figur gilt, haben seine Ansichten allmählich wieder Eingang in den intellektuellen Mainstream gefunden – allerdings vielfach ohne nennenswerte Würdigung ihres Urhebers. Zeitgenössische Psychotherapeuten gehen davon aus, dass die Symptome einer Psychose auf einer bestimmten Ebene intellektuell nachvollziehbar sind, und es gibt inzwischen interessante epidemiologische Studien, die als Nachweis eines Zusammenhangs zwischen ontologischer Unsicherheit und Schizophrenie geltend gemacht werden können. Einige der überzeugendsten Belege dieser Art stammen aus der Forschung über die psychische Gesundheit von Migranten und ethnischen Minderheiten, welche häufig ein sehr hohes Risiko für die Herausbildung psychotischer Symptome aufweisen. Dieses erhöhte Risiko ist höchstwahrscheinlich eher auf psychosoziale als auf biologische Faktoren zurückzuführen.[5] Die Erfahrung der geografischen Entwurzelung, die mit einem völligen Verlust des sozialen Kontextes einhergeht, verstärkt die ontologischen Belastungen und schwächt die Identität. Zugehörigkeit ist zweifellos ein zentrales Merkmal des Selbst. Wenn wir uns nicht mehr zugehörig fühlen, vergessen wir, wer wir sind.

Das wahre Selbst, wie es von Psychotherapeuten beschrieben wird, ist ein hypothetisches Konstrukt, ebenso wie Komplexe, Schemata und Arbeitsmodelle hypothetische Konstrukte sind. Es kann nicht direkt beobachtet oder quantifiziert werden. Für viele Hirnforscher stellt das ein Problem dar. Worüber, so fragen sie, sprechen wir eigentlich? Inwieweit hat das wahre Selbst, abgesehen von seiner Funktion als bildliche Abstraktion, überhaupt einen Einfluss auf die Realität? Vor vielen Jahren unterhielt ich mich mit einem biologisch orientierten Psychiater über einen Patienten (einen älteren, depressiven Mann). Meiner Meinung nach war die Behandlung des Patienten zu sehr an den Ergebnissen seines Gehirnscans ausgerichtet, der eine erhebliche kortikale Degeneration zeigte. Daher schlug ich vor, auch die Erfahrungen des Patienten, seine Traurigkeit und seinen Kummer zu berücksichtigen, und bezog mich in meiner Argumentation vielleicht auf ein oder zwei hypothetische Konstrukte. Der Psychiater runzelte etwas irritiert die Stirn und sagte: »Sehen Sie, ich stütze meine Meinung zumindest auf etwas, das real ist.« Das erinnerte mich an einen der scharfsinnigsten und zitierfähigsten Sätze Laings: »Wer könnte annehmen, dass Engel die Sterne bewegen? Oder wer könnte so töricht sein anzunehmen, die Seele existiere nur deshalb nicht, weil man sie unter einem Mikroskop nicht sehen kann?« Sechsundneunzig Prozent des Universums sind unsichtbar. Aber es ist trotzdem da.

Die Neurowissenschaftlerin Susan Greenfield schreibt: »Die Dynamiken von Umwelt und neuronaler Formbarkeit führen zu einer sich ständig weiterentwickelnden Identität, die dem Individuum eigen ist, jedoch einem Individuum, das sich kontinuierlich verändert.«[6] Es muss also charakteristische Muster neuronaler Aktivität geben, die mit dem Selbst verbunden sind, eine Kombination aus permanenten und semipermanenten biologischen Vorgängen. Letztlich müssen Veränderungen des Selbst, alles, was wir mit Begriffen wie »wahres Selbst« oder »falsches Selbst« bezeichnen, in Materie verankert sein. Hirnscans ermöglichen bereits eine Unterscheidung von Aktivitätsmustern, die mit Authentizität und solchen, die mit Vortäuschung assoziiert werden.[7]

Das sogenannte »Default Mode Network« (DMN, deutsch: Ruhezustandsnetzwerk) – ein Netzwerk von Regionen, die im Gehirn miteinander interagieren – verbindet Bereiche der Großhirnrinde mit subkortikalen Strukturen wie dem Hippocampus.[8] Ursprünglich ging man davon aus, dass dieses System die »Standardeinstellung« des Gehirns sei – das biologische Substrat nicht fokussierter Aufmerksamkeit und geistigen

Abschweifens. In jüngster Zeit haben Neurowissenschaftler jedoch die Vermutung geäußert, das DMN könne das Gerüst bilden, um welches herum wir unsere Identitäten entwickeln. Der Neurowissenschaftler Robin Carhart-Harris vom Imperial College London hat gezeigt, dass eine verringerte Durchblutung und ein geringerer Sauerstoffverbrauch im DMN mit dem Verlust der Selbstbewusstheit in Zusammenhang stehen. Darüber hinaus sind die Default-Regionen bei Kindern im Alter zwischen sieben und neun Jahren nur spärlich vernetzt, möglicherweise, weil sich das Gerüst der Identität noch im Aufbau befindet.[9] Manche Neurowissenschaftler bezeichnen das DMN, eine relativ neue Entdeckung, bereits als »Ich-Netzwerk«.[10] Vielleicht werden wir eines Tages in der Lage sein, die relativen Beiträge der verschiedenen Zellnetzwerke zu quantifizieren, wenn sie Iterationen des Selbst erzeugen. Vielleicht können wir sogar das ontologisch unsichere Selbst von Laing sehen, das wie ein kollabierter Stern in seiner nebelhaften Hülle der Falschheit leuchtet.

Die evolutionäre Neurowissenschaft geht davon aus, dass die Schaltkreise des Gehirns in Modulen organisiert sind, die mentale Zustände und Verhalten bestimmen. Wenn also eine physische Bedrohung das »Selbstschutzmodul« triggert, wird Adrenalin ausgeschüttet, und wir erleben die physischen und emotionalen Korrelate der Kampf-oder-Flucht-Reaktion (wie erhöhte Herzfrequenz, Schweißausbrüche und Angst). Bei diesen Modulen handelt es sich im Wesentlichen um Systeme im Gehirn, die, wenn sie aktiviert werden, Verhaltensrepertoires mit spezifischen, für eine erfolgreiche Fortpflanzung relevanten Funktionen steuern: Selbstschutz, Anziehung von Partnern, Bindung an Partner, Zugehörigkeit (soziale Bindung), Fürsorge für Angehörige, Erreichen eines sozialen Status und Vermeidung von Krankheiten. Obwohl die evolutionäre Neurowissenschaft und die Analytische Psychologie im Allgemeinen als unvereinbare Denksysteme gelten, sind Module und Personifikationen im Sinne Jungs durchaus konvergierende Konzepte. Wenn wir kämpfen müssen, verleiht uns das aktivierte Selbstschutzmodul die Stärke eines »Kriegers«, und wenn wir uns um unsere Angehörigen kümmern müssen, leitet uns die biologische Programmierung ebenfalls – als würden wir eine Schutzgöttin, eine »Erdmutter« anrufen.

Begriffe wie »wahres Selbst«, »falsches Selbst« und »ideales Selbst« sind äußerst praktisch. Es sind präzise, zusammenfassende Begriffe, die uns helfen, große Mengen persönlicher Informationen zu ordnen. Es fällt uns relativ leicht, auf diese Weise zu denken. Selbst wenn Wissenschaftler bestimmte Teilaspekte der Kognition untersuchen, gelangen sie bisweilen an einen Punkt, an dem sie feststellen, dass Klarheit am besten dadurch erreicht wird, dass sie Doppelungen und Unterteilungen des Selbst in ihre Formulierungen aufnehmen. Der mit dem Nobelpreis ausgezeichnete Psychologe Daniel Kahneman etwa unterscheidet zwischen dem »erinnernden Selbst« und dem »erlebenden Selbst«.[11]

Der Gedanke, dass die Fragmentierung oder Spaltung des Selbst ein wesentlicher Faktor für menschliches Unglück, Angst und Unbehagen ist, taucht in den Schriften vieler Schlüsselfiguren der Psychotherapiegeschichte auf. Unser Selbstgefühl begleitet alle unsere Wahrnehmungen, und wenn das Selbst zerbricht und zersplittert, beginnt auch alles andere, zu zerbrechen und zu zersplittern. Die Welt um uns herum (und unser Platz in ihr) wird ungewiss, unsicher, beängstigend und in manchen Fällen sogar unerträglich. Wir erleben uns als

Einheit, und Bedrohungen dieses Zusammenhalts sind zutiefst beunruhigend. Betrachten wir beispielsweise die Geschlechtsdysphorie – das Gefühl, dass das eigene wahre Selbst und das verkörperte Selbst sexuell inkongruent sind. Die Zahl der Suizide und Suizidversuche ist in dieser Gruppe drastisch erhöht.[12]

Unser Lebensweg wird durch Entscheidungen geprägt. Wenn wir nicht wissen, wer wir sind, wissen wir auch nicht, was wir brauchen. Und wenn wir »zwiegespalten« sind – unschlüssig, unsicher –, kann die Teilnahme am Vollzug des Lebens auf unbestimmte Zeit verschoben werden. Wir betreten Edward Hoppers *Automat*. Wir finden einen Tisch, setzen uns und stellen uns immer dieselben Fragen: Soll ich? Soll ich nicht? Darf ich? Wage ich es? Die Dunkelheit auf der anderen Seite des Glases ist bedrohlich, und die Uhr tickt.

6

Narrative:

Lebensgeschichten

Sagt das Einkommen eines Menschen viel über ihn aus? Spielt es eine Rolle, ob er einen Kombi oder eine Limousine fährt oder ob er im Stadtzentrum und nicht in einem Vorort wohnt? Man kann zwar behaupten, einen Menschen zu kennen, wenn er einem von seiner Vergangenheit erzählt, aber wichtige Lebensereignisse müssen in einen Kontext gestellt werden, sonst haben sie keine Bedeutung. Zusammenhanglose Enthüllungen verwirren uns eher. »Warum erzählst du mir das?« Selbst wenn man die intimen Geheimnisse einer Person erfährt, bringt das nicht viel. »Worauf willst du hinaus?« Persönliche Einstellungen ändern sich im Laufe der Zeit, und Menschen können sich von einer Situation zur nächsten anders verhalten. Das Älterwerden verändert unser Aussehen, die Mode bestimmt, wie wir uns kleiden.

Was macht einen Menschen aus? Wenn wir behaupten, jemanden zu kennen – das heißt, jemanden *wirklich* zu kennen, wie einen engen Freund oder einen Ehepartner –, was wissen wir dann über sie oder ihn?

Bettgeflüster ist eines der wichtigsten Mittel, mit dem sich frisch Verliebte zusammenfinden. Es ist ehrlich, voller Bekenntnisse und besteht fast immer aus Geschichten: Das ist mir passiert, und das habe ich getan. Manchmal sind solche Enthüllungen auch ein Test: Kannst du mich jetzt, da du weißt, was ich getan habe, noch lieben? Die Selbstbekenntnisse nach dem Geschlechtsverkehr, die vielleicht intimsten aller Kommunikationsformen, bringen in der Regel zum Ausdruck, was wir als das Wichtigste an uns selbst empfinden. Gleichzeitig sind sie eine implizite Aufforderung an das angesprochene Gegenüber, sich ebenfalls zu äußern. Der Austausch von Geschichten bringt uns einander näher als Berührungen oder Küsse, näher als es die Körperlichkeit zulässt.

Wenn alte Freunde in Erinnerungen schwelgen, graben sie Geschichten aus und lassen gemeinsame Erlebnisse wieder aufleben. Ein Freundeskreis wird oft durch seine Geschichten definiert. Besonders unter Alkoholeinfluss werden diese häufig übertrieben, um einen komischen oder dramatischen Effekt zu erzielen. Geschichten sind unterhaltsam. Aber sie sind auch eine Bestätigung von Identität und Zugehörigkeit.

Jede Kultur hat eine Tradition des Geschichtenerzählens. Wie kleine Gruppen von Freunden definieren sich auch Länder über Geschichten: Sagen, Volksmärchen und Heldenepen, die den nationalen Charakter hervorheben. Auch religiöse Rituale sind Geschichten, denn sie sind oft symbolische Wiederholungen von Ereignissen aus der Vergangenheit. Das christliche Abendmahl etwa ist eine Wiederholung des letzten Abendmahls Jesu. Sobald Kleinkinder in der Lage sind, sich auf eine Abfolge von Bildern zu konzentrieren, zeigen sie großes Interesse an Bilderbüchern. Sie können eine Geschichte verstehen und würdigen, bevor sie die Sprache erlernt haben. Lärmende Kinder werden durch die Worte »Es war einmal…« auf magische Weise besänftigt. Sie wirken wie ein Zauberspruch.

Auch Erwachsene finden Geschichten fesselnder als Fakten. Dieser Aspekt der menschlichen Psyche wird von Politikern seit Jahrtausenden schamlos ausgenutzt. Eine gute Geschichte ist stets überzeugender als ein gut durchdachtes, mit Beweisen untermauertes Argument. Deshalb setzen Populisten und Diktatoren auf einfache Narrative statt auf nuancierte Diskussionen. In Krisenzeiten beruhigt es die Menschen, wenn Kommentatoren die neuesten Nachrichten zu einfachen Geschichten verkürzen.

Die Tatsache, dass sich Kleinkinder so leicht von Geschichten fesseln lassen, und die universelle Beliebtheit des Geschichtenerzählens zeigen etwas sehr Grundlegendes über das menschliche Gehirn und seine Funktionsweise. Geschichten helfen uns, unsere Erfahrungen zu ordnen. Die Welt wird überschaubarer, wenn wir Muster von Ursache und Wirkung erkennen können. Wenn wir in einem Märchen einem Monster begegnen, wissen wir, dass das Monster getötet werden muss, damit der Prinz und die Prinzessin glücklich bis ans Ende ihrer Tage leben können. Erzählschablonen, also uns vertraute Handlungsabläufe, sind instruktiv: Sie lassen Hindernisse erkennen und zeigen uns, wie wir sie überwinden können.

Unsere instinktive Vorliebe für Geschichten und Geschichtenerzählen ist wahrscheinlich schon sehr früh in unserer Entwicklungsgeschichte entstanden. In den 1990er Jahren veröffentlichten Daniel Povinelli und John Cant in der Fachzeitschrift *Quarterly Review of Biology* einen Artikel über die Entwicklung der Selbstwahrnehmung bei unseren auf Bäumen lebenden Artverwandten mit dem Titel »Arboreal Clambering and the Evolution of Self-Conception«. Wir haben einen gemeinsamen Vorfahren mit Schimpansen, Gorillas und

Orang-Utans: ein Tier namens Oreopithecus bambolii, das vor fünf bis elf Millionen Jahren lebte. Es handelt sich um ein großes, baumbewohnendes Wesen, das etwa 45 Kilo wog und sich langsam kletternd durch seinen Lebensraum bewegte. Im Gegensatz zu kleineren Primaten war Oreopithecus zu schwer, um sich von Ast zu Ast zu schwingen. Ein Ast hätte sich biegen oder brechen können, was zu einem tödlichen Sturz geführt hätte, weshalb sich Oreopithecus mit großer Vorsicht fortbewegen musste. Er musste ein Gespür für sich selbst entwickeln, also ein Gespür für die Beziehung zwischen sich und seiner Umgebung, und benötigte planerische Fähigkeiten. Bevor er durch die Baumkronen kletterte, musste er sich in die Zukunft versetzen; er musste künftige Situationen mental simulieren, um falsche, katastrophale Entscheidungen zu vermeiden. »Wenn ich auf diesen morschen Ast trete, könnte er brechen. Deshalb sollte ich den langen Weg nehmen. Ich sollte mich zu den dickeren Ästen dort vorarbeiten. Wenn ich dann die Liane erwische, kann ich zum nächsten Baum gelangen, wo es viele Früchte gibt.«* Um zu überleben, musste sich Oreopithecus Geschichten über sich selbst erzählen: zusammenhängende Erzählungen mit Anfang, Mitte und Ende. Im Gegensatz zu den meisten Tieren, bei denen das Überleben vor allem von *realen* Reaktionen auf *unmittelbare* Umweltanforderungen abhängt, hing das Überleben von Oreopithecus vor allem von seiner Fähigkeit ab, sich *mögliche* Reaktionen auf *zukünftige* Umweltanforderungen vorzustellen.

Natürlich konnte Oreopithecus nicht mit sich selbst sprechen, wie wir es tun. Er muss jedoch in der Lage gewesen sein,

* Ich beziehe mich hier auf Jesse Bering, der sich in seinem Buch *A Very Human Ending* den Bewusstseinsstrom von Oreopithecus vorstellt.

zu reflektieren und Eventualitäten vorherzusehen; er muss in gewisser Weise über mentale Fähigkeiten verfügt haben, die einem inneren Monolog gleichkamen. Selbstbewusstheit und rudimentäres Geschichtenerzählen entwickelten sich zusammen und sind untrennbar miteinander verbunden. Die Hypothese über unsere auf Bäumen lebenden Vorfahren könnte deshalb über ihr eigentliches Anliegen hinaus von Bedeutung sein. Sie könnte auch erklären, warum sich der Mensch instinktiv mit Hilfe von Geschichten ein Bild von der Welt macht. Die besonderen Umstände, welche die Herausbildung einer hochentwickelten Selbstwahrnehmung begünstigten, könnten gleichzeitig die Entwicklung einer narrativen Intelligenz erforderlich gemacht haben. Folglich überschneiden sich Selbstbewusstheit und narrative Intelligenz in erheblichem Maße. Wir haben eine natürliche Neigung, uns selbst – unsere Vergangenheit, Gegenwart und Zukunft – als fortlaufende Geschichte zu betrachten.

Wir machen uns ein Bild von der Welt, indem wir Ereignisse in eine narrative Form bringen. In gleicher Weise verstehen wir auch uns selbst, wenn wir unsere Erfahrungen in bedeutungsvolle Abfolgen einordnen. Genau wie unser entfernter Vorfahre Oreopithecus erzählen wir uns ständig Geschichten über uns selbst und stellen uns vor, wie sich diese Geschichten weiterentwickeln könnten.

Psychoanalytiker waren schon immer von Märchen, Mythen und Legenden fasziniert. Freud sammelte kleine antike Skulpturen von mythologischen Gestalten, die er stolz auf seinem Schreibtisch platzierte, und das Haus am See, das Jung nach seinen eigenen Vorstellungen bauen ließ, war im Wesentlichen ein Miniatur-Märchenschloss. In seinem 1909 erschienenen

Buch *Wunscherfüllung und Symbolik im Märchen* vertrat Jungs Verwandter und Mitarbeiter Franz Riklin die Ansicht, dass Träume und Märchen von denselben Freud'schen Mechanismen geprägt seien. Zur selben Zeit veröffentlichte der deutsche Psychoanalytiker Karl Abraham einen Aufsatz mit dem Titel »Traum und Mythos«, in dem er behauptete, dass Mythen eine Art Träume der »kindlichen« Menschheit seien. Andere haben diese Gedanken in den darauffolgenden Jahrzehnten weiterentwickelt. Einer von ihnen war Bruno Bettelheim.

Bettelheim ist eine umstrittene Figur. Er wurde in Wien geboren und führte ein komfortables und kultiviertes Leben, bis er in den Konzentrationslagern Dachau und Buchenwald inhaftiert wurde. Anschließend ließ er sich in den Vereinigten Staaten nieder, wo er als Autor und Psychotherapeut bekannt wurde. Nach seinem Suizid im Jahr 1990 ging es mit Bettelheims Ansehen rapide bergab, da sich Zweifel an der Gültigkeit seiner Qualifikationen, Kritik an der wissenschaftlichen Substanz seiner Publikationen und Plagiatsvorwürfe mehrten.

Dennoch wird eines seiner Bücher, *Kinder brauchen Märchen*, immer noch häufig gelesen und zitiert. Darin unterstreicht Bettelheim, wie die Beschäftigung mit Märchen die Entwicklung von Kindern fördern kann. Wenngleich der Autor nicht sämtliche Quellen angegeben hat (insbesondere nicht die Arbeiten zeitgenössischer Volkskundler), enthält *Kinder brauchen Märchen* viel Originäres und Erhellendes, sodass der Beifall gerechtfertigt ist, den es in den 1970er Jahren, nach seiner Erstveröffentlichung erhielt.

Bettelheims Auffassungen über die Rolle von Märchen in der psychischen Entwicklung waren stark von seiner klinischen Arbeit mit schwer gestörten Kindern beeinflusst. Er gelangte zu dem Schluss, dass zu einer gesunden Reifung das

Wachstum und die Festigung einer Identität gehörten, ebenso wie der Aufbau enger Beziehungen und die Fähigkeit, Erfahrungen einen Sinn zuzuordnen. Er nannte zwei Wege, wie dies erreicht werden könne: durch eine ausreichend gute elterliche Erziehung oder durch kulturelle Einflussnahme. In den meisten Fällen wirken beide Faktoren gleichzeitig.

Besonders lehrreich und emotional bereichernd sind die literarischen Zeugnisse unseres Kulturerbes, insbesondere jene Formen der Literatur, die jahrhundertealte Volksweisheiten in sich vereinen. Märchen »sehen« die Welt aus der Sicht eines Kindes. Ein Kind wird von erwachsenen Riesen umgeben, und seine Eltern üben ihre Macht aus wie ein König und eine Königin. Es gibt offensichtliche Entsprechungen zwischen den Tagträumen von Kindern und dem, was in Märchen geschieht. Zum Beispiel werden unbelebte Gegenstände lebendig, und Tiere können sprechen. Es sei jedoch darauf hingewiesen, dass Kinder nicht realitätsfremd sind. Bekannte Märchenanfänge wie »Vor langer, langer Zeit, in einem fernen Land« oder »Es war einmal in einem tiefen, dunklen Wald« verdeutlichen, dass die reale Welt gegen eine Scheinwelt, eine Welt der Symbole, ausgetauscht wird. Märchen mögen unwirklich sein, aber sie enthalten bildhafte Wahrheiten.

Kinder denken in Polaritäten, weil Polarisierung die Erfahrung vereinfacht. Menschen, Tiere und übernatürliche Wesen werden in Märchen entweder als gut oder als böse dargestellt, und die Identifikation mit den Protagonisten fördert die moralische Entwicklung. Dem Kind werden einfache Antworten auf wichtige Fragen angeboten, etwa: Was für ein Mensch will ich sein? Bettelheim war der Auffassung, dass Märchen die mit dem Erwachsenwerden verbundenen Probleme und Herausforderungen dramatisieren, beispielsweise die Überwindung narzisstischer Enttäuschungen, die Lösung ödipaler Dilemmata, die Bewältigung von Geschwisterrivalität, die Loslösung von Abhängigkeiten, die Übernahme moralischer Verpflichtungen und die Entwicklung einer Selbstwahrnehmung. Viele Märchen veranschaulichen, wie grundlegende Konflikte bewältigt werden können. Die Dilemmata werden in ihrer elementarsten Form dargestellt, und die Handlungsabläufe sind sehr sparsam, um Identifikation und Verständnis zu fördern.

Oft beginnen Märchen mit dem Tod eines Elternteils und spiegeln damit die größte und grundlegendste Herausforderung wider, vor der jedes Kind steht: die notwendige Erlangung der eigenen Unabhängigkeit. Unzählige Geschichten handeln von jungen Menschen, die gezwungen sind, ihr Zuhause zu verlassen und sich auf den Weg ins Ungewisse zu machen. Im Laufe ihrer Abenteuer finden die Protagonisten jemanden, den sie lieben – eine dauerhafte Lösung für das

Problem der Trennungsangst. Den gesellschaftlichen Konventionen entsprechend leben die beiden »glücklich bis ans Ende ihrer Tage – und wenn sie nicht gestorben sind, dann leben sie noch heute«. Kinder wissen, dass das unmöglich ist. Niemand lebt ewig, aber das Eingehen einer Liebesbeziehung macht das Wissen um die eigene Sterblichkeit erträglich.

Bettelheim wusste freilich wie kaum ein anderer um die Zerbrechlichkeit der menschlichen Existenz, hatte er doch fast ein Jahr in Dachau und Buchenwald verbracht. Mehr als ein Jahrzehnt, bevor er *Kinder brauchen Märchen* verfasste, schrieb er seine KZ-Erlebnisse in *Aufstand gegen die Masse* nieder, eine psychologische Abhandlung über totalitäre Tendenzen und gleichzeitig eine Art Memoir. Auf dem Weg nach Dachau wurde Bettelheim mit einem Bajonett am Kopf verletzt. Er verlor viel Blut und war sehr benommen, konnte sich aber noch Jahre später lebhaft an seine damaligen Gedanken und Gefühle erinnern. Er hatte sich Fragen über die Psyche seiner Peiniger gestellt. Warum hatte die SS ihn nicht einfach ermordet? Manche Häftlinge hatten es vorgezogen, sich durch einen Sprung aus dem Zugfenster umzubringen. Bettelheim tröstete sich mit dem Gedanken, dass die SS ihn nicht in den Wahnsinn oder in den Suizid getrieben hatte – eine traurig-ironische Überlegung angesichts seines endgültigen Endes: Am 52. Jahrestag des Einmarsches der Nationalsozialisten in seiner Heimat Österreich beging er Suizid.

Die Misshandlungen, denen die Gefangenen ausgesetzt waren, resultierten aus einem »einfallslosen« Sadismus, wie Bettelheim es ausdrückte (und damit Arendts »Banalität des Bösen« vorwegnahm): Auspeitschen, Treten, Schlagen, Erschießen, Erstechen; die Gefangenen wurden gezwungen, in grelles Licht zu starren oder stundenlang auf dem Boden zu knien; sie wurden gezwungen, sich gegenseitig zu schlagen. Das waren die Initiationserfahrungen, der Auftakt. Die abscheulichsten Akte von Sadismus fanden statt, nachdem Bettelheim sich an die Routine des Konzentrationslagers gewöhnt hatte. Man gab ihm Zivilkleidung und sagte ihm, dass er bald entlassen werde. In Wirklichkeit handelte es sich um ein grausames Spiel, und er wurde ins Lager zurückgeschickt. Die Finte wurde ein zweites Mal wiederholt, und wieder wurde er ins Lager zurückgeschickt. Als Bettelheim ein drittes Mal zur Entlassung vorgeladen wurde, weigerte er sich zu gehen. Später erfuhr er, dass der Aufruf in diesem Fall echt gewesen war. Es ist kaum vorstellbar, was er empfunden haben muss, die schiere Last seiner Verzweiflung.

In *Kinder brauchen Märchen* behauptet Bettelheim, dass heutige Eltern übermäßig behütend geworden seien. Sie zögen es vor, ihren Kindern harmlose Geschichten vorzulesen, anstatt sie zu beunruhigen. Traditionelle Märchen würden gemieden, weil sie mitunter düster und gewalttätig seien. Doch Monster sind nur allzu real, und kluge Eltern müssen dafür sorgen, dass ihre Kinder sie erkennen können. Märchen sind eine hervorragende Einführung. Wenn wir unsere Kinder darauf vorbereiten, dass sie unweigerlich Rückschläge und Frustrationen, Ungerechtigkeit, Feindseligkeit, vielleicht sogar sinnlose Brutalität erleben werden, sind sie für die Widrigkeiten des Lebens besser gewappnet. Wie die Psychoanalyse geben Märchen namenlosen Ängsten eine Gestalt und beleuchten die dunkleren Seiten des Verlangens und der Fantasie. Das Verleugnete oder Verdrängte wird ins Bewusstsein geholt, wo man sich ihm gefahrlos nähern und es begreifen kann. Durch homöopathische Dosen des Bösen kann ein Kind zu einem Riesentöter heranwachsen.

Die Geschichte von Rotkäppchen, von der es mehrere Varianten gibt, ist ein gutes Beispiel dafür, wie Märchen das Psychische verschlüsseln. Nach der Einleitung begegnet Rotkäppchen einem Wolf, der sich als ihre Großmutter verkleidet hat. Der oberflächliche Schein kann trügen. Wir hören, dass Rotkäppchen in Gefahr gerät, weil es die wahre Natur des Wolfes nicht erkennt. Auf einer tieferen Ebene geht es in der Geschichte jedoch viel mehr um Rotkäppchen als um den Wolf. Etwas an dem Wolf fasziniert sie. »Was für eine tiefe Stimme du hast«, bemerkt sie. »Und, meine Güte, was für große Augen du hast.« Sie steht vor einem Dilemma, das alle »unschuldigen« jungen Frauen lösen müssen. Soll ich? Sollte ich besser nicht? Wenn eine junge Frau sich verführen lässt, bevor sie dazu bereit ist, hat das negative psychische Folgen.

Märchen sind »bezaubernd«, weil sie unbewusst wirken. Die Mechanismen, die ihrer positiven Wirkung zugrunde liegen, sind unsichtbar. Tiefes Lernen entfaltet seinen Einfluss unterhalb der Bewusstseinsschwelle. Ein Erwachsener, der in der Kindheit vor der Existenz fiktiver Monster gewarnt wurde, wird später *automatisch* besser in der Lage sein, »echte« Monster zu erkennen. Märchen sind das Mittel, mit dem sich Kinder vorsichtig der Realität nähern. Das ist ein wichtiger Punkt, den Bettelheim auch in seinen späteren Schriften immer wieder hervorhebt, denn aus der Perspektive eines Kindes hat die Realität sehr scharfe Kanten. In seinem 1987 erschienenen Buch *Ein Leben für Kinder* – dessen Originaltitel *A Good Enough Parent* eine Hommage an Donald Winnicott ist – beschreibt Bettelheim ein Gespräch, das er einmal mit einem zehnjährigen Mädchen führte, dessen Mutter und Vater beharrliche Realisten waren. »Ich weiß, dass es keinen Santa und keine Zahnfee gibt, die mir ein Zehncentstück unters Kopfkissen legt.« Dann brach sie in Tränen aus: »Ich hasse die Wirklichkeit!« Dieser Hass auf die Wirklichkeit, meint Bettelheim, käme daher, dass man das Mädchen allzu früh gezwungen habe, ihre Wunschträume aufzugeben. Der kompromisslose Realismus der Eltern vermittelte ihrer Tochter (anders als beabsichtigt) kein gesundes, rationales Verständnis der Welt. Ihre starre Logik hatte vielmehr das Gegenteil bewirkt, hatte das Mädchen der Wirklichkeit entfremdet. Manchmal muss die Realität gemildert werden. Wenn die Realität, so Bettelheim, »nicht durch Phantasievorstellungen […] etwas gemildert wird«, so werde sie »für Kinder und auch für nicht wenige Nicht-mehr-so-Junge unerträglich«. Bettelheim plädiert keinesfalls dafür, sich von der Wahrheit abzuwenden. Vielmehr macht er uns auf ein interessantes Paradoxon aufmerksam: Lässt man magisches

Denken in der Kindheit zu, hilft das den Kindern letztlich, sich der Realität zu stellen und sie zu bewältigen.

Es ist Sommer, und wir befinden uns in den österreichischen Alpen. Ein Arzt mittleren Alters, der die Medizin vergessen will, verlässt die ausgetretenen Pfade und unternimmt einen anstrengenden Aufstieg. Als er den Gipfel erreicht, setzt er sich hin und genießt die atemberaubende Fernsicht. Da hört er eine Stimme: »Sind Sie Arzt?« Er kann nicht glauben, dass ihm jemand gefolgt ist. Als er sich umdreht, erblickt er eine trotzig wirkende Achtzehnjährige. Sie hat ihm am Abend zuvor sein Essen serviert. »Ja«, antwortet er, »ich bin Arzt. Woher wissen Sie das?« Sie erzählt ihm, dass sie schlechte Nerven hat. Sie brauche Hilfe. Manchmal bekomme sie keine Luft, und es hämmere in ihrem Kopf. Und manchmal passierte etwas sehr Verstörendes. Sie sähe Dinge – ein Gesicht, das sie mit Schrecken erfülle.

Dies könnte der Anfang eines Alfred-Hitchcock-Films sein, aber in Wirklichkeit ist es der Anfang einer Fallstudie: »Katharina«, von Sigmund Freud. Sie ist in den *Studien über Hysterie* zu finden. Freud wusste, wie man eine Geschichte erzählt. Er nahm die Fallstudie und machte daraus innovative Gegenwartsliteratur. Freuds Kritiker weisen gelegentlich darauf hin, dass er nie einen großen Wissenschaftspreis erhalten hat. Stattdessen erhielt er den Goethe-Preis, eine Auszeichnung für schriftstellerische Leistungen. Das diskreditiert Freud jedoch keineswegs. Wenn Geschichten und Geschichtenerzählen für den Menschen von grundlegender Bedeutung sind, dann hat sich seine Schöpfung, die Psychoanalyse, gerade deshalb als so reichhaltig und erhellend erwiesen, weil Freud ein literarisches Gespür besaß.

Freuds berühmtester Patient war wohl Sergei Pankejeff, ein wohlhabender junger Russe, der heute besser unter seinem klinischen Pseudonym »Wolfsmann« bekannt ist. Freud wählte diesen Namen, weil Pankejeff von einem bedeutungsschweren Traum berichtet hatte, in dem Wölfe auf den Ästen eines Baumes hockten. 1971 veröffentlichte der Wolfsmann seine Memoiren, die eine sehr interessante Erinnerung an Freud enthielten.[1] Arzt und Patient unterhielten sich über Bücher und kamen dabei auf den fiktiven Detektiv Sherlock Holmes zu sprechen. Der Wolfsmann war davon ausgegangen, dass Freud, der für seine Liebe zu den Klassikern bekannt war, »diese Art leichter Lektüre« ablehnen würde, und war überrascht zu erfahren, dass Freud Sir Arthur Conan Doyle »recht aufmerksam« gelesen habe. Später gelangte der Wolfsmann zu dem Schluss, dass dies vielleicht doch nicht so überraschend sei: »Da ja auch in der Psychoanalyse die Rekonstruktion einer Kindheitsgeschichte ›Indizienbeweise‹ heranziehen muss, interessierte sich Freud offenbar auch für diese Literatur.«

Verbrechen sind wie Symptome. Psychoanalytiker und Detektive sind sich daher sehr ähnlich: Beide untersuchen die Indizien, beide rekonstruieren die Geschichte, und beide versuchen, eine letztendliche Ursache zu finden. Freud war sich dieser Übereinstimmungen durchaus bewusst. Die Patienten erzählen dem Therapeuten ihre Geschichte, und die Analyse verläuft wie ein Krimi. In gewisser Weise wurden Freuds Gedanken zur sexuellen Entwicklung und zur Psychopathologie stark von Kriminalromanen beeinflusst. Die Geschichte von König Ödipus liefert die erzählerische Vorlage für den Ödipuskomplex. Sie ist, wenn man so will, auch einer der ältesten Krimis, die je geschrieben wurden. Als wir Ödipus begegnen, liegt ein Fluch auf seinem Land. Man sagt ihm, dass dieser Fluch erst dann aufgehoben wird, wenn er die Identität des Mannes herausgefunden hat, der seinen Vorgänger, König Laios, ermordet hat – den früheren Ehemann von Ödipus' neuer Frau Iokaste. Ödipus geht einem Hinweis nach dem anderen nach, bis ihn seine Nachforschungen unweigerlich zu einer schrecklichen Entdeckung führen: Er, Ödipus, hat den König getötet: Laios war sein Vater, und er ist mit seiner eigenen Mutter verheiratet.

Menschen sind wie Matrjoschkas. Ihre Geschichten können geöffnet werden, und innerhalb dieser Geschichten finden wir weitere Geschichten; Geschichten in Geschichten. Freuds Gespür für das Narrative ist kein Zufall oder etwas, das sich in die Randgebiete der Psychoanalyse verweisen lässt. Es ist von zentraler Bedeutung für die Entwicklung seines Denkens. Freud bediente sich narrativer Schablonen, um seine Untersuchungsmethoden zu untermauern und die Geschichten und Erinnerungen seiner Patienten zu begreifen. Komplexe innere Zustände werden verständlicher, wenn sie anhand eines griechischen Mythos geordnet werden. Wenn es bei einer Behandlung darum geht, dem Erlebten durch Anwendung narrativer Prototypen eine Gestalt zu geben, dann müsste auch das Gegenteil zutreffen: Nöte und Unglück wären dann entweder mit dem Fehlen oder der Störung eines Narrativs verbunden.

Die ersten Patienten der Psychoanalyse erlebten einen narrativen Zusammenbruch. Die Behandlung umfasste in der Regel einen Untersuchungsprozess, der schließlich zur Offenlegung einer verdrängten und traumatischen Erinnerung führte. Der Therapeut konnte dann die »ganze Geschichte« zusammenfügen.

Ein Trauma unterbricht das persönliche Narrativ. Die zugrunde liegenden biologischen Mechanismen sind gut bekannt.

Sinnesinformationen durchlaufen eine Hirnregion namens Thalamus, in der die Datenströme miteinander verknüpft werden, sodass Erinnerungen ganzheitlich abgerufen werden können. Die Schärfe der Dornen einer Rose, die Farbe ihrer Blütenblätter und die Süße ihres Geruchs werden gemeinsam abgespeichert. Wenn wir jedoch von einem traumatischen Erlebnis erschüttert werden, stellt der Thalamus diese Synthese der Datenströme ein. Informationen können dann nur noch bruchstückhaft gespeichert werden. Die Erinnerungen an das Trauma sind unzugänglich oder lückenhaft. Es gibt keine logische Abfolge von Ereignissen, an die man sich erinnern kann, sondern nur inselhafte Empfindungen und Gefühle. Die linke Gehirnhälfte ist deaktiviert, und das Erlebte kann nicht als Folge von Ursachen und Wirkungen begriffen werden.[2] Die Geschichte, die wir uns über uns selbst erzählen, wird verworren und bricht in sich zusammen.

Ich habe unzählige Gespräche mit traumatisierten Menschen geführt: Menschen, die als Kinder sexuell missbraucht oder vergewaltigt wurden; Menschen, die Erdbeben oder ein Ertrinken überlebt hatten; Menschen, die bei schrecklichen Unfällen verletzt oder auf der Straße angegriffen wurden oder sich aus einem Kriegsgebiet herauskämpfen mussten. Sie alle schilderten erschütternde Erlebnisse. Sie alle hatten das Gefühl, den Faden verloren zu haben, und zwar nicht nur im engeren Sinne, dass sie sich nicht mehr an das Trauma als erzählerische Episode mit Anfang, Mitte und Ende erinnern konnten, sondern in einem viel umfassenderen Sinne – nämlich, dass sie die zentralen Zusammenhänge ihrer gesamten

Lebensgeschichte aus dem Blick verloren hatten. Sie waren sich nicht mehr sicher, wohin ihre Geschichte führte oder was ihre Geschichte überhaupt bedeutete.

In gewisser Hinsicht lassen sich alle Probleme des Lebens auf diese Weise konzeptualisieren. Patienten schildern ihren Therapeuten wichtige Lebensereignisse häufig auf chaotische Weise, und in der Regel ordnen die Therapeuten die unzusammenhängenden Fragmente dann zu einer sinnvollen Geschichte. Das ist manchmal alles, was nötig ist, damit sich die Betroffenen weniger verwirrt und besser unter Kontrolle fühlen. Die Psychologin Mary Main und ihre Kollegen von der University of California in Berkeley haben herausgefunden, dass ein Gefühl der emotionalen Sicherheit eng mit in sich konsistenten und kohärenten Selbsterzählungen verbunden ist. Man ist zufriedener und weniger ängstlich, wenn die Geschichten, die man sich über sich selbst erzählt, gut strukturiert sind. Wahrscheinlich wird die Fähigkeit, dem Erlebten eine narrative Struktur zu geben, (wie Bettelheim vermutete) durch das Hören von Geschichten in sehr jungen Jahren erlernt.

Ich selbst habe meinen Patienten oft narrative Rahmen angeboten, um ihnen zu helfen, ihr Leben zu verstehen. Häufig entsprachen diese den grundlegenden Handlungssträngen von Märchen, wie beispielsweise »Die Überwindung des Monsters«, »Vom Tellerwäscher zum Millionär« oder »Reise und Rückkehr«.[3] Sobald bislang bedeutungslose und verwirrende Erinnerungen in einen narrativen Kontext gestellt wurden, zeigten sich in der Regel signifikante therapeutische Erfolge. Das Unvermögen, eine kohärente und emotional bedeutungsvolle persönliche Erzählung zu entwickeln, lässt sich nicht nur mit einer schlechten psychischen Gesundheit, sondern auch mit antisozialem Verhalten in Verbindung bringen. Der forensische Psychologe David Canter hat die These aufgestellt, dass die inneren Narrative von Gewaltverbrechern verarmt seien, was zum völligen Verlust von Empathie führe.[4] Ohne eine eigene Geschichte ist man nicht in der Lage, die Geschichten anderer Menschen zu würdigen. Sie werden entmenschlicht, und ihr Schmerz bedeutet nichts.

Ein gutes Leben braucht – wie ein gutes Buch – ein Lektorat. Menschen profitieren davon, wenn sie über ihre Erlebnisse und Erfahrungen nachdenken und die Episoden in Kapitel einordnen, die nach dem Muster von Ursache und Wirkung ablaufen. Über das eigene Leben nachzudenken, ist eine Kunst.

Die meisten Gründe, warum wir etwas tun und etwas anderes nicht, sind nicht zugänglich. Folglich schafft das Gehirn erklärende Narrative. Diese sind im Wesentlichen Konfabulationen oder bestmögliche Einschätzungen. Neurowissenschaftler nennen diese innere, Geschichten erzeugende Stimme den »Dolmetscher der linken Gehirnhälfte«. Wir bewegen uns in einer beängstigenden Weite unvorstellbarer Komplexität. Narrative bringen Ordnung ins Chaos. Sie sind beruhigend und geben uns das Gefühl, alles besser im Griff zu haben. Mit einer Geschichte ist das Universum weniger beängstigend. Es muss keine wahre Geschichte sein (das sind die meisten Geschichten nicht), sondern nur eine Geschichte, die ihren Zweck erfüllt. Ein menschliches Wesen ist weniger eine einzelne Person als vielmehr eine Gemeinschaft von Ichs. Fast alle Richtungen der Psychotherapie sind sich darin einig, dass psychische Gesundheit eng mit Einordnung verbunden ist. Kongruenz ist der Inkongruenz stets vorzuziehen.

Was hält all diese Identitäten zusammen? Was verbindet das innere Kind mit dem Erwachsenen – das Ego mit dem Ego-Ideal –, den Schlamper, der wir zu Hause sind, mit dem effizienten Profi, der am Arbeitsplatz erscheint? Sie alle verbindet dieselbe Geschichte. In seinem 2011 erschienenen Buch *Inkognito: Die geheimen Eigenleben unseres Gehirns* erklärt der Neurowissenschaftler David Eagleman, dass unser Verhalten lediglich das Endergebnis eines Kampfes zwischen konkurrierenden Ichs sei; unser innerer Erzähler, so heißt es dort, »leistet rund um die Uhr Schwerstarbeit, um unserem Leben eine innere Logik zu verleihen. Was ist da gerade passiert, und welche Rolle habe ich dabei gespielt?«

Die eigene Geschichte ist die kommunizierbare Essenz unseres Selbst – und wenn man seine Geschichte nicht erzählen kann, läuft man Gefahr, den roten Faden zu verlieren.

Was haben wir bisher gelernt?

Liebe gibt uns ein Gefühl der Sicherheit, und Sicherheit ist unser Fundament. Ein Individuum gleicht mehr einer Theaterbesetzung als einem einzelnen Darsteller, und wenn die Rollen kongruent sind, erfreut sich ein Mensch mit höherer Wahrscheinlichkeit einer guten geistigen Gesundheit und tieferen Erfüllung, als wenn die Rollen nicht kongruent sind. Unser Selbst wird durch Geschichten zusammengehalten – ebenso, wie verschiedene Schauspieler gemeinsam als Ensemble auftreten, wenn sie einem Theatertext folgen. Eine kohärente Lebensgeschichte und die Kernelemente des Selbst machen das aus, was wir als wahres Selbst empfinden. Das Leben ist erfüllend, wenn das wahre Selbst seine grundlegenden und komplexen Bedürfnisse befriedigen kann. Der Befriedigung stehen jedoch ständig Hindernisse im Weg, und viele davon sind innerer Natur. Unsere Entscheidungen sind nicht immer in unserem besten Interesse. Die Entscheidungsfindung wird durch den Einfluss unbewusster Erinnerungen und verzerrter Wahrnehmungen erschwert. Reflektierende Selbstbeobachtung fördert die Einsicht (Selbsterkenntnis), und rationales Denken korrigiert Voreingenommenheit. Einsicht und Rationalität werden durch direkte Kommunikation begünstigt, insbesondere wenn das Gespräch ungehemmt, explorativ und herausfordernd ist und in einer Sprache geführt wird, die den Zugang zu Erinnerungen und Gefühlen erleichtert.

Die großen Köpfe der Psychotherapie haben sich nicht nur mit Fragen der Persönlichkeit auseinandergesetzt, sondern auch mit abstrakteren Aspekten der Existenz wie dem »Sein«, dem Sinn und der Bewältigung der Sterblichkeit. Diese und weitere Themen werden in den folgenden Kapiteln behandelt.

7

Narzissmus:

Der Blick ins Wasser

Im dritten Buch der *Metamorphosen* von Ovid gelangt Narziss, der stolze Jäger, müde und durstig an einen von Bäumen umstandenen Teich. Er will seinen Durst stillen, doch als er sein Gesicht im Wasser gespiegelt sieht, ist er von seiner eigenen Schönheit verzaubert und verliebt sich. Die eigene Vollkommenheit quält ihn, und seine Versuche, das Objekt seiner Begierde zu küssen und zu umarmen, enden unweigerlich in Frustration. Er kann den Teich nicht verlassen: »Wie unvermerkt an gelindem Feuer das gelbliche Wachs hinschmilzt, wie leise der Frühreif taut an der wärmenden Sonne; so aufgelöst in Liebe schwindet er, ganz allmählich von innerer Flamme verzehrt.« Nach seinem Verschwinden fand man nur ein kleines Blümchen am Teich.

Die Geschichte von Narziss ist allgemein bekannt. Das ist merkwürdig, denn die berühmten griechischen Mythen sind in der Regel eher Heldengeschichten: Theseus und der Minotaurus, Perseus und die Medusa, Jason und die Argonauten. Der Handlung von Narziss indes mangelt es an Ereignissen. Er betrachtet sich selbst im Wasser und starrt einfach weiter, bis er schließlich vergeht. Dennoch ist das Bild eindrucksvoll, ein beliebtes Thema für Dichter, Schriftsteller und Künstler. Wenn wir von Narziss' unglücklichem Ende hören oder lesen, erkennen wir, dass uns etwas Wichtiges mitgeteilt wird.

Die meisten Künstler haben sich an Ovids beschreibender Prosa orientiert. Typischerweise zeigen ihre Werke einen schönen Jüngling in einer grünen, von der Sonne beschienenen Landschaft. Es gibt jedoch eine herausragende Ausnahme, nämlich das Porträt von Narziss des berühmten Barockmalers Caravaggio. Auf seinem Gemälde ist Narziss als junger Mann dargestellt, gekleidet nach der Mode zu Zeiten Caravaggios, zusammengekauert an einem kleinen Teich mit dunklem Wasser. Es gibt keine Bäume oder andere Details. Hinter Narziss ist nichts als lichtlose Leere. Caravaggios Porträt ist eine düstere und erschreckende Vision der Selbstversunkenheit. Narziss ist so sehr in sich selbst vertieft, dass nichts anderes existiert. Seine Arme und Schultern bilden einen Bogen, der sich mit seinem eigenen Spiegelbild zu einem Kreis verbindet, gleichsam als Verweis darauf, dass alles, was für ihn von Bedeutung ist, seine ganze Welt, innerhalb dieses Ich-Kreises eingeschlossen ist. Von Narziss' Körper ist nicht viel zu sehen, weil er von Schatten verschluckt wird. Caravaggio verzichtet auf pastorale Klischees und bietet uns stattdessen eine eindringliche Metapher. Narzissmus ist eine Form der Isolation, ein Abstieg in einen lichtlosen Kerker.

Das Wort Narzissmus gibt es erst seit Ende des 19. Jahrhunderts. Im Jahr 1898 sprach Havelock Ellis von bestimmten Personen, die eine »Narziss ähnliche« Haltung an den Tag legten, und 1899 bezeichnete Paul Näcke die sexuelle Selbstbezogenheit auf den eigenen Körper als Narzissmus. Das Wort wäre jedoch vielleicht in Vergessenheit geraten, wenn Freud es nicht 1914 in einem längeren Aufsatz zu diesem Thema ver-

wendet hätte. Umgangssprachlich wird »Narzissmus« heute gebraucht, um eine Fixierung auf Äußerlichkeiten hervorzuheben. Der Fachbegriff indes umfasst alle Formen der Selbstbezogenheit und des Größenwahns, zum Beispiel intellektuelle Eitelkeit und die Überschätzung der eigenen Macht. Ein weiteres wichtiges Merkmal des Narzissmus ist die vermeintliche Außergewöhnlichkeit, das Gefühl, in gewisser Weise etwas Besonderes zu sein (obwohl dies in der Regel nicht gerechtfertigt ist).

Narzissmus als klinischer Begriff hat seit jeher die Konnotationen von Krankhaftigkeit. Dennoch scheint es erhebliche Überschneidungen zwischen Narzissmus und bestimmten – zumindest im Westen – als wünschenswert geltenden Eigenschaften zu geben. Attraktivität etwa wird hochgeschätzt, und es ist gesellschaftlich von Vorteil, selbstbewusst zu sein. Das Selbstwertgefühl hängt angeblich mit Glück zusammen. Selbstvertrauen beflügelt den Ehrgeiz und damit den materiellen Erfolg; Selbstsicherheit verschafft Respekt; Unabhängigkeit und Selbständigkeit sind Stärken; Selbstdarstellung wird gefördert. Populärpsychologen betonen immer wieder, dass wir uns selbst lieben sollen. Ein gewisses Maß an Egozentrik wird als förderlich angesehen. Ab einem bestimmten Punkt wird die Selbstzentriertheit jedoch selbstzerstörerisch. Selbstbewusstsein kann in Arroganz umschlagen; Selbstvertrauen kann sich in Eitelkeit verwandeln; Selbstwertschätzung kann zu Hochmut werden. Absoluter Glaube an die eigene Selbstwirksamkeit führt zu Allmachtsfantasien. Das beharrliche Streben nach Selbstverwirklichung kann zur Selbstbesessenheit werden. Selbsteinschätzungen können sich so weit von der Realität entfernen, dass sie eher als Selbsttäuschungen zu bezeichnen sind.

Hätte sich der Darwinismus das Konzept der christlichen Moral zu eigen gemacht, dann wäre die Todsünde der Evolution die Selbstsucht. In der Welt der Vorfahren folgte auf soziale Desintegration rasch die Auslöschung. Aus evolutionärer Sicht ist ein »guter Mensch« jemand, dessen Verhalten anderen zugutekommt. Die frühen Menschen überlebten, weil sie in Gruppen zusammenarbeiteten, und sie starben, wenn sie auf sich allein gestellt waren, und in einem Stammeskontext war das, was für den Stamm von Vorteil war, auch für den Einzelnen von Vorteil. Selbstlose Handlungen, etwa das eigene Leben zu riskieren, um andere zu retten, erhielten die Größe des Stammes aufrecht, stärkten ihn und brachten schließlich sämtliche Vorteile großer kooperativer Bündnisse zur Entfaltung, wie etwa die Jagd in Gruppen und den Zusammenschluss zum Schutz vor Raubtieren. Wer heute seinem Nachbarn den Rücken freihält, wird morgen von ihm beschützt. Gesellschaften können ein paar egoistische Individuen »verkraften« und trotzdem funktionieren, aber wenn ihre Zahl steigt, gehen die Vorteile des sozialen Zusammenhalts verloren.

Vielleicht erklärt dies, warum die ereignislose Geschichte von Narziss so fesselnd ist. Das eigentliche Drama ist impliziert. Irgendwo, tief im Unbewussten, läuten die Alarmglocken der Evolution. Narzissten sind nicht nur eine Bedrohung für sich selbst – sie sind eine Bedrohung für uns alle.

Freud hatte den Begriff »Narzissmus« bereits einige Jahre vor 1914 verwendet; nach dem Erscheinen seiner Abhandlung *Zur Einführung des Narzissmus* wurde das Konzept zu einer wichtigen Ergänzung der psychoanalytischen Theorie, und der Begriff wurde in der Folgezeit allgemein verwendet. Freud unterschied zwei Formen des Narzissmus: den primären und den sekundären. Der primäre Narzissmus ist ein universelles Merkmal der kindlichen Entwicklung. Unter normalen Umständen werden Säuglinge in Familien geboren, die sie lieben und sich um alle ihre Bedürfnisse kümmern. Wenn Babys weinen, werden sie getröstet; wenn sie hungrig sind, werden sie gefüttert; der bloße Wunsch nach etwas reicht aus, um das gewünschte Ergebnis zu erzielen. Die Hingabe einer liebevollen Mutter kommt einer Anbetung gleich, und ein Baby hat guten Grund zu glauben, dass es eine kleine Gottheit ist.

Um ein emotional gesunder Erwachsener zu werden, muss der kindliche Größenwahn abgelegt werden. Wenn wir großspurig sind, haben wir keinen Bezug zur Realität, und wenn wir egozentrisch sind, können wir weder teilen noch geben. Ein gesundes Heranreifen beinhaltet die allmähliche Aufgabe des primären Narzissmus und die Herausbildung einer realistischeren Weltsicht. Das Kind lernt, dass es nicht der Mittelpunkt ist, um den sich alles andere dreht. Andere Menschen sind nicht nur dazu da, seine Bedürfnisse zu befriedigen, und seine Macht ist begrenzt. Diese ernüchternden Erkenntnisse sind die Vorboten des Wandels. Schließlich wachsen Säuglinge aus ihrem primären Narzissmus heraus; allerdings warnte Freud davor, dass ein Rückfall jederzeit möglich sei. Selbst im Erwachsenenalter kann sich unsere Wahrnehmung verschieben, und wir werden plötzlich wieder von kindlichem Größenwahn erfasst. Diese Reaktivierung kindlicher Verhaltensweisen, magischen Denkens und emotionaler Sprunghaftigkeit wird als sekundärer Narzissmus bezeichnet. Menschen, die sich zurückentwickelt haben, verhalten sich nicht wie Babys, aber sie können extrem egozentrisch werden.

Primärer Narzissmus ist wahrscheinlich eine natürliche Begleiterscheinung des Bindungsprozesses. Kinder brauchen eine aufmerksame primäre Bezugsperson, um eine sichere Bindung aufzubauen und zu gedeihen. Intensive Zuwendung und Fürsorge fördern unweigerlich das Selbstwertgefühl, was im Säuglingsalter (zumindest für einen begrenzten Zeitraum) der Anpassung dienlich sein mag. Ein selbstsicheres Kind ist möglicherweise weniger anfällig für soziale Ängste und mit höherer Wahrscheinlichkeit bereit für soziale Interaktionen. Es ist vielleicht entdeckungsfreudiger und erlebt deshalb häufiger anregende Situationen, die seine Entwicklung beschleunigen. Da es sich beim primären Narzissmus um einen Übergangszustand handelt, überwiegen die dauerhaften Vorteile einer selbstsicheren sozialen Interaktion vermutlich gegenüber den Nachteilen einer vorübergehenden Aufblähung des Egos.

Was aber treibt die weitere Entwicklung an? Was veranlasst das Kind, den primären Narzissmus aufzugeben, bevor die mit der Selbstherrlichkeit einhergehenden Vorteile von den wachsenden Nachteilen der Unreife aufgehoben werden?

Der 1981 verstorbene Psychoanalytiker Heinz Kohut vermutete, dass ein wichtiger Katalysator die »optimale Frustration« sei, womit er die Erfahrung meint, regelmäßig Enttäuschungen zu erleben, die keinen dauerhaften Schaden verursachen. Optimale Frustration führt, laut Kohut, zu einer Neukalibrierung von Erwartungen und ermutigt zu neuen Formen der Bewältigung. Wenn das ödipale Drama innerhalb einer Familie seinen Lauf nimmt, verwehrt der Vater dem Kind den Zugang zu seiner Mutter. Das Kind lernt, dass manche Dinge unerreichbar sind und überträgt sein Verlangen daraufhin auf erreichbare Alternativen. Aus dieser erzieherischen Erfahrung lässt sich ein allgemeiner Grundsatz ableiten: Akzeptiere Grenzen und setze dir erreichbare Ziele.

Psychotherapeuten, die außerhalb der psychoanalytischen Tradition stehen, stellen das Konzept des Narzissmus nur selten zur Diskussion. Tatsächlich war man lange Zeit geneigt, den Narzissmus als ein weiteres Beispiel dafür zu betrachten, wie Freuds außerberufliche Interessen sein fachliches Denken beeinflussten. Seine Begeisterung für Themen, die mit Archäologie oder klassischen Mythen in Verbindung standen, war erkennbar groß. Ist Narzissmus ein hilfreiches Denkmodell? Freud war davon überzeugt, dass Narzissmus, oder zumindest unsere Neigung dazu, eine sehr reale Bedrohung für die psychische Gesundheit und das Glück darstellt.

Aktuelle Statistiken zur psychischen Gesundheit zeigen, dass die Menschen, insbesondere junge Menschen in den westlichen liberalen Demokratien, immer unglücklicher und unzufriedener werden. Eine Erklärung für diesen Trend ist die Moderne – eine Hypothese, die seit dem 19. Jahrhundert von zahlreichen Theoretikern, darunter auch Freud, immer wieder aufgegriffen wurde. Der Mensch hat sich nicht für ein Leben in der modernen Welt entwickelt. Die wachsende Geschwindigkeit, mit der sich unsere Umwelt verändert, übersteigt kontinuierlich unsere Fähigkeit, die richtigen Anpassungen vorzunehmen.

Die folgenreichste Umweltveränderung der letzten Jahre ist die Erweiterung der Realität um eine zusätzliche Dimension: den Cyberspace. Erste Anzeichen lassen vermuten, dass sich die digitale Technologie nachteilig auf unsere geistige Gesundheit und unser Wohlbefinden ausgewirkt hat. Viele dieser Beobachtungen sind jedoch korrelativ, und selbst einige der besten groß angelegten Studien zeigen, dass die Bildschirmzeit nur bescheidenen Einfluss auf Variablen wie Schlaf, Aktivitätsniveau, Sozialverhalten und Aggression hat.[1] Was den Narzissmus anbelangt, lassen sich die potenziellen Auswirkungen jedoch zuverlässiger einschätzen. Es klingt nicht ganz abwegig, dass Verhaltensweisen wie das Anlegen einer Galerie mit bearbeiteten Selfies narzisstische Neigungen verstärken könnten.

Wenn wir uns im Internet bewegen, dann ähnelt diese Erfahrung in bestimmten Aspekten dem kindlichen Größenwahn. Hochentwickelte, prädiktive Algorithmen greifen unsere Bedürfnisse vorweg und bieten uns entsprechende Produkte und Dienstleistungen an. Unsere unausgesprochenen Wünsche werden von einer beängstigend reaktionsfreudigen Umgebung sofort erfüllt, genauso wie in liebevollen Haushalten wachsame Eltern auf die Bedürfnisse ihrer Kinder eingehen. Das Internet stellt uns in den Mittelpunkt eines vorkopernikanischen Universums, bevölkert von unsichtbaren Instanzen, die uns zu Diensten sind.

Noch nie gab es so viele Möglichkeiten, Impulse und Provokationen, so viele Anreize zur Selbstdarstellung und Selbstvermarktung. Warum bescheiden und zurückhaltend sein, wenn man, indem man ins metaphorische Rampenlicht tritt und »seine Meinung« durch ein digitales Megaphon verkündet, Ruhm und vielleicht sogar Reichtum erlangen kann? Ein Gaming-Streamer oder ein Make-up-Tutorial-Star kann leicht Tausende von Anhängern gewinnen. Manche werden Profis. Postings, die noch vor wenigen Jahren als eitel, selbstverliebt oder angeberisch betrachtet worden wären, sind heute Normalität. Bescheidenheit gilt traditionell als Tugend, und das aus gutem Grund. Wir müssen unsere Bescheidenheit schützen, denn unsere Bescheidenheit schützt uns vor uns selbst. Es bedarf nur sehr wenig, um den Durchschnittsmenschen in einen regressiven Strudel zu stürzen, der in infantiler Megalomanie und Raserei endet.

Nun ließe sich argumentieren, dass der Narzissmus gar nicht wirklich zugenommen hat, sondern dass das Internet den Narzissmus lediglich sichtbarer macht. Sozialwissenschaftler haben das Phänomen jedoch sehr genau untersucht und sind zu dem Schluss gekommen, dass der Narzissmus nicht nur zunimmt, sondern dies sogar in einem erschreckenden Ausmaß tut. 2008 veröffentlichten Jean Twenge und mehrere Kollegen im *Journal of Personality* eine Studie mit dem Titel »Egos inflating over time: A cross-temporal meta-analysis of the Narcissistic Personality Inventory«. Anhand von 85 Stichproben amerikanischer College-Studenten, die sich der Methode des Narcissistic Personality Inventory (NPI) unterzogen hatten, um den Grad narzisstischer Neigungen zu messen, stellten die Autoren fest, dass der Narzissmus über mehrere Generationen hinweg zugenommen hatte.

Fast zwei Drittel der College-Studenten aus jüngerer Zeit lagen über dem Mittelwert für die Jahre 1979–1985. Der beobachtete Trend begann vor dem Aufkommen des Internets. Dennoch halten Twenge und ihre Kollegen die digitale Technologie für einen plausiblen verstärkenden Faktor. In ihrer Studie heißt es: »Geräte wie iPods und TiVo ermöglichen es den Menschen, ganz individuell Musik zu hören und fernzusehen, und Portale wie MySpace und YouTube (die mit Slogans wie ›Broadcast yourself‹ werben) gestatten eine Selbstdarstellung, die weit über das Angebot der traditionellen Medien hinausgeht. Diese Trends haben das *Time*-Magazin bewogen, ›Dich‹ zur Person des Jahres 2006 zu küren und die Titelseite mit einem Spiegel zu versehen.« Es ist durchaus anzunehmen, dass ältere Menschen, die sich im selben Maße wie jüngere mit der Cyber-Kultur beschäftigen – und sich vergleichbaren Reizen aussetzen – ebenfalls entsprechende narzisstische Werte aufweisen würden.*

Nichts ist sinnbildlicher für den Narzissmus unserer Zeit als das Selfie. Das Smartphone ist das moderne Äquivalent zu Caravaggios dunkler, spiegelnder Wasserfläche. Für Millennials ist es zu einem technologisch ausgefeilten Handspiegel geworden. Rund drei Viertel aller Fotos, die junge Menschen

---

* In den 1960er Jahren dachte man in den westlichen liberalen Demokratien erstmals über Selbsterkundung und Selbstdarstellung nach. Einige Jahrzehnte später wurde das Selbstsein mit Konsummustern und »Lifestyle« verknüpft. Besitz wurde zu einer Erweiterung des Selbst. Die Idealisten der 1960er Jahre hatten versucht, die Welt zu einem besseren Ort zu machen, Individuum für Individuum, bis sich alle selbst verwirklicht hätten, doch im späten 20. Jahrhundert war der Individualismus materialistisch, egozentrisch und ließ leider sowohl Integrität als auch Substanz vermissen.

in den sozialen Medien posten, zeigen sie selbst. Laut Google-Statistiken werden jeden Tag etwa 93 Millionen Selfies mit Android-Geräten aufgenommen und jedes Jahr über 20 Milliarden auf die Google-Server hochgeladen. Touristen, die vor berühmten Sehenswürdigkeiten oder bedeutenden Kunstwerken stehen und in ein Smartphone grinsen, das am Ende eines Selfiesticks befestigt ist, sind mittlerweile ein vertrauter Anblick. Was früher Gegenstand des Fotos gewesen wäre – ein Palast oder ein Denkmal – ist heute nur noch zweitrangig. Der Selfiestick treibt die ego-erweiternden Möglichkeiten von Lifestyle und Konsum auf die Spitze. Geschichte, Kulturerbe und geniale Werke verkommen zur Kulisse. Das eigentlich Wichtige auf dem Bild ist die Person.

Es gibt natürlich viele harmlose Gründe, warum Menschen Selfies posten. Ein großer Teil der Postings dient jedoch offensichtlich nur dazu, Aufmerksamkeit zu erregen. Das ist regressiv und infantil: »Schaut mich an, schaut mich an!« Das Publikum ist willfährig. Es schaut, aber leider urteilt es auch. Die Tatsache, dass Selfies ständig unter die Lupe genommen werden, hat zur Folge, dass die Digital Natives ihr Selbstwertgefühl vom Aussehen abhängig machen. Wer jedoch sein Selbstwertgefühl an die schwankenden Währungen des Internets koppelt – an »Likes«, »Retweets« und die Zustimmung von Fremden –, hat womöglich darunter zu leiden. Jugend, Schönheit und Sexappeal genießen einen unverhältnismäßig hohen Stellenwert, doch diese schwinden im Laufe der Zeit – und zwar unabwendbar. Spiegel geben uns kluge Ratschläge. Sie führen uns ganz behutsam – wie die tröpfchenweise Konfrontation mit harten Realitäten in einem Märchen – an den Gedanken unserer eigenen Sterblichkeit heran. Narzissten empfinden solche Ratschläge als Kritik. Für sie ist das Älterwerden unerträglich. Sie verzweifeln oder leugnen, was mit ihnen geschieht, und flüchten sich in Selbstbetrug und Selbsttäuschung. Auf den ersten Blick mag die übersteigerte Selbstwahrnehmung relativ harmlos erscheinen, doch ist der Narzissmus der Beginn einer Reise, die regelmäßig in Angst oder Realitätsverlust endet. Man muss davon ausgehen, dass viele digitale Narzissten graues Haar und Falten nicht nur als Zeichen des Alterns, sondern als existenzielle Bedrohung ihres Selbst empfinden.

Der epistemische Narzissmus – der unerschütterliche Glaube, dass die eigenen Ansichten und Perspektiven richtig sind – nährt sich im Cyberspace selbst. Selbstgewählte Gemeinschaften festigen ihre Überzeugungen durch gegenseitigen Austausch. Dieses Phänomen hat zu einem Wiederaufleben des politischen Extremismus geführt. Wenn man nicht mit alternativen Meinungen konfrontiert wird, gibt es keinen Anlass für Selbstzweifel.

Promis und Stars sind bekannt dafür, dass sie extreme (und oft exzentrische) Ansichten äußern, weil sie für gewöhnlich in hermetisch abgeriegelten Lebenswelten aus Schmeicheleien und Bewunderung leben. Sie dürfen sich in einer Art und Weise verhalten, die normalerweise nicht toleriert würde: Wenn sie wollen, können sie Hotelzimmer verwüsten, verlangen, dass ihr Kaffee immer gegen den Uhrzeigersinn umgerührt wird, und sich ihre Garderobe mit Rosen schmücken lassen. Dieselben Mechanismen, die bisher die Egos der Stars aufblähten – uneingeschränkte Zustimmung und fehlender Widerspruch –, üben heute über jedes Smartphone, Tablet und jeden Laptop einen schädlichen Einfluss aus. Heute kann jeder in die Echokammern des Cyberspace schreien und Beifall ernten.

Narzisstische Wut, das Verhandlungsinstrument von Diktatoren und Kleinkindern, ist immer häufiger zu beobachten. Viele »normale« Erwachsene reagieren heute auf Frustration mit einem Wutanfall. Ihr Anspruchsdenken ist so stark, dass sie keine Ablehnung akzeptieren können. Wenn sie nicht sofort bekommen, was sie wollen, stampfen sie mit den Füßen und schreien. Inzwischen gibt es spezielle Begriffe für solche Situationen: »Road Rage«, »Air Rage«, »Queue Rage«, also Aggressionen im Straßenverkehr, im Flieger oder in der Warteschlange.[2,3] Auch sogenannte »Twittergewitter«, plötzliche Ausbrüche selbstgerechter Wut und beleidigender Äußerungen, sind Beispiele für dieses Phänomen.

Die Kinderpsychoanalytikerin Melanie Klein hat die negativen Auswirkungen des Narzissmus aufgezeigt. Wäre Narzissmus nur eine Mischung aus Eitelkeit, Egoismus und Selbstbesessenheit, wäre das schon schlimm genug. Er kann jedoch zu etwas Monströsem mutieren. Dann wird die narzisstische Anspruchshaltung so grotesk, dass der Betroffene mehr oder weniger alles begehrt. Der Narzisst wird neidisch und hasserfüllt. Hindernisse müssen beseitigt, unliebsame Konkurrenten vernichtet werden. Nur der Narzisst hat eine Daseinsberechtigung.

Das führt uns zurück in Caravaggios schwarze Leere. Sie ist keine Darstellung der Hölle. Vielmehr entspricht sie der Vorstellung eines Narzissten vom Himmel.

Die Gesellschaft ist nicht homogen, sondern ist ein Nebeneinander von Zusammenschlüssen: politischen Parteien, Klassen, Verbänden und speziellen Interessengruppen. Wir identifizieren uns als Mitglieder dieser »Gemeinschaften«, weil andere Mitglieder unsere Werte teilen, weil sie so sind wie wir. Auch unsere engsten Freunde sind in der Regel wie wir, meistens sogar auf noch typischere Weise. Es ist daher kaum verwunderlich, dass die meisten Ehen ein Zusammenschluss von Gleichgesinnten sind. Erfolgreiche intime Beziehungen beruhen auf Gemeinsamkeiten: Leidenschaften, Vorlieben und Aktivitäten.[4] Wir neigen dazu, Menschen zu heiraten, die aus einem ähnlichen Umfeld kommen, sich ähnlich kleiden und ähnliche Qualifikationen haben. Dies wurde erstmals von Francis Galton in seiner Studie über englische Ehen aus dem Jahr 1870 festgestellt und durch spätere vergleichbare Untersuchungen fast durchweg bestätigt. Kompatibilitäten dieser Art sind zwar wünschenswert, aber sie verstärken auch den epistemischen Narzissmus. Stimmt die Person, mit der wir zusammenleben, uns in allem zu, könnten wir der Versuchung erliegen zu glauben, dass unsere Urteile auf einer fehlerlosen und unwiderlegbaren Logik beruhen.

In den Anfängen der Psychoanalyse wurde Narzissmus gedanklich mit Homosexualität in Verbindung gebracht, da es hieß, Homosexuelle fühlten sich zu Körpern hingezogen, die wie ihre eigenen aussähen. Tatsächlich ist jedes sexuelle Erwachen narzisstisch, ungeachtet der sexuellen Orientierung. Das sexuelle Bewusstsein beginnt mit der Selbsterkundung (oft vor dem Spiegel) und der Selbstbefriedigung; es gibt jedoch noch viele andere Gründe, warum wir Menschen, die uns ähnlich sehen, möglicherweise besonders attraktiv finden. Auch die ödipale Anziehung hat immer eine narzisstische Dimension, da wir unseren Eltern ähnlich sehen. Ein Mann, der eine Frau heiratet, die einer jugendlichen Version seiner Mutter ähnelt, heiratet somit auch eine Frau, die wie er selbst aussieht. Unsere instinktive Abscheu vor anhaltenden ödipalen Neigungen hat ihre Wurzeln eher in der Biologie als in der Psychologie: Inzest erhöht die Wahrscheinlichkeit genetisch anomaler Nachkommen. Ödipale Gefühle lenken, wenn sie normal sind, das sexuelle Interesse in die »richtige« Richtung und klingen dann ab. Sie gelten als Übergangserscheinung.

Warum sollte die Evolution eine potenziell derart gefährliche Methode ausgewählt haben, um sexuelle Neugier zu entfachen? Warum sollte die innerfamiliäre Anziehung genutzt werden, um sexuelles Interesse zu wecken, wenn das Ergebnis genetisch katastrophal ist, falls ein Ödipus- oder Elektrakomplex nicht überwunden wird? Das Zusammenspiel zwischen Partnerwahl, gemeinsamen Genen und Fortpflanzungserfolg ist in dem Maße differenziert, dass der Selektionsdruck zu kontraintuitiven, aber dennoch funktionalen Anpassungen führen kann. So wurde beispielsweise vermutet, dass optimaler Fortpflanzungserfolg mit genetischer Kompatibilität verbunden sei, welche durch körperliche Übereinstimmungen in Haarfarbe oder Statur angezeigt werde. Der ideale Sexualpartner sei demnach genetisch nicht zu nahe, aber auch nicht allzu weit entfernt.[5] Dank unseres hochentwickelten Gehirns ließen sich Instinkte ignorieren. Wenn diese spekulative Theorie jedoch zutreffend ist, können wir davon ausgehen, dass unsere evolutionäre Programmierung uns bei der Partnersuche dazu drängt, einen Partner zu wählen, der uns ähnlich ist.

Ein weiterer evolutionärer Mechanismus, der eine narzisstische sexuelle Anziehung begünstigt, ist die sogenannte »assortative Paarung«. Da alle Menschen eine Beziehung mit einer möglichst attraktiven Person eingehen wollen – und keinesfalls eine Beziehung mit jemandem, der oder die weniger attraktiv ist als man selbst –, finden sich die allermeisten Paare zu passenden Konstellationen zusammen, bei denen sich die beiden Individuen eher ähneln als nicht. Wenn wir also den

Menschen betrachten, den wir lieben – und den oder die wir verehren –, dann verehren wir möglicherweise gleichzeitig auch uns selbst.

Die Liebe ist keine mystische Kraft, wie die Dichter behaupten. Sie ist nicht grenzenlos und unendlich. Man kann nur eine bestimmte Anzahl von Stunden pro Tag damit verbringen, an den geliebten Menschen zu denken oder ihm Gutes zu tun. Umgekehrt kann man auch nur eine bestimmte Anzahl von Stunden täglich damit verbringen, an sich selbst zu denken und egoistisch zu handeln. Freuds theoretische Darstellung des Narzissmus geht davon aus, dass wir, je mehr wir uns selbst lieben, umso weniger Liebe für andere aufbringen können. Partnerliebe beruht, anders als Elternliebe, auf Gegenseitigkeit. Wenn man aufhört, andere zu lieben, wird man auch selbst nicht mehr geliebt.

Zane war nicht sein richtiger Name. Zane war der Name, den er für sich gewählt hatte, weil er schick und sexy klang. Er war sechsundzwanzig Jahre alt und gab fast sein gesamtes Einkommen für Designerkleidung, Luxusurlaube und Kokain aus. Bereits als Schüler hatte er zum ersten Mal Geld als Gegenleistung für Sex angenommen. Die Prostitution wurde zu seinem Beruf, und bald stellte er fest, dass ihm sein gutes Aussehen auf der Straße einen erheblichen Vorteil verschaffte.

Ohne Zweifel war er eine auffällige Erscheinung. Er hatte langes blondes Haar, das er ständig zurechtstrich, und Augen wie Mondsteine. Im Profil betrachtet, hätte man ihn leicht mit einer jungen Frau verwechseln können. Erst als er den Kopf zu mir wandte, brachte das Licht meiner Schreibtischlampe seine maskuline Kieferpartie zur Geltung. Zanes Stimme war nicht weniger ambivalent. Wenn er sprach, erinnerte sie an den tiefen, heiseren Tonfall einer Frau, die zu viele Zigaretten geraucht hat.

Zane hatte eine Marktnische für seine Androgynität entdeckt. Er verkaufte seinen Körper an schwule Männer, die Sex mit anderen schwulen Männern in Frauenkleidung haben wollten. Er erzählte mir mehr über seine Kundschaft. »Meistens sind es alte Männer mit viel Geld. Ich werde von einem Auto abgeholt und zu einer Villa gebracht – normalerweise irgendwo außerhalb von London. Ganz großes Kino – verstehen Sie? – getäfelte Wände, Gemälde, Himmelbetten. Ich muss gar nichts mitnehmen. Ich setze einfach mein Gesicht auf und gehe. Die Freier waren schon in den Geschäften – sie haben schon die Kleider gekauft, die ich tragen soll: Mieder, Stöckelschuhe, Strümpfe…« Er hob den Fuß, streckte mir die Schuhspitze entgegen und forderte mich mit einer Handbewegung vom Knöchel bis zum Oberschenkel auf, mir vorzustellen, wie wohlgeformt seine Beine in schimmernde schwarze Seide gehüllt aussähen. »Es ist keine schwere Arbeit. Die meisten kriegen nicht mal einen hoch. Ich muss kaum etwas tun.«

Die meisten seiner Kunden begnügten sich damit, Zane anzuschauen, oder vollzogen eine Art ritualisierter sexueller Verehrung. Sie knieten nieder, stimulierten ihn oral oder streichelten seine figurbetonten Kleider, während sie sich selbst stimulierten. Penetrativer Sex wurde nur selten verlangt. Doch wenn Zane gefragt wurde, kam er dieser Bitte gern nach. »Sie lieben mich«, lachte er, »die dummen Wichser.« Er hatte nichts als Verachtung für sie übrig.

Zane genoss Sex in der Freizeit, aber er ging nie eine emotionale Bindung mit einem Partner ein, und sexuelle Befriedigung war auch nicht seine Hauptmotivation. Wenn er einen Nachtclub besuchte und ein Prominenter dort auftauchte, versuchte er sofort, ihn zu verführen. Wenn ihm dies gelang, was nicht selten vorkam, war die Befriedigung, die er dabei empfand, nicht sexueller, sondern narzisstischer Natur. Die Tatsache, dass ein berühmter Filmstar oder Musiker ihn unwiderstehlich fand, erregte ihn.

Während Zane mit mir über sein Leben sprach, waren seine Hände ständig in Bewegung. Er hatte die Angewohnheit, sein T-Shirt zu heben und seinen flachen, leicht muskulösen Bauch zu entblößen. Dies erreichte er mit einer scheinbar unbewussten Bewegung, als bliebe der Saum seines T-Shirts jedes Mal, wenn er den Arm hob, versehentlich an seinem Uhrenarmband hängen. Ich war damals Mitte dreißig, aber ich vermute, dass ich für Zane nur ein »alter Sack« unter vielen war – eine weitere potenzielle Eroberung, die er dazu bringen könnte, in hilfloser Anbetung vor ihm zu knien.

Als ich Zane besser kennenlernte, wurde das Ausmaß seines Narzissmus immer deutlicher. Er sagte Dinge, die ein nahezu vollständiges Fehlen von Empathie erkennen ließen. »Wissen Sie, manchmal, wenn ich fliege, langweile ich mich und denke daran, dass das Flugzeug runterkommen könnte – dass es abstürzt.« Er fand Angst erträglicher als Langeweile. »Ich stelle mir aber nicht vor, dass das Flugzeug abstürzt und in Flammen aufgeht, sondern, dass es gewaltige Explosionen verursacht. Ich stelle mir vor, dass Gebäude zusammenstürzen und Tausende von Menschen sterben. Wie in einem Katastrophenfilm – als ob es das Ende der Welt wäre.« Schmerz, unermessliches Leid und Trauer, der Tod zahlloser Unschuldiger, bedeuteten ihm nichts. Solche Dinge hatten nur im Zusammenhang mit seinen Fantasien eine Bedeutung. Er stellte sich seinen Tod als »das Ende der Welt« vor. Für Narzissten ist der eigene Tod die Apokalypse, weil nichts anderes zählt.

Seit Jahrtausenden propagieren die Religionen Praktiken, bei denen es darum geht, das Selbst zu überwinden. Dazu gehören Meditation, repetitives Beten und Singen. Praktiken dieser Art führen in der Regel zu veränderten Bewusstseinszuständen, die als spirituell bedeutsam interpretiert werden und oft bleibende vorteilhafte Veränderungen bewirken, etwa eine positive Lebenseinstellung oder Grundstimmung.[6] Man muss nicht unbedingt gläubig sein, um von der Meditation zu profitieren. Auch Atheisten, die meditieren, berichten über ein gesteigertes Wohlbefinden.

Der Gedanke, dass die Überwindung des Selbst segensreich und transformativ ist, taucht in den Werken vieler bedeutender Psychotherapeuten auf. So empfehlen Carl Rogers und Erich Fromm, im »gegenwärtigen Moment« bzw. im »Hier und Jetzt« zu leben. Wenn man sich nicht in Gedanken über die Vergangenheit und Sorgen um die Zukunft verstricke, sei man »offen« für Erlebnisse und habe eine direktere Beziehung zur Realität. Man sei sich seiner selbst weniger bewusst, fühle sich aber lebendiger. Auf den ersten Blick scheint dies etwas widersprüchlich. Wenn die Selbstbewusstheit abnimmt, müsste auch die Fähigkeit, Eindrücke zu verarbeiten, entsprechend abnehmen. Die Welt müsste mit dem Selbst schrumpfen. Tatsächlich berichten die meisten Menschen genau das Gegenteil: intensive Freude, lebhafte Erfahrungen und optimale Leistungsfähigkeit.

Wenn wir vollständig in eine angenehme Aufgabe oder Tätigkeit vertieft sind, »verlieren« wir uns in diesem Prozess. Wir versinken in der Tätigkeit, und die Zeit scheint schnell zu vergehen. Der Psychologe Mihály Csíkszentmihályi hat diesen Zustand des Eintauchens in die Materie als »Flow« bezeichnet. Sportler und Musiker berichten von ganz ähnlichen, geradezu rauschhaften Erfahrungen. Spitzenleistungen werden mit müheloser Spontaneität erbracht. »Erwachenserlebnisse« – wie sie der britische Psychologe Steve Taylor definiert – sind positive Zustände, die durch Hochgefühl oder Gelassenheit, verstärkte Wahrnehmung und größere Verbundenheit (mit anderen Menschen oder der Natur) gekennzeichnet sind. Das »mentale Geplapper« tritt in den Hintergrund oder verschwindet. Mit anderen Worten: Während des Erwachens ist man sich seiner selbst weniger bewusst. Experimente mit psychedelischen Drogen haben seit den 1950er Jahren zu der Erkenntnis geführt, dass lebensverändernde »Rauschzustände« mit dem »Tod des Egos« verbunden sind – dem völligen Verlust des Selbstempfindens bei vollem Bewusstsein. Aldous Huxley, der in *Die Pforten der Wahrnehmung* seine lebhaften Erfahrungen nach der Einnahme von Meskalin dokumentierte, schrieb: »Für den Augenblick war jener sich einmischende Neurotiker, der in wachen Stunden seine Show abzieht, glücklicherweise ausgeschaltet.«

Was all diese Zustände miteinander (und mit Meditationserfahrungen) gemein haben, ist ein vermindertes Selbstempfinden oder der Verlust des Ich-Gefühls. Sie sind auch mit Veränderungen in Haltung und Stimmung verbunden. Dazu gehören ein größeres Vertrauen, mehr Optimismus, ein breiteres Interessenspektrum und das Knüpfen neuer Beziehungen. Manche behaupten, dass das Leben höhere Bedeutung und einen tieferen Sinn bekommen habe. Hier gibt es gewisse Überschneidungen mit dem, was Abraham Maslow als »Gipfelerlebnisse« bezeichnete – Zustände der Ekstase und des Staunens, die von Menschen erreicht werden, die sich vollständig selbst verwirklicht haben.

Wie lässt sich das erklären? Warum entwickeln Menschen,

die einen vorübergehenden Verlust des Selbstempfindens erleben, einen stärkeren Sinn für Identität und Orientierung?

Wenn man mit der Natur kommuniziert, einen Orgasmus hat oder einen Skihang hinabfährt, ist man definitiv präsent. Solche Erfahrungen sind sehr beglückend, nicht weil das Selbst abwesend ist, sondern weil es im Hier und Jetzt vollkommen präsent ist. Das Selbst taucht vollständig in die Empfindungen ein, die afferenten Kanäle des Nervensystems sind weit geöffnet, und man erlebt die Realität mit maximaler Intensität. Nichts ist im Weg. Höhepunkte sind einprägsam und einzigartig, weil es unter normalen Umständen immer etwas gibt, das in die Quere kommt.

Dieses »Etwas«, das beiseitegedrängt wurde, dieses »Etwas«, das im Allgemeinen die direkte Erfahrung behindert, ist das narzisstische Selbst, das Selbst, das gewohnheitsmäßig versucht, die Wahrnehmung so zu verzerren, dass es eine Position absoluter Zentralität einnimmt – das unaufhörliche »mentale Geplapper« über Bedürfnisse, Wünsche, Begierden und darüber, wie andere uns sehen. Viele Narzissten stellen sich häufig vor, dass sie in einem Film mitspielen. Sie gehen durch ihr Leben und stellen sich vor, wie ihre alltäglichen Aktivitäten auf einer großen Leinwand aussehen würden. Das Erlebte wird unmittelbar in eine selbstverherrlichende Wunschvorstellung umgewandelt, und nichts von der Welt »dringt durch«. Das ist typisch für narzisstisches Verhalten. Ohne direkte Erfahrung gibt es kein persönliches Wachstum und keine Entwicklung. Narzissten schieben ständig ihr großes Ego zwischen Schönheit und die Erfahrung von Schönheit, zwischen Wahrheit und die Erfahrung von Wahrheit. Wie kann ein Narzisst bei Sonnenuntergang ein Erwachenserlebnis haben, wenn er mit dem

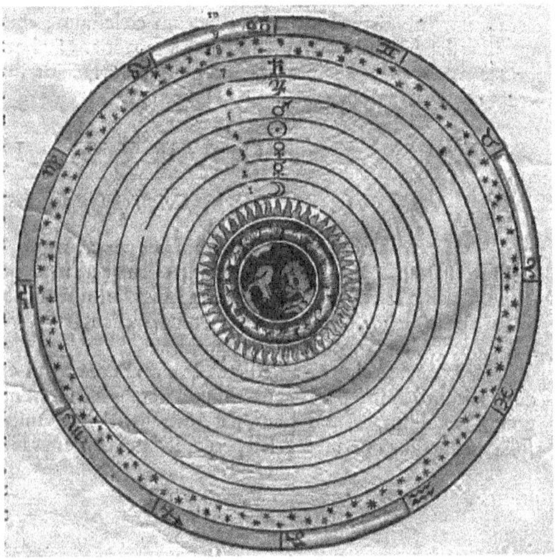

Rücken zum glühenden Himmel steht und einen Selfiestick hochhält? Das wahre Selbst wird durch Begegnungen mit der unverfälschten Realität bereichert.

Freud erklärte, er habe der »narzisstischen Menschheit« – nach Kopernikus und Darwin – die dritte und schwerste »Kränkung« zugefügt. Kopernikus hatte bewiesen, dass der Mensch nicht in einer bevorzugten Position im Mittelpunkt des Universums steht. Sterne und Planeten drehen sich nicht um die Erde. Angesichts der Unermesslichkeit und des Alters des Universums steht außer Frage, dass wir unbedeutend sind. Darwin hatte gezeigt, dass der Mensch nicht die Krone der Schöpfung ist, dass er nicht von Gott geschaffen wurde, um über die anderen Lebensformen zu herrschen. Im Gegenteil, der Mensch ist das Produkt von Zufall und Evolution. Wir sind Tiere, nicht göttlicher als Schweine oder Paviane. Freuds »dritte Kränkung« war die Psychoanalyse, die enthüllte, dass wir wenig oder gar keine Einsicht haben. Freud zufolge ist das

Ich nicht einmal »Herr im eigenen Haus«, sondern muss sich mit spärlichen Informationen über das begnügen, was unbewusst in seinem Kopf vor sich geht. Wir taumeln durchs Leben, ohne zu wissen, wer wir sind, und ohne zu verstehen, warum wir uns zu einer bestimmten Handlung entschlossen haben und nicht zu einer anderen.

Es wird oft bemerkt, dass Freud, indem er sich mit Größen wie Kopernikus und Darwin in eine Reihe stellte, ungewollt das Ausmaß seines eigenen Narzissmus offenbarte. In solch erlauchten Kreisen eine Vorrangstellung zu beanspruchen, ist in der Tat ziemlich großspurig. Freuds dritte Kränkung war – nach eigenem Bekunden – die schwerste. Wenn Freud jedoch narzisstisch war, dann unterstreicht sein Narzissmus die eigene Argumentation. Wir alle sind verletzlich. Unser Ego kann sich gewaltig aufblähen.

Das zentrale Merkmal des Narzissmus ist die vermeintliche Außergewöhnlichkeit. Wenn wir dem Narzissmus erliegen, glauben wir, dass wir etwas Besonderes sind, dass wir Anrechte und Ausnahmen genießen, und die größte dieser Ausnahmen ist die vom eigenen Tod. Andere Menschen werden sterben – aber nicht ich. In *Das Todesjahr des Ricardo Reis*, einem Roman des portugiesischen Schriftstellers und Nobelpreisträgers José Saramago, kehrt der tote Dichter Fernando Pessoa aus dem Grab zurück, um mit seinem Freund, dem Arzt und Dichterkollegen Ricardo Reis, zu sprechen. Er erklärt Reis, dass die Lebenden ihre eigene Sterblichkeit nicht begreifen könnten. Reis protestiert – natürlich wissen die Lebenden, dass sie sterben werden. Pessoa erwidert: »Ihr wisst es nicht, niemand weiß es, so wie ich es auch nicht wusste, als ich lebte, was wir wissen, ist, dass die anderen sterben.«

Ein Narzisst ist »unsterblich« und kann bis in alle Ewigkeit sein eigenes Spiegelbild bewundern. Das normale Leben kann warten. Man bedenke jedoch, dass Narziss sich immer noch selbst betrachtete, als er sich bereits im Nichts auflöste.

8

Sex:

Sterbliche Vehikel

In Abraham Maslows Bedürfnishierarchie taucht Sex zweimal auf. Zunächst stellte er sexuelle Bedürfnisse auf die unterste Stufe, zusammen mit grundlegenden Bedürfnissen wie etwa nach Luft und Nahrung. Ein Grundbedürfnis, mit anderen Worten. Dann taucht Sex auf einer höheren Ebene als impliziter Bestandteil von Intimität auf, subsumiert unter der weit gefassten Überschrift »Liebe und Zugehörigkeit«. Maslows doppelte Einordnung spiegelt die vor allem in westlichen Gesellschaften vorherrschende Unsicherheit über den Stellenwert von Sex im Gesamtgefüge der Dinge wider. Sex polarisiert. Auf der einen Seite kann er als animalischer Trieb betrachtet werden, der durch strenge Gesetze und Verbote gezügelt werden muss, auf der anderen Seite als Kostprobe spiritueller Einheit. Die frühen Psychotherapeuten interessierten sich sehr für das Thema Sex. Als sie versuchten, den Verstand und das Menschsein zu ergründen, wurde ihnen immer klarer, dass Sex den Menschen prägt: »Anatomie ist Schicksal.« Freud stimmte dem zu und bemühte sich, den Verlauf der männlichen und weiblichen psychosexuellen Entwicklung zu ergründen, indem er Konzepte wie den Ödipus- und den Elektrakomplex einführte.

Ende der 1920er Jahre dachte er über eine große Frage nach. Gibt es einen optimalen Weg, unser Sexualleben zu gestalten?

Das privilegierte Bürgertum des 19. Jahrhunderts (dessen äußerliche Ehrbarkeit den weniger begüterten Schichten zum Vorbild gereichen sollte) hatte Schwierigkeiten, Sex in ein kohärentes Selbstbild zu integrieren. Diese Menschen lebten in einer Welt, die aus Kirchen, Banken, Büros, Theatern, Musik und vornehmen Manieren bestand. Wo passte da der Sex hin? Sex schien damit unvereinbar zu sein.

Unterdrückung, Verleugnung und Unehrlichkeit waren notwendig, um die Illusion von Ehrbarkeit aufrechtzuerhalten. Berufstätige Männer gaben fromme Plattitüden von sich, während sie sich Mätressen hielten und Bordelle besuchten. Geschlechtskrankheiten waren weit verbreitet. Vielleicht überstieg das Maß derartiger Heuchelei die Grenzen der gesellschaftlichen Toleranz, weshalb die kollektiven Schutzmechanismen zu bröckeln begannen. Es war nicht mehr möglich, Sex hinter verschlossenen Türen oder aus Unterhaltungen herauszuhalten. Der private Akt wurde zu einem öffentlichen Thema, über das man sprechen, schreiben und diskutieren konnte. Die Sexualwissenschaft war nicht mehr nur den Männern vorbehalten. Ermutigt durch protofeministische Publikationen und den Aufschwung radikaler Politik beschäftigten sich bald auch Frauen wissenschaftlich mit Fortpflanzungsphysiologie und sexueller Lust. (In Wirklichkeit haben sich Frauen natürlich schon immer für Sex interessiert. 2005 wurde in einer Höhle in Deutschland ein 28 000 Jahre altes Objekt aus Schluffstein gefunden.[1] Es ist etwa 20 Zentimeter lang, zweieinhalb Zentimeter breit und hat die Form eines Penis. Dieses Objekt wurde nicht nur zum Schlagen von Feuerstei-

nen verwendet, sondern diente möglicherweise auch der »Freizeitgestaltung«. In ihrem Buch *Turned On: Science, Sex and Robotics* stellt Kate Devlin, Dozentin am King's College London, dazu eine verblüffende Frage: »Wurde der Dildo etwa 25 000 Jahre vor dem Rad erfunden?«)

Viele der frühen Patienten Freuds konnten ihre sexuellen Bedürfnisse nicht befriedigen und gleichzeitig ein moralisch kohärentes Selbstverständnis bewahren. Das Begehren stand im Widerspruch zu Konventionen und Glaubensgrundsätzen. Folglich führte die übermäßige Unterdrückung zu hysterischen und neurotischen Symptomen. Gegen Ende seines Lebens erforschte Freud die Auswirkungen dieser Mechanismen in *Das Unbehagen in der Kultur*. Er gelangte zu dem Schluss, dass viele psychische Störungen in Hemmungen wurzeln, die für ein geordnetes Miteinander innerhalb der Gesellschaft aber notwendig sind.

Die natürliche Auslese verläuft langsam, und oft hinken Anpassungen den Umweltveränderungen hinterher. Wir sind gut darauf eingestellt, unsere sexuellen Bedürfnisse in einer primitiven Umgebung zu befriedigen, aber viele Menschen leben heute in großen, technologisch hochentwickelten Städten, in denen Millionen von Einwohnern miteinander auskommen müssen. Wir sitzen in Cafés, schlürfen Cappuccino und arbeiten an Laptops, aber wenn wir eine attraktive Person an einem Tisch nebenan sitzen sehen, katapultieren uns unsere neuronalen Schaltkreise zurück in die Savanne. Wir können unseren natürlichen Impulsen jedoch nicht mehr nachgehen, da ein solches Verhalten nicht mehr erlaubt ist.

Wenn sexuelle Hemmungen psychische Störungen verursachen, wie Freud vermutete, dann könnte eine Lösung des Problems darin bestehen, die gesellschaftlichen Sitten zu lockern und Promiskuität zu fördern. Diese Ansicht deckte sich mit dem Denken vieler Sozialisten, Anarchisten und Bohemiens der Jahrhundertwende, die sich für die »freie Liebe« als Gegenentwurf zu bürgerlichen Werten aussprachen.[2] Sie propagierten, die Türen der Schlafzimmer weit aufzustoßen; sie hielten Institutionen wie die Ehe letztlich für schädlich und glaubten, eine Gesellschaft mit weniger sexuellen Verboten könnte sich möglicherweise von Schuld, inneren Konflikten und Neurosen befreien.

Einer der ersten Psychoanalytiker, der erkannte, dass sich die Freud'schen Gedanken in ein Manifest für soziale Reformen umdeuten ließen, war Otto Gross, ein junger Arzt, der mit Ende zwanzig Freud persönlich kennenlernte. Ernest Jones beschrieb den großen, blonden und charismatischen Gross als Verkörperung des »romantischen Genies«. Gross forderte seine Patienten auf, sich wie Wüstlinge zu verhalten und gegen alles zu rebellieren, was sie als unterdrückend empfanden. Er ging davon aus, dass die Gesellschaft nicht zusammenbrechen

würde, wenn es den Menschen erlaubt wäre, sämtliche sexuellen Bedürfnisse zu befriedigen, sondern dass sich vielmehr eine neue, aufgeklärtere Lebensweise entwickeln würde – und wir alle viel glücklicher wären. Gross war kokain- und morphiumsüchtig, arbeitete unregelmäßig und verbrachte seine Nächte in der Gesellschaft von Revolutionären. Mit sechsundzwanzig heiratete er, was ihn aber nicht daran hinderte, nach seinen heterodoxen Prinzipien zu leben. Er verführte zwei Schwestern, von denen eine später den Schriftsteller D. H. Lawrence heiratete. Die andere schwängerte er.

Historiker der Psychotherapie haben Gross mitunter als Wegbereiter für die Gegenkulturhelden der 1960er Jahre wie Timothy Leary und R. D. Laing dargestellt. Tatsächlich gibt es einige bemerkenswerte Parallelen. Er befürwortete die Einnahme von Drogen, weil sie das Bewusstsein erweitern und moralische Skrupel abbauen würden; er identifizierte das tyrannische Patriarchat als Ursache für psychische Erkrankungen. Die Ratschläge, die er seinen Patienten gab, dürften sich daher nicht wesentlich von Timothy Learys berühmter Parole »Turn on, tune in, drop out« – »Einsteigen, Durchsteigen, Aussteigen« – unterschieden haben.

Gross' Lebensstil war strapaziös und schwer aufrechtzuerhalten. Er begann, Anzeichen einer Geisteskrankheit zu entwickeln, und wurde in die psychiatrische Klinik Burghölzli in der Schweiz geschickt, wo er von Carl Gustav Jung behandelt wurde. Jung hielt zunächst nicht viel von Gross, doch war dieser ein so angenehmer und anregender Zeitgenosse, dass Jung seinen neuen Patienten in einem Brief an Freud später in höchsten Tönen lobte.[3] Gross zeigte sich kooperativ und reduzierte seinen Drogenkonsum. Alles schien reibungslos zu verlaufen – dachte Jung. Das heißt, bis Gross über die Gartenmauer kletterte und entfloh. Jung hatte sich ebenso leicht verführen lassen wie Gross' weibliche Verehrer.

Sexuelle Beziehungen sind oft trügerisch. Das häufigste Muster ist die serielle Monogamie, kombiniert mit gelegentlichem Fremdgehen, gefolgt von Ehe, Fortpflanzung und noch mehr opportunistischem Sex.[4] Es scheint, dass die Frage, ob man eine Affäre haben sollte, tatsächlich die meisten, wenn nicht alle Beziehungen überschattet. In Befragungen, die der Psychiater und wegweisende Sexualforscher Gilbert Hamilton in den 1920er Jahren durchführte, gaben 28 Prozent der Männer und 24 Prozent der Frauen zu, untreu zu sein. In den berühmten Kinsey-Berichten der 1940er und 1950er Jahre wurde festgestellt, dass etwa ein Drittel der 6427 befragten Ehemänner fremdgegangen war; etwa ein Viertel der 6972 verheirateten, geschiedenen oder verwitweten Frauen hatte sich vor ihrem vierzigsten Lebensjahr zu außerehelichem Sex entschlossen. Trotz sich verändernder gesellschaftlicher Wertvorstellungen sind diese Zahlen relativ stabil geblieben.

Obwohl wir in unserer Kultur romantischen Idealen nachhängen, sind etwa 57 Prozent der Männer und 54 Prozent der Frauen untreu. Wenn Paare heiraten, ist die Wahrscheinlichkeit geringer, dass sie fremdgehen, aber die Ehebruchrate bleibt hoch. Etwa 25 bis 40 Prozent der verheirateten Männer und 15 bis 25 Prozent der verheirateten Frauen in westlichen Gesellschaften sind untreu. Dabei steht der Ehebruch nicht – wie man vielleicht erwarten könnte – in engem Zusammenhang mit Eheproblemen:[5] 56 Prozent der Männer und 24 Prozent der Frauen, die außereheliche Affären haben, bewerten ihre Ehen als »glücklich« oder »sehr glücklich«. Solche Statistiken legen nahe, dass Gross' Kritik am sozialen Konservatismus richtig ist. Die Auferlegung künstlicher Beschränkungen der sexuellen Freiheit ist wirkungslos. Wir verhalten uns immer noch wie unsere heuchlerischen biedermännischen Vorfahren.

Ist dies wirklich der beste Weg, mit unserem sexuellen Verlangen umzugehen?

Als Mittel zur Sozialisierung sexueller Bedürfnisse ist die Ehe unvollkommen. Allerdings waren Versuche, sie durch alternative Regelungen zu ersetzen, nicht erfolgreich. Utopien von Gemeinschaften, in denen jeder mit jedem Sex haben darf, drohen zu zerbrechen – oft aufgrund sexueller Eifersucht – oder in Exklusivität und Bindung zu erstarren. Nach Auflösung der Oneida-Gemeinde, die 1848 von John Humphrey Noyes in Oneida, Madison County, New York, gegründet wurde, verabschiedete sich ein sehr hoher Prozentsatz der Paare (die dort gelebt hatten) sofort vom Gedanken der »komplexen Ehe« zugunsten der »traditionellen Ehe«. Das Grundproblem, das allen sexuellen Utopien zugrunde liegt, besteht darin, dass Menschen sich verlieben und dabei eifersüchtig auf Rivalen und besitzergreifend werden. Selbst »swingende« Paare und Polyamoristen erkennen an, dass Eifersucht ein extrem starkes Gefühl ist, das sich nicht verhindern lässt.[6] Sexuelle Utopien funktionieren nur, wenn keine Liebe im Spiel ist oder wenn der Wunsch nach Exklusivität unterdrückt wird. Im Wesentlichen ersetzen sie eine Reihe von Hemmungen durch eine andere und negieren damit die wichtigste psychodynamische Rechtfertigung für deren Existenz.

Unsere bevorzugte Lösung für das Problem der sexuellen Bedürfnisse besteht offenbar in Scheinmonogamie und Opportunismus. Mit Ausnahme von Psychopathen erkennen alle Menschen an, dass Vertrauensbrüche verletzend sind. Untreue ruft Schuldgefühle hervor, und der Versuch, das Unbehagen durch Verdrängung zu verringern, geht mit übermäßigem Grübeln, Angst, emotionaler Betäubung, Realitätsferne und verzerrten Wahrnehmungen einher. Menschen sind im Großen und Ganzen sehr schlechte Lügner. Wir verraten uns selbst durch ausweichende Blicke und Erregung, Versprecher und Fehler. Fast die Hälfte der amerikanischen Ehen wird geschieden.[7]

Etwa zwei Drittel aller Ehen werden nach Aufdeckung einer Affäre geschieden, und laut der von T. H. Holmes und R. H. Rahe entwickelten Skala der Stresserzeugung steht eine Scheidung sowohl für Männer als auch für Frauen – nach dem Tod des Partners – an zweiter Stelle der am stärksten belastenden Lebensereignisse. Nach der Scheidung tritt bei beiden Parteien häufig eine psychische Erkrankung auf, wobei es Männern besonders schlecht geht.[8] Im Vergleich zu verheirateten Männern entwickeln geschiedene Männer eher ein Alkoholproblem, nehmen Drogen, vereinsamen, leiden unter Depressionen und sterben früher als andere. Der Mensch tut sich schwer mit einer Beziehung, aber die Folgen von Untreue sind oft verheerend. Sex stellt uns vor die Wahl zwischen fatalen Alternativen.

1924 bot der Hollywood-Magnat Samuel Goldwyn Freud 100 000 Dollar für ein Drehbuch an, das dieser in seiner Eigenschaft als »größter Liebesspezialist der Welt« schreiben sollte.[9] Das Wort »Liebe« war natürlich euphemistisch gemeint. Freud lehnte ab. Viele von Freuds Gedanken entsprangen der Selbstbeobachtung, was vielleicht erklärt, warum die Frage, wie er mit seinen eigenen sexuellen Trieben umging, zu einem interessanten Thema geworden ist. Loyale Biografen haben Freud als Familienmenschen beschrieben, der seiner Frau Martha treu ergeben war. Aber auch seiner Schwägerin Minna war er auffallend zugetan.

Minna war Mitglied des Freud'schen Haushalts. Sie interessierte sich sehr für Freuds Arbeit und begleitete ihn oft auf seinen Reisen. Im Jahr 2006 tauchte das Gästebuch eines Hotels auf, in dem Freud und Minna zwei Nächte lang als Ehepaar für ein Doppelzimmer eingetragen waren. Dies schien Gerüchte zu bestätigen, die seit mehr als einem Jahrhundert kursierten; mehr als Indizien gibt es allerdings bis heute nicht. Freud und Minna hatten sich bei mehr als einer Gelegenheit als Ehepaar ausgegeben, und Martha war dies durchaus bekannt. Zu jener Zeit wäre ein unverheiratetes Paar, das um Unterkunft und Verpflegung gebeten hätte, höflich zum Verlassen des Hauses aufgefordert worden. Sich als Ehemann und Ehefrau auszugeben, war somit unter Umständen die einzige Möglichkeit, das letzte freie Zimmer zu bekommen. Die Entdeckung des brisanten Gästebuchs sorgte jedenfalls für reichlich Wirbel. In manchen Schlagzeilen war süffisant von Freuds erster »Fehlleistung« die Rede, andere verkündeten etwas plumper, dass er mit seiner Schwägerin »ins Bett gegangen« sei.

Vielleicht tröstet uns die Möglichkeit, dass Sigmund Freud, der größte »Liebesspezialist« der Welt, sich nicht beherrschen konnte. Minna war hübsch, lustig und intelligent. Sie hatte langes dunkles Haar und trug elegante Kleider. Wenn sie miteinander Karten spielten, muss es verlockend gewesen sein, Blicke zu erhaschen und sich das Mieder unter dem Crêpe de Chine vorzustellen. Vielleicht wollen wir, dass Freud moralisch schwach war, weil uns seine Schwäche eine Art von Absolution bietet.

Ist Sex wirklich ein Grundbedürfnis? Selbstverständlich nicht in derselben Weise wie das Bedürfnis nach Nahrung und Wasser. Es ist noch nie jemand gestorben, weil er keinen Sex hatte. Das heißt aber nicht, dass Sex weniger wichtig wäre als Essen und Trinken. Freud war sogar der Meinung, Sex sei so grundlegend, dass sämtliche anderen Bedürfnisse dem Zweck der Fortpflanzung untergeordnet seien. Dies wird erst deutlich, wenn wir über die Interessen des Einzelnen hinausblicken.

In seiner Arbeit *Zur Einführung des Narzissmus* schrieb Freud: »Das Individuum führt wirklich eine Doppelexistenz als sein Selbstzweck und als Glied in einer Kette, der es gegen, jedenfalls ohne seinen Willen dienstbar ist. Es hält selbst die Sexualität für eine seiner Absichten, während eine andere Betrachtung zeigt, dass es nur ein Anhängsel an sein Keimplasma ist, dem es seine Kräfte gegen eine Lustprämie zur Verfügung stellt, der sterbliche Träger einer – vielleicht – unsterblichen Substanz, wie ein Majoratsherr nur der jeweilige Inhaber einer ihn überdauernden Institution.« Das ist eine erstaunlich scharfsinnige Beobachtung, denn sie steht in völligem Einklang mit der modernen Evolutionsbiologie. Auch Richard Dawkins vertrat in seinem Buch *Das egoistische Gen* die Ansicht, dass der Mensch nichts weiter sei als ein vorübergehendes »Vehikel« für den Transport von Genen oder dem, was Freud »Keimplasma« nannte. (Sollten Sie jemals Zweifel an der evolutionären Entbehrlichkeit von Organismen haben, denken Sie an das Schicksal der Honigbienen-Drohne: Die Erektion verursacht eine Lähmung, und beim Ejakulieren explodieren die Genitalien. Kurz darauf tritt der Tod ein.) Der »Lustbonus«, den wir als Gegenleistung für unsere »Energien« erhalten, ist der Orgasmus. Dieses wohl lustvollste aller natürlichen Erlebnisse ist ein Anreiz für die Fortpflanzung. Gerade weil Sex von höchster Bedeutung ist, hat die natürliche Selektion den Orgasmus einzigartig intensiv gemacht.

Um auf die Grundstufe der Maslow'schen Hierarchie zurückzukommen: Wir brauchen Nahrung zum Leben, ja, aber wir alle wissen, dass es gute und schlechte Lebensmittel gibt. Kann Sex auch auf diese Weise bewertet werden? Sind manche Formen von Sex gesünder als andere?

Wilhelm Reich war Leutnant in der österreichischen Armee und nahm am Italienfeldzug des Ersten Weltkriegs teil. Nach seiner Entlassung aus dem Militär begann er ein Jurastudium, wechselte aber später zur Medizin. Er hatte kaum Geld und musste große Entbehrungen hinnehmen. Noch während seines Studiums begegnete er zum ersten Mal Freud. Das war ein Wendepunkt. Sie fanden einander sympathisch, und schon bald wurde Reich in Freuds Kreis aufgenommen.

Reich übernahm die Freud'sche Orthodoxie, ohne sie zu hinterfragen. Er stimmte zu, dass Neurosen und Hysterie durch sexuelle Unterdrückung verursacht werden und dass die Symptome verschwinden, wenn diese Unterdrückung aufgehoben wird. Während Freud den Rahmen der Psychoanalyse erweiterte und neue Gedanken einführte, hielt Reich an diesen früheren Formulierungen fest. Seine Fixierung auf die Sexualität verengte sich sogar noch, bis sich sein Fokus auf die Genitalien und genitale Befriedigung beschränkte. Er vertrat die Ansicht, dass psychische Erkrankungen primär mit einer gestörten Fähigkeit zum Erleben befriedigender Orgasmen zusammenhingen. Seine Gedanken fasste er 1927 in einem Buch mit dem Titel *Die Funktion des Orgasmus* zusammen.

Die physiologischen und weitgehend automatischen Prozesse, die normalerweise zu einem befriedigenden Orgasmus führen, können durch viele Faktoren gestört werden: Ablenkung durch Gedanken und Gefühle, Konflikte (beispielsweise, wenn die Partner sich nicht mehr lieben), Ambivalenz aufgrund moralischer Bedenken oder religiöser Skrupel, Befangenheit oder Hemmungen. Der Begriff der »Blockade« spielt in Reichs Schriften eine wichtige Rolle. Er vertrat die Ansicht, dass »aufgestaute« sexuelle Erregung Angst verursache, ähnlich wie zu viel Nikotin zu einer Nikotinvergiftung führt. Selbst häufiger Sex kann laut Reich ein Problem darstellen, da zu viel Sex die Intensität der Orgasmen verringere. Ein geistig gesunder Mensch werde beim Geschlechtsverkehr nicht von störenden Gedanken und Gefühlen abgelenkt. Er oder sie könne sich auf die genitale Befriedigung konzentrieren, sich ganz dem Abbau der sexuellen Spannung hingeben und von der anschließenden tiefen Entspannung profitieren. Es gebe keine unangenehmen Folgeerscheinungen wie Schweregefühl,

Enttäuschung oder ein Gefühl der Unvollständigkeit. Reichs Empfehlungen zur totalen Hingabe nehmen Gedanken von Selbst-Transzendenz und optimalem Erleben vorweg. Die Abwesenheit von mentalem Geplapper begünstigt einen Grad der wohltuenden Versenkung, der das Potenzial hat, eine physiologische Reaktion in Ekstase zu verwandeln.

Reichs theoretisches Fundament ist fragwürdig, aber sein Denken war empirisch geprägt. Alles, was er feststellte, beruhte auf klinischen Beobachtungen. In Anbetracht der evolutionären Bedeutung des Orgasmus kann man durchaus davon ausgehen, dass die Fähigkeit, befriedigende Orgasmen zu erleben, ein Indikator für biologische Fitness ist. Seit den 1920er Jahren wurde die Beziehung zwischen Orgasmus und Gesundheit systematischer untersucht. Orgasmen werden mit stärkerer emotionaler Bindung (vermittelt durch die Freisetzung von Oxytocin), geringerem Stress, Resistenz gegen sogenannte »opportunistische Infektionen« und mit Langlebigkeit in Verbindung gebracht.[10,11,12,13] Zudem ist es sehr wahrscheinlich, dass die Freisetzung von Endorphinen (körpereigenen Opioiden) während des Orgasmus die Stimmung und den Schlaf verbessert.

Das letzte Kapitel von Reichs Buch kehrt auf vertrautes Terrain zurück. Wie bringen wir sexuelle Bedürfnisse mit den gesellschaftlichen Anforderungen der Zivilisation in Einklang? Religion und bürgerliche Strenge sind, laut Reich, dafür ausgesprochen ungeeignet. Vielmehr sollten wir unsere animalische Natur und unsere grundlegenden Bedürfnisse akzeptieren. Sexuelles Moralisieren verwirrt die Menschen, insbesondere im Hinblick auf die Geschlechterpolitik. Es fördert jenes dichotome Denken, das darauf beharrt, dass Frauen entweder brave Hausfrauen oder Huren sind. Reichs Lösung für das Problem der Spannung, die zwischen unserem höheren und niederen Selbst entsteht, ist eine Kombination aus gutem Sex und Realismus: »Die polygamen Wünsche treten umso weniger hervor, je besser es die Gatten verstehen, ihre sinnlichen Ansprüche gegenseitig zu erkennen und zu befriedigen und je verständnisvoller sie den polygamen Neigungen beim anderen begegnen«, heißt es in *Die Funktion des Orgasmus.* Sex ist also etwas, woran wir arbeiten sollten, und wenn ein Ehepartner fremdgeht, sollten wir versuchen, es gelassen zu sehen.

Nachdem Reich fünf Jahre in Norwegen verbracht hatte, floh er kurz vor Ausbruch des Zweiten Weltkriegs in die Vereinigten Staaten, um der Verfolgung durch die Nationalsozialisten zu entgehen. Dort wurde sein Denken zunehmend exzentrisch. Freuds Konzept der Libido hatte für ihn mystische Bedeutung erlangt. Er stellte sich die Libido als universelle Lebenskraft »Orgon« vor und entwickelte Laborexperimente, die deren Existenz belegen sollten. Anhänger von Reichs Lehre weisen darauf hin, dass sogar Albert Einstein bereit gewesen sei, ihn ernst zu nehmen. Am 13. Januar 1941 besuchte Reich den berühmten Wissenschaftler in dessen Haus in Princeton, New Jersey, wo dieser sich fünf Stunden lang Reichs Theorien anhörte. Es stimmt, dass Einstein ihn herzlich empfing, und offenbar bejahte der Physiker sogar, dass er durch eine Vergrößerungsröhre – ein Gerät, das Reich mitgebracht hatte und das er »Orgonoskop« nannte – (vermeintliche) Orgonenergie flackern sehen könne. Vermutlich wollte Einstein aber nur höflich sein und seinen Gast bei Laune halten. Und natürlich hatte er ein offenes Ohr, wenn andere Exilanten ihn um etwas baten.

Reichs abwegiges Denken wurde immer absurder. Er entwarf Kästen und Schränke zum Auffangen von Orgonenergie. Diese Behälter bezeichnete er als »Orgonakkumulatoren« und behauptete, man könne damit Krebs heilen. Er beschäftigte sich intensiv mit atmosphärischen Phänomenen und stellte die Theorie auf, dass die von ihm untersuchten »Effekte« durch eine negative Form der Orgonenergie verursacht würden, die er »tödliches Orgon« nannte. Wenn tödliches Orgon vorhanden wäre, so glaubte er, bildeten sich schwarze Wolken am Himmel, unter denen die Vegetation verkümmerte und Tiere und Menschen ihre Lebenskraft verlören. Um diese Wolken zu vertreiben, erfand Reich ein großes Gerät namens »Cloudbuster«. Es bestand aus mehreren Metallrohren, die auf einer Drehscheibe montiert waren.

Das Gerät »zapfte« negative Energie ab und konnte angeblich auch zum Regenmachen verwendet werden. Später war er davon überzeugt, dass sich Außerirdische auf eine Invasion der Erde vorbereiteten, und setzte seinen Cloudbuster ein, um vorbeifliegenden UFOs Energie zu entziehen.

Die US-amerikanischen Behörden stuften Reich schließlich als potenziell gefährlichen Spinner ein. Die Menschen suchten keine Onkologen mehr auf, um sich einer konventionellen Krebsbehandlung zu unterziehen, weil sie davon überzeugt waren, dass eine Sitzung in einem Orgonakkumulator bessere Ergebnisse erzielen würde. Reich wurde inhaftiert, als paranoid diagnostiziert, und seine sämtlichen Bücher und Aufzeichnungen wurden in der Verbrennungsanlage von Lower Manhattan verbrannt. Im November 1957 starb er, immer noch inhaftiert, im Schlaf.

Seinem Schüler A. S. Neill zufolge pflegte Reich gern zu sagen: »Jeder hat auf irgendeine Weise recht.« Dies könnte seine

Grabinschrift sein. Sein ganzheitlicher Ansatz in der Psychotherapie, der die enge Beziehung zwischen Psyche und Körper betonte, inspirierte zu einer Vielzahl neuer Behandlungsmethoden, darunter die »Körperarbeit« (etwa die bioenergetische Analyse von Alexander Lowen). Reichs Ideen förderten die Entwicklung dessen, was schließlich zur modernen psychosomatischen Medizin wurde, und man kann in seinen späteren Schriften sogar einen frühen Anflug von Umweltbewusstsein erkennen.

Neills Erinnerungen an Reich als Gesprächspartner unterscheiden sich stark von der B-Movie-Karikatur des verrückten Wissenschaftlers, als welcher er heute meist gesehen wird.[14] Neill berichtet von einem lebhaften Menschen, der bis spät in die Nacht in einer Hütte saß, Scotch oder Roggenwhiskey trank und Chesterfields rauchte; der diskutierte, sich echauffierte und dann lachte, bevor er sagte: »Gib mir mal die Flasche.« Wir sollten nicht zulassen, dass Reich durch seinen Wahnsinn definiert oder aus der Geistesgeschichte gestrichen wird. Er hatte, wie wir alle, in gewisser Weise recht.

Nachdem Adrian die Universität verlassen hatte, führte er ein eher zielloses Leben. Er war intelligent und begabt, aber unmotiviert. Seine romantischen Beziehungen waren meist nur von kurzer Dauer, und er traf sich nur selten mit alten Freunden. Noch während seines Studiums wurde bei ihm eine leichte Depression diagnostiziert, und seit einem Jahrzehnt litt er, mit Unterbrechungen, unter Stimmungsschwankungen. Er war unruhig und zappelte andauernd herum. Er wechselte seine Sitzposition, trommelte mit den Fingern auf seinen Oberschenkeln und schob sein dichtes Haar mit beiden Händen zurück.

Wir unterhielten uns schon eine Weile, als er sagte: »Ich gehöre nicht dazu. Ich bin anders.« Ich fragte mich, ob er narzisstisch veranlagt war. Hielt er sich für etwas Besonderes? Als wir unser Gespräch fortsetzten, wurde klar, was Adrian meinte. Er gebrauchte das Wort »anders«, um eine Absonderlichkeit oder Eigenart zu bezeichnen. Ich bat ihn, sich zu erklären. Er sah mich lange an, ohne ein Wort zu sagen. Seine blasse Haut errötete, und er holte tief Luft. Dann sagte er: »Als ich klein war, sehr klein – vielleicht neun oder zehn – habe ich meine Schwester oral befriedigt.« Seine Schwester war ein oder zwei Jahre älter als Adrian. »Wir sind nach oben gegangen und haben so getan, als ob wir spielten. Sie wollte es immer – sie spreizte ihre Beine und drückte mich runter.« Er wandte seinen Oberkörper von mir ab und erstarrte in einer unbequemen Haltung. »Das ist ziemlich abgefuckt, oder?«

»Wie lange ging das so?«

»Oh, eine ganze Weile …«

»Hast du es freiwillig getan?«

Er schraubte den Knöchel eines gekrümmten Fingers in die Haut unter seinem Kinn. »Ich denke schon. Ich meine, es ist ja nicht so, dass ich gezwungen wurde. Wie viele Kids lecken ihre Schwester? Ich wette, nicht viele.« Er saß immer noch schräg da, und seine Augen hatten sich verengt. Es schien fast, als wolle er, dass ich ihm in seinem Selbsthass beipflichte. Er wiederholte seine Frage: »Das ist doch ziemlich abgefuckt, oder?«

Adrian beunruhigte, was geschehen war. Er wollte andeuten, dass man ihn als schwer gestört betrachten sollte, weil er als Kind Cunnilingus an seiner Schwester praktiziert hatte. Ich teilte diese Ansicht jedoch nicht. Ob es uns gefällt oder nicht, Kinder haben sexuelle Gefühle, und andersgeschlechtliche Geschwister – deren Körper geheimnisvoll geschmeidig und fremdartig sind – können leicht Neugierde wecken. Adrians sexuelle Experimente mit seiner Schwester waren keinesfalls so abwegig, wie er glaubte.

Adrians Empfinden, seltsam und abnorm zu sein, war symptomatisch für sein Unvermögen, die eigene Doppelnatur zu akzeptieren. Freud meinte, dass alle sexuellen Handlungen, die nicht der Fortpflanzung dienen, streng genommen Perversionen seien. Nach dieser Definition ist sogar das Küssen pervers. Sexueller Erfindungsreichtum geht weit über das Berühren der Lippen und den Austausch von Speichel hinaus. Fast jeder Gegenstand oder jede Tätigkeit kann sexualisiert werden. Beispielsweise behandelte einer meiner Kollegen vor vielen Jahren einen Mann, der faktisch Geschlechtsverkehr mit seinem Auto hatte. Das Verhalten des Mannes erschien äußerst bizarr, und der Fall wurde in einer Fachbereichssitzung vorgestellt. Alle im Hörsaal versammelten Psychiater und Psychologen waren sich einig, dass es sich um ein außergewöhnliches Phänomen handelte. Doch mittlerweile hat das Internet gezeigt, dass wir uns gewaltig irrten. Heute gibt es mehrere Websites zum Thema »Cranking«. Typischerweise masturbieren Autofetischisten, während sie das Gaspedal betätigen, um Motorgeräusche zu erzeugen.

Die meisten Menschen haben schon sexuelle Fantasien gehabt, die, in einem ruhigeren Gemütszustand betrachtet, Schuldgefühle, Scham, Reue und Verlegenheit hervorrufen. Es stellt sich die Frage: Was sagt das über mich aus? Wir haben Schwierigkeiten, das Schlafzimmer mit dem Sitzungssaal, das Bestialische mit dem Engelhaften in Einklang zu bringen.

Etwa ein Viertel der Frauen, die Internetpornografie nutzen, suchen nach Szenarien, in denen es darum geht, überwältigt oder gedemütigt zu werden.[15] Zweiundsechzig Prozent der Studentinnen hatten schon einmal eine Vergewaltigungsfantasie, und 14 Prozent geben an, dass sie sich mindestens einmal pro Woche eine Vergewaltigung ausmalen.[16] Unser rationales Selbst befürwortet fortschrittliche gesellschaftliche Werte wie sexuelle Gleichberechtigung, aber primitive Impulse befehlen uns immer noch, uns zu unterwerfen, uns zu besteigen oder zu beißen. (Natürlich bedeutet die Tatsache, dass Frauen über Vergewaltigung fantasieren, nicht, dass sie vergewaltigt werden wollen.)

Sex kann nicht nach den Maßstäben zivilisierten Verhaltens beurteilt werden. Egal, wie viel rationale Einsicht oder Verständnis wir für Anilingus oder das Schlucken von Sperma aufbringen, ergeben solche Handlungen – wenn überhaupt – nur unter ihren eigenen Bedingungen einen Sinn. Zumindest in dieser Hinsicht hatten sowohl Gross als auch Reich recht. Sex kann nur nach dem Grad seiner Befriedigung beurteilt werden. Solange das Streben nach dieser Befriedigung uns selbst oder anderen keinen Schaden zufügt – und wir mit den Folgen umgehen können – ist nahezu alles erlaubt. Im Schlafzimmer sind wir in erster Linie Tiere; Begriffe wie »Sünde« oder »Anstand« gelten hier nicht. Genauso gut könnte man Bibelkurse für Schimpansen veranstalten.

Otto Gross und Wilhelm Reich fanden ein ähnlich unglückliches Ende. Gross wurde mit Lungenentzündung sterbend auf der Straße aufgefunden, unterkühlt und wahrscheinlich immer noch drogenabhängig. Reich starb eines natürlichen Todes in der Gefängniszelle. Ihr Schicksal deutet auf eine gewisse Verbindung zwischen Extremsituationen und geistiger Haltung hin. Als Außenseiter teilten sie möglicherweise ähnliche Ansichten und konnten von ihrer Randposition aus Beobachtungen anstellen. Auf jeden Fall waren sie eher als ihre Kollegen bereit, über Sex nachzudenken, nicht nur als Trieb oder physiologische Reaktion, sondern als Lebensproblem. Sex ist ein starkes Bedürfnis. Die Art und Weise, wie wir sexuelle Befriedigung erreichen, ist ein wichtiges Thema. Unser Sexualleben sollte nicht einfach dem Weg des geringsten Widerstands zwischen Lust und gesellschaftlicher Konformität folgen. Wir müssen Entscheidungen treffen. Wir müssen uns dem stellen, was wir sind.

Die junge Frau sitzt immer noch in Hoppers *Automat.* Die Schale mit den Früchten evoziert das Sinnliche, das Rot und das Grün ihrer Kleidung symbolisieren den Konflikt zwischen Unschuld und Begierde, und ihr tiefer Ausschnitt und die entblößten Beine laden zur Spekulation ein. Worin besteht das Dilemma der Frau? Ist es eine Affäre? Ist es ihre Jungfräulichkeit? Ist es das Verlangen nach verbotenen Freuden?

Wird sie es tun? Wird sie es nicht tun? Sollte sie es tun? So etwas wie zwanglosen Sex gibt es nicht.

9

Minderwertigkeit:

Der Trost der Unzulänglichkeit

Schon vor unserer Geburt existieren wir in einem sozialen Umfeld. Es gibt nur wenige Dinge, die »geselliger« sind, als im Körper eines anderen Menschen zu leben. Nach der Geburt sind wir in wachsende Strukturen sozialer Komplexität eingebettet: Familie, Freunde, Vertraute, Bekannte, Kollegen. Diese Erweiterungen sind eingebunden in eine Kultur, die Teil einer umfassenderen Zivilisation ist. Unser Zugehörigkeitsgefühl wird somit weniger durch geografische als durch soziale Faktoren bestimmt. Wenn wir an uns selbst denken, berücksichtigen wir implizit auch andere. Ich kann mich zum Beispiel nur deshalb als schüchtern bezeichnen, weil ich Erfahrung mit extrovertierten Menschen habe.

Unser Selbstempfinden wird durch den sozialen Kontext verzerrt. Wir sind äußerst sensibel für Erscheinungsbilder. Wer wir zu sein glauben, wird ständig von der vermuteten Sicht anderer Menschen auf uns beeinflusst. Wenn wir in Gesellschaft anderer sind, scheinen wir uns die meiste Zeit zu fragen: Wie wirkt das?

Das soziale Universum ist verwirrend. Es ist so gewaltig und kompliziert, dass nur schwer zu bestimmen ist, welche

Aspekte unseres sozialen Umfelds (über den häuslichen Bereich hinaus) am wichtigsten sind. Was wollen wir als soziale Wesen am meisten? Was ist die grundlegende soziale Motivation?

Geltungsdrang ist in der menschlichen Psyche ebenso tief verwurzelt wie das Verlangen nach Sex. Daran sollten Sie denken, wenn Sie das nächste Mal von jemandem mit der leeren Floskel getröstet werden: »Ist doch völlig egal, was die anderen Leute denken.« Die meisten Menschen brauchen Anerkennung, um sich in ihrer Haut wohlzufühlen. Wir alle haben das, was Abraham Maslow »Wertschätzungsbedürfnisse« nannte. Wir wollen anerkannt und respektiert werden, wir wollen weiterkommen, und wir wollen, dass unsere Kinder weiterkommen – aus darwinistischer Sicht identische Dinge.

Wenn soziales Verhalten so viele potenzielle Ziele hat, warum ist dann ein Großteil unseres Handelns auf das Vorankommen ausgerichtet?

Unsere Vorfahren überlebten, indem sie in Gruppen zusammenarbeiteten. Diese Gruppen waren keine egalitären Gemeinschaften. Es waren soziale Hierarchien – wohl deshalb, weil eine hierarchisch organisierte Gruppe Aufgaben, die viele Teilnehmer erfordern (beispielsweise die Jagd), effizienter ausführt als ein undisziplinierter Mob. Es lässt sich mehr erreichen, wenn manche Mitglieder Befehle erteilen und andere gehorchen.

In der Welt unserer Urahnen war eine höhere gesellschaftliche Stellung von Vorteil. Ein dominantes männliches Gruppenmitglied hatte Zugang zu mehr Nahrung und weiblichen Gruppenmitgliedern, seine Überlebenschancen waren größer, und mehr seiner Gene gelangten in den Genpool. Begehrte Frauen, die sich mit dominanten Männern paarten, waren besser geschützt und besser ernährt als die anderen Frauen. Auch ihre Gene konnten sich im Genpool eher durchsetzen. Aus evolutionärer Sicht ist Status also gleichbedeutend mit Fortpflanzungserfolg. Fast alles, was von der Evolution ausgewählt wurde, um Überleben und Fortpflanzung zu sichern, ist mit Freude verbunden: Essen, Orgasmen und das Kuscheln mit kleinen Kindern sind einfache Beispiele. Auch gesellschaftliche Vorteile fühlen sich gut an.

Frühmenschen, die ganz unten in der Stammeshierarchie standen, profitierten dennoch von der Gruppenzugehörigkeit, wenn auch nicht so sehr wie die höhergestellten. Wenn die Gruppe überlebte, überlebten auch die Mitglieder mit niedrigem Status – und damit auch ihr genetisches Erbe. Diejenigen, die in der Stammeshierarchie eine niedrige Position einnahmen, waren daher äußerst interessiert daran, was an der Spitze geschah. Das Schicksal der Gruppe wurde von ihren Anführern bestimmt. Diese Orientierung nach »oben« manifestiert sich auch heute noch unterschiedslos in der Beschäftigung mit gesellschaftlichem Status und Prominenz, auch wenn der Blick nach »oben« in diesem Fall keinen evolutionären Zweck mehr erfüllt. Was Prominente denken oder tun, betrifft niemanden direkt, trotzdem tratschen Millionen von Menschen über Stars und Sternchen und verfolgen aufmerksam jeden ihrer Tweets. Auf jeden Fall wird Status immer noch stark mit Zufriedenheit assoziiert, während ein geringer Status (oder mangelnde sonstige Faktoren zur Stärkung des Selbstwertgefühls) uns ein schlechtes Gefühl vermitteln.

Der erste bedeutende Psychotherapeut, der das Wohlbefinden in einem weiten gesellschaftlichen Kontext betrachtete, war Alfred Adler. Viele andere – Historiker, Philosophen und Soziologen – hatten bereits ausführlich über die Beziehung zwischen sozialen Bedingungen und Lebensqualität geschrieben, aber Adlers Hauptaugenmerk lag auf dem Individuum. Er war ein bekennender Sozialist und Verfechter der Sozialmedizin, wenngleich er wusste, dass politische Reformen ihre Grenzen haben. Sie können nicht sämtliche Probleme lösen, insbesondere nicht die persönlichen.

Adler studierte Medizin in Wien, wo er 1895 promovierte. Von Beginn seiner beruflichen Laufbahn an interessierte er sich für die sozialen Aspekte der medizinischen Praxis. In einem frühen Werk, dem *Gesundheitsbuch für das Schneidergewerbe*, untersuchte er die Zusammenhänge zwischen wirtschaftlicher Lage, Beruf und Krankheit. 1902 lernte er Freud kennen und nahm kurz darauf mit einigen anderen Enthusiasten an Treffen in Freuds Wohnung teil, um die Psychoanalyse zu diskutieren. Adler war nie ein folgsamer Schüler, und sein Austausch mit Freud war häufig kompetitiv und spannungsgeladen. Obwohl er 1910 Präsident der Wiener Psychoanalytischen Gesellschaft wurde, trat er im Jahr darauf zurück, da er den Wert vieler Schlüsselideen Freuds inzwischen bezweifelte. In den 1920er Jahren gründete Adler seine eigene Schule: die »Individualpsychologie«.

Nach Adler ist der Mensch zweckorientiert und durch Ziele motiviert; die Individualpsychologie ist eher teleologisch als kausal. Im Unterschied zu Freud, der glaubte, dass wir von der Vergangenheit »getrieben« werden, vermutete Adler, dass wir von der Zukunft angezogen werden (oder zumindest von der Zukunft, wie wir sie uns vorstellen). Wir werden eher »gezogen« als »geschoben«. Zwar setzen wir uns im Lauf des Lebens eine unüberschaubare Anzahl kurzfristiger Ziele, doch laut Adler dienen diese alle einem ultimativen Ziel, etwa, finanzi-

elle Sicherheit zu erlangen oder ein guter Mensch zu werden. Wenn man dieses Ziel erkennt, versteht man auch den verborgenen Sinn hinter jeder einzelnen Handlung. Die Individualpsychologie zielt nicht darauf ab, die Seele zu erforschen. Sie wurde als »pragmatisches« oder »konkretes« System bezeichnet, das den Einzelnen in die Lage versetzen soll, praktische Selbsterkenntnis zu erlangen.

Freud betrachtete Adler nicht als intellektuelle Bedrohung, aber es beunruhigte ihn, dass sein ehemaliger Kollege eine entschärfte Version der Psychoanalyse entwickelt hatte, die dem medizinischen Establishment und der breiten Öffentlichkeit gefallen würde. Adlers Psychologie enthielt weniger Anstößiges als Freuds Theorien und betonte weniger die primitiven sexuellen Triebe und die dunklen Abgründe des Unbewussten.

Adler wurde zu einer bekannten Persönlichkeit, und sein neuer Ansatz erwies sich als äußerst einflussreich; allerdings verdrängte die Individualpsychologie die Psychoanalyse nicht, wie Freud befürchtet hatte. 1937 brach Adler in Aberdeen auf der Straße zusammen und starb im Alter von siebenundsechzig Jahren an einem Herzinfarkt. Freud war hocherfreut zu hören, dass er seinen Rivalen überlebt hatte, und erklärte schadenfroh, dass Aberdeen ein angemessen glückloser Ort für den Tod eines Verräters sei – »ein Beweis, wie weit er es gebracht hat«, wie es Freud in einem Brief an Arnold Zweig formulierte. Ob Adler eine derart große Portion Schadenfreude verdient hatte, ist diskutabel. Manche erinnerten sich an ihn als streitsüchtig und zänkisch, während andere darauf beharrten, dass er ein freundlicher Mann gewesen sei, der gern Witze erzählte.

Adlers Bücher werden nicht sehr viel gelesen. Manche davon wirken recht ungeschliffen, weil sie entweder aus redigierten Sammlungen seiner Vorlesungsnotizen bestehen oder, seltsamerweise, aus Notizen derjenigen, die an seinen Vorlesungen teilnahmen.[1] Einzelne Abschnitte folgen nicht logisch aufeinander, und der Inhalt ist mitunter eher oberflächlich. Insgesamt verfügte Adler nicht über Freuds literarische oder rhetorische Fähigkeiten, dennoch lassen seine Bücher bisweilen geniale Ansätze erkennen. Dies alles hatte zur Folge, dass Adlers Originalveröffentlichungen relativ unbekannt blieben und Generationen von Psychotherapeuten verleitet waren, seine Gedanken für ihre eigenen auszugeben, ohne jemals Adlers Vorrangstellung anzuerkennen.[2] Ich habe ganze Bände über Psychologie gelesen, in denen ausgiebig Anleihen bei Alfred Adler gemacht wurden, ohne dass sein Name auch nur ein Mal erwähnt worden wäre.

Der Begriff »Minderwertigkeitskomplex« wird in Zeitungsartikeln oder Alltagsgesprächen recht häufig verwendet. Abgesehen vom »Ödipuskomplex« fällt mir kein psychologischer

Begriff ein, der eine ähnliche Verbreitung gefunden hat. Die meisten Menschen wissen, dass der Ödipuskomplex irgendetwas mit Sigmund Freud zu tun hat, aber es würde mich wundern, wenn der Durchschnittsbürger den Begriff »Minderwertigkeitskomplex« ebenso leicht mit Alfred Adler in Verbindung bringen könnte. (Adler schrieb auch über den »Überlegenheitskomplex«, aber die Vorstellungen von Minderwertigkeit und Überlegenheit sind so eng miteinander verbunden, dass die Unterscheidung etwas überflüssig ist. Wir streben nur dann nach Vorteil, wenn wir zuvor unsere Minderwertigkeit erkennen. Minderwertigkeit und Überlegenheit sind im Wesentlichen zwei Facetten desselben Konstrukts).

Adler verwendete den Begriff »Minderwertigkeit«, um einen Zustand zu beschreiben, den das Wort »Unzulänglichkeit« vielleicht besser trifft. Der Minderwertigkeitskomplex, der sich in Form von Depressionen und Gedanken über Schwächen, Defizite und Unzulänglichkeiten äußert, hat nur in einem sozialen Kontext eine Bedeutung. Er erkennt implizit Disparitäten an – das Selbst, das im Vergleich zu anderen als unzureichend beurteilt wird. Adlers Ausgangspunkt, die »Organminderwertigkeit«, war eher biologisch als sozial. Die Organminderwertigkeit war eine medizinische Hypothese darüber, dass schwache Organe Krankheiten verursachen und wie sich der Körper anpasst, wenn bestimmte Organe geschwächt sind. Die Schwäche eines Organs, so die Annahme, könne durch die komplementäre Stärkung eines anderen Organs ausgeglichen werden. Adler meinte, dass solche Kompensationen nicht nur zu einer guten, sondern in manchen Fällen sogar zu einer besseren Gesundheit führten. Dazu nannte er Beispiele, wie körperliche Schwächen psychische Stärken fördern könnten, etwa Musiker mit Hörproblemen und Maler mit Sehschwierigkeiten. Adler hielt es für durchaus möglich, dass Minderwertigkeit und Kompensation für zahlreiche Aspekte der psychischen Entwicklung eine Rolle spielen, ja sogar als Triebfedern wirken könnten.

Wir alle werden hilflos geboren, und die Kindheit ist eine lange Phase der Abhängigkeit. Das Kleinkind ist extrem verletzlich, ein zartes Geschöpf, das von mächtigen Riesen umgeben ist. Es blickt ständig zu ihnen auf. Sie geben ihm Nahrung, Wärme und Schutz, sie bestrafen und loben es. Minderwertigkeit ist eine universelle, prägende Erfahrung, ein unvermeidlicher erster Zustand. Adler behauptete, dass die Reaktion eines Individuums auf seine Minderwertigkeit viele Facetten seines Charakters prägen würden. Die Art und Weise, wie wir mit Minderwertigkeitsgefühlen umgehen, werde, so Adler, von verschiedenen Faktoren bestimmt, etwa von der körperlichen Konstitution, dem Geschlecht, der elterlichen Fürsorge und der Stellung im Verhältnis zu den Geschwistern (Erstgeborene, Zweitgeborene und so weiter). Eine Reaktion auf Minderwertigkeit, die insofern wirksam ist, als sie ein gewünschtes Ziel erreicht, verfestigt sich wahrscheinlich im individuellen Verhaltensrepertoire.

Adler beschrieb drei mögliche Reaktionen auf Minderwertigkeit, wobei zwei davon Formen psychischer Kompensation darstellen. Sind unsere Reaktionen auf Minderwertigkeit einmal gefunden, werden sie zu unserem »Default Setting«, zu einer Art Grundeinstellung. Die erste, erfolgreiche Kompensation ist eine gesunde und verhältnismäßige Reaktion. Gefühle der Unzulänglichkeit lösen sich auf, wenn das Kind Herausforderungen meistert, Vertrauen aufbaut und lernt, sich realistische Ziele zu setzen. Die zweite Reaktion ist die Überkompensation. Dabei handelt es sich um eine übermäßige und unverhältnismäßige Reaktion auf wahrgenommene Schwächen. Das Kind geht über die Anforderungen einer erfolgreichen Kompensation hinaus und entwickelt potenziell schädliche Strategien und Haltungen. Ein dramatisches Beispiel hierfür wäre ein Kind, das in der Schule gemobbt wird und als Erwachsener zum Gangster wird. Überkompensation hat aber nicht immer ein negatives Ergebnis. Ein Kind mit einem Sprachfehler – wie Winston Churchill – kann ein großer Redner werden.

Die dritte und letzte Reaktion auf Minderwertigkeitsgefühle ist die neurotische Erkrankung. Das Kind entdeckt, dass es seine Minderwertigkeitsgefühle nicht mit einfachen, konventionellen Methoden überwinden kann; es entdeckt aber auch, dass die Herausbildung einer »Krankheit« ein gesellschaftlich akzeptiertes Mittel ist, um Situationen zu vermeiden, in denen es sich unzulänglich fühlt. Auch wenn diese Strategie nach außen hin den Anschein von Resignation erweckt, ist der Wunsch nach sozialem Vorteil immer noch vorhanden. Folglich wird die »Krankheit« oft ausgenutzt, um andere zu beherrschen. Adler nennt ein anschauliches Beispiel: Ein Ehepaar gab vor, dass es an die freie Liebe glaube. Mit dem Einverständnis seiner Frau begann der Mann eine Affäre, woraufhin sie eine Agoraphobie entwickelte. Aufgrund ihrer Krankheit musste der Ehemann sie jedes Mal begleiten, wenn sie ausgehen wollte. Somit wurde seine Freiheit, sexuelle Beziehungen einzugehen, stark eingeschränkt. Die Krankheit der Frau war funktionell, sie hatte einen Zweck. Tatsächlich nutzte sie ihre »Schwäche«, um größere Macht auszuüben. Menschen können sich ihrer eigentlichen Ziele voll, teilweise oder gar nicht bewusst sein, wenngleich Adler im Gegensatz zu Freud dem Unbewussten keinen besonderen Stellenwert beimaß und den Geist als ausgewogenes und ganzheitliches Gefüge aus bewussten und unbewussten Teilen begriff.

Theoretisch gesehen, wich Adler von der psychoanalytischen Lehre ab, indem er die sexuelle Motivation durch die soziale Motivation und den Ödipuskomplex durch den Minderwertigkeitskomplex ersetzte – wenngleich man in Bezug auf Letzteren argumentieren könnte, dass der Minderwertigkeitskomplex schlicht eine soziale Version des Ödipuskomplexes ist. Das minderwertige Kind muss mit seinem überlegenen Vater um die mütterliche Aufmerksamkeit konkurrieren – ein Preis, der innerhalb der Familie Status bedeutet.

Adler war nie ganz glücklich mit dem Begriff »Komplex«, weil er glaubte, dass seine Gedanken zu Minderwertigkeit und Kompensation auch außerhalb der Psychoanalyse einen Erklärungswert haben könnten.

Er war der Ansicht, dass Minderwertigkeitsgefühle und das Streben nach Überlegenheit fast sämtliche Aspekte der Identität und des Verhaltens beeinflussen: »Mensch sein *heißt, sich minderwertig fühlen*« und somit fortwährend nach Überlegenheit zu trachten. Hinter dieser knappen Zusammenfassung verbirgt sich ein hochfliegender Anspruch, nämlich dass wir in uns selbst das Wirken eines Prinzips beobachten können, das – wie die natürliche Auslese – auf alle Lebewesen anwendbar ist. Selbst einfache zelluläre Lebensformen befinden sich, relativ gesehen, in einem Kampf um Überlegenheit. Hinsichtlich der Kompensation ist interessant, dass der Mensch, der nicht die Schnelligkeit eines Geparden, den Panzer eines Nashorns oder die Kraft eines Elefanten besitzt, der Herrscher über den Planeten ist.

Es wurde behauptet, Adlers Gedanken über das Streben nach Macht seien missverstanden worden. In Wirklichkeit habe er sich mehr für Macht als Mittel zur Verbesserung der Selbstbeherrschung interessiert als für Macht als Mittel zur Beherrschung anderer. Adlers Psychologie lässt sich jedoch nicht dadurch schmackhafter machen, dass man ihre evolutionären Hintergründe und die persönlichen und politischen Machtkämpfe, die einem Großteil unserer sozialen Realität zugrunde liegen, herunterspielt. Adler war ein überzeugter Sozialist, aber paradoxerweise scheint seine Darstellung der Menschheit den Kapitalismus zu legitimieren. Wir konkurrieren miteinander und wollen vorankommen. Das ist es, was wir sind. Vielleicht erklärt dies, warum Adlers Werk in den USA besonders einflussreich war.

Trotz seiner Auseinandersetzung mit der Macht, die nach dem Zweiten Weltkrieg zunehmend düstere Züge annahm, ist vieles in Adlers Schriften positiv, optimistisch und hoffnungsvoll. Er ermuntert uns, mutig zu sein und uns nicht übermäßig um Misserfolge Gedanken zu machen. Das Wichtigste sei, es zu versuchen, einfach sein Bestes zu geben. Wir sind schwach und haben Schwächen. Wir sind nur Menschen. Doch das, so versichert er uns, ist nicht wirklich wichtig. Was wirklich zählt, ist, wie wir mit unseren Schwächen umgehen. Er fordert uns auf, diese nicht als Defizite oder Unzulänglichkeiten zu betrachten, sondern als Ressource – als latentes Potenzial. Er argumentiert, dass gerade unsere Schwachstellen die entscheidenden kompensatorischen Energien liefern können, die uns voranbringen und uns dabei helfen, unsere Ziele zu erreichen.

Zwei Millionen Jahre lang war es für menschliche Wesen relativ einfach, mit sich selbst zufrieden zu sein. Da sie in kleinen Jäger- und Sammlerstämmen lebten, gab es nicht viel Konkurrenz. Man war vielleicht nicht der Anführer, aber möglicherweise konnte man schneller rennen als alle anderen. Vielleicht hatte man die schärfsten Augen oder das bezauberndste Lächeln, konnte am besten singen oder die besten Werkzeuge herstellen. Heute, im Zeitalter der globalen Vernetzung, ist es nahezu unmöglich, in irgendetwas am besten zu sein. Wir konkurrieren innerhalb eines Stammes, der mehr als acht Milliarden Mitglieder hat, und leben in einer Welt, in der es nur allzu leicht ist, sich minderwertig zu fühlen und dies auf schädliche Weise zu überkompensieren: Anabolika-Missbrauch, modische Diäten, unnötige kosmetische Operationen, qualvolle Fitnessprogramme, Erfolgswahn, das erschöpfende Streben nach zahllosen imaginären Idealen und unerreichbarer Perfektion. Es gibt eine noch nie da gewesene Anzahl von Möglichkeiten, uns mit anderen Menschen zu vergleichen, die in einem riesigen, hierarchischen Netzwerk eine höhere Position einnehmen, und unsere Kompensationen sind ebenso tragisch wie grotesk geworden.

Ständig werden wir aufgefordert, unsere Horizonte zu erweitern. Das ist zu einer Art Leitmotto geworden. Vielleicht aber sollten wir manche Horizonte erweitern, andere dagegen bewusst eingrenzen. Ein mittelmäßig begabter Musiker kann auf einer lokalen Konzertbühne trotzdem brillieren, und ein guter Schachspieler kann in seinem Provinzverein trotzdem als Wunderkind gefeiert werden.

Setzen Sie sich ruhig große Ziele, gelegentlich aber auch kleine. In einer Welt, die uns regelmäßig unsere Unzulänglichkeiten vor Augen führt, müssen wir uns auf kleine Erfolge und Errungenschaften besinnen, um nicht den Halt zu verlieren.

10

Bedürfnisse:

Die Tücken des Besitzstrebens

Im Alter von vierzehn Monaten haben die meisten Kleinkinder gelernt, auf etwas zu zeigen.* Sie zeigen aus verschiedenen Gründen auf etwas, aber der am häufigsten beobachtete Zweck ist, die Aufmerksamkeit der Eltern auf etwas zu lenken, das sie haben wollen. Wir fangen früh an, Dinge haben zu wollen.

Freud war der Ansicht, dass sich das Leben für die meisten Menschen letztlich auf Arbeit und Liebe reduzieren lässt. Wir wollen tüchtig sein und einen Beitrag zur Gesellschaft leisten; wir wollen lieben und geliebt werden. Diese Ziele sind eng mit dem übergeordneten Nutzen verbunden, dem Leben eine Richtung und einen Sinn zu geben. Wenn wir einen Beitrag zur Gesellschaft leisten und intime Beziehungen eingehen, fühlen wir uns ausgeglichener, vollständiger. Es sind legitime Wünsche, und in vielerlei Hinsicht brauchen wir sogar beides.

Über diese Freud'schen Notwendigkeiten hinaus haben wir noch viele weitere Wünsche. Seit der Industrialisierung und

* Ursprünglich wurde das Zeigen als ausschließlich menschliches Verhalten betrachtet, tatsächlich aber tun dies auch Schimpansen.

dem Aufkommen der Massenproduktion ist die Zahl der Dinge, auf die wir in unserer Umgebung zeigen können, exponentiell angestiegen. Nie gab es mehr zu begehren oder zu kaufen. Doch der Erwerb von Besitztümern, gleich ob physisch oder digital, scheint die Menschen nicht glücklicher zu machen. Schlimmer noch: Für einen beträchtlichen Prozentsatz der Bevölkerung sind bestimmte Wünsche offenkundig überzogen, unrealistisch und sogar objektiv unmöglich: »Ich will wieder jung sein – ich will perfekt sein – ich will ewig leben.« Diese Wünsche werden vom Markt erfüllt: Es gibt auf der Welt mehrere Einrichtungen zur Kryokonservierung, in denen man das ewige Leben (oder zumindest die Erwartung des ewigen Lebens) kaufen kann.[1]

Der existenzielle Psychotherapeut Irvin Yalom schrieb: »So viele Wünsche, so viele Sehnsüchte. Und so viele Schmerzen [...] Ein allgegenwärtiger Schmerz, der ständig unter der Membrane des Lebens schlummert.«[2] Spirituelle Lehrer machen seit Tausenden von Jahren dieselbe Beobachtung; ihre Antworten – die Askese und das Versprechen himmlischer Belohnung – sind jedoch für viele, die in der Aladin-Höhle einer prosperierenden Volkswirtschaft leben, wenig attraktiv. Seit der Computerbildschirm auf unserem Schreibtisch und das Handy in unserer Hand zu Schaufenstern geworden sind, erscheinen solche Verheißungen noch weniger verlockend. Wir glauben, dass wir alles und jedes kaufen können, und in gewisser Weise können wir das auch. Wie Arthur Janov vermutete, wollen wir vielleicht deshalb so viele Dinge, weil wir in Wirklichkeit versuchen, grundlegendere emotionale Bedürfnisse zu befriedigen. Das Streben nach und der Erwerb von »Dingen« – Ersatzbefriedigungen – dauern an, weil sich diese Bedürfnisse nicht durch oberflächliche Genüsse befriedigen lassen. Wir treiben also einen Aufwand, der so sinnlos ist wie der Versuch, ein Loch im Boden mit Luft statt mit Erde zu füllen.

Wenn wir unnötige Dinge begehren, verstärken wir damit eine Reihe von Einstellungen, die unser Verhältnis zur Realität verändern. Diese Einstellungen haben einen erstaunlich weitreichenden Einfluss auf unsere geistigen Funktionen. Sie beeinflussen sogar die Art und Weise, wie wir auf unsere eigenen Gedanken reagieren.

Diese Betrachtungsweise des Problems ständigen Begehrens wurde von dem in Deutschland geborenen Psychoanalytiker Erich Fromm entwickelt. 1976 veröffentlichte Fromm ein Buch mit dem Titel *Haben oder Sein*, in dem er die Ansicht vertrat, dass die Menschen glücklicher wären, wenn sie weniger mit dem Erwerb von Dingen beschäftigt und offener für Erfahrungen wären. Seine These kann leicht als spätes Beispiel für den Idealismus der Gegenkultur missverstanden werden, aber Fromms Argumentation ist differenzierter. Sie bietet uns tiefe Einblicke in die Funktionsweise des menschlichen Geistes und gelangt zu pragmatischen Empfehlungen für persönliches Wachstum und gesellschaftlichen Wandel.

Wie viele andere bedeutende Psychoanalytiker des 20. Jahrhunderts musste Fromm, der aus einer orthodoxen jüdischen Familie stammte, nach der Machtergreifung Hitlers 1933 sein Heimatland verlassen. Er lebte in der Schweiz und dann in New York, wo er an der Columbia University lehrte. Fromm mochte keine Selbsthilfebücher. Abfällig schrieb er, sie seien unseriös, könnten Schaden anrichten und nutzten die »Malaise« der Menschen aus. Paradoxerweise waren Selbsthilfebücher – wenn auch Selbsthilfebücher einer sehr anspruchsvollen Art – sein Vermächtnis. *Die Kunst des Liebens*, erstmals 1956 veröffentlicht, war ein internationaler Bestseller und wird immer noch viel gelesen. Schon auf den ersten Seiten macht er eine einfache, aber hilfreiche Unterscheidung zwischen »Verliebtheit« und dem dauerhafteren Zustand des »Liebens«. Diese Gegenüberstellung ist typisch für Fromms hohe sprachliche Kompetenz.

Nach Fromm sind die Kernprobleme der *Conditio humana* die Trennung von der Natur und von anderen Menschen. Infolgedessen erleben wir häufig Gefühle von Ohnmacht und Angst. Solche Gefühle können durch Selbsterkenntnis, Anerkennung der persönlichen Einzigartigkeit und Entwicklung der Liebesfähigkeit überwunden werden. Diese Gedanken kursierten unter Psychotherapeuten bereits seit mehreren Jahrzehnten in der einen oder anderen Form. Fromms Beitrag bestand nicht darin, herauszufinden, was die Menschen tun könnten, um ein besseres Leben zu führen. Er wollte vielmehr aufzeigen, was sie daran hindert, ein besseres Leben zu führen. Das größte Hindernis sah er in der für postindustrielle Gesellschaften typischen Besitzgier. Zu viele Wünsche hindern uns daran, zu bekommen, was wir wirklich brauchen.

Fromm zufolge ist das menschliche Geistesleben von zwei grundlegenden Zuständen oder »Modi« geprägt: dem »Habenmodus« und dem »Seinsmodus«. Der Habenmodus ist der Modus, Dinge zu wollen. Natürlich müssen wir ein paar Dinge besitzen, um angenehm leben zu können. In der westlichen Welt ist jedoch vieles, was wir tun, von Besitzgier motiviert. Habenwollen und Erwerben sind so sehr ein Teil von uns, dass der Wunsch, Dinge zu besitzen, unsere gesamte Weltanschauung beherrscht. Dieser Einfluss ist tiefgreifender, als den meisten Menschen bewusst ist, und die Folgen sind fast aus-

schließlich negativ. Tatsächlich sind die Auswirkungen derart schädlich, dass wir häufig unfähig sind, überhaupt Lebensfreude zu empfinden. Wir geraten in einen Kreislauf aus Verlangen und Enttäuschung. Oft handeln wir wie »Menschen, die froh sind, wenn es ihnen gelingt, jene Zeit ›totzuschlagen‹, die sie ständig einzusparen versuchen«, wie es Fromm in *Haben oder Sein* formulierte.

Identität und Wertschätzung sind mittlerweile so eng mit Besitz verwoben, dass der Selbstwert nach der Anzahl der erworbenen Besitztümer berechnet wird. Der Konsum ist zu einem völlig ungeeigneten und unsicheren Surrogat für die Selbstachtung geworden. Symbole des Reichtums, etwa sündhaft teure Uhren oder Handtaschen, werden häufig eingesetzt, um Wichtigkeit zu signalisieren; dies zeigt jedoch lediglich, dass der Besitzer eventuell mehr Dinge hat als andere Menschen. Dinge sind aber einfach nur Dinge. Ein Rolls-Royce mag Prestige signalisieren, aber er ist trotzdem nur ein Auto, ein Fahrzeug mit einem Motor und vier Rädern. In gewisser Hinsicht haben die Menschen, die einen Rolls-Royce kaufen, um ihren Status zu erhöhen, eigentlich gar kein Auto erworben, sondern mehr Egozentrik; sie haben ein »Image« gekauft. Das mag ihnen zumindest eine Zeit lang ein gutes Gefühl geben, aber wie wir wissen, mindert ein aufgeblähtes Ego die Qualität und Unmittelbarkeit des Erlebens.

Begehrlichkeiten werden durch die moderne Werbung, die auf der Psychoanalyse fußt, noch verstärkt: Viele Techniken zur Beeinflussung des Verbraucherverhaltens wurden in den 1920er Jahren von Freuds amerikanischem Neffen Eddie Bernays entwickelt, der erkannte, dass die Theorien seines Onkels für Marketingkampagnen genutzt werden könnten. Das Es ist unersättlich, der Mensch ist narzisstisch, und Objekte können Eigenschaften wie Glamour oder Männlichkeit symbolisieren. Er führte die Werbung mit prominenten Persönlichkeiten, Produktplatzierung und den Einsatz von Sexsymbolen beim Autoverkauf ein. Er verknüpfte Waren mit unbewussten Sehnsüchten. Sein größter PR-Erfolg war es, Frauen zum Kauf von Zigaretten zu bewegen, indem er das Rauchen mit dem Frauenwahlrecht in Verbindung brachte. Er bezeichnete Zigaretten als »Fackeln der Freiheit« und spielte damit indirekt auf die Freiheitsstatue an. Wenn Frauen ihr Geld ausgaben, kauften sie also nicht nur Tabak, sondern auch Freiheit und Unabhängigkeit.

In einer Ausgabe der *Harvard Business Review* von 1927 sagte der Wall-Street-Banker Paul Mazur: »Wir müssen Amerika von einer Bedarfskultur zu einer Wunschkultur machen. Die Menschen müssen dazu erzogen werden, neue Dinge zu begehren, noch bevor die alten völlig aufgebraucht sind. Die Wünsche der Menschen müssen ihren Bedarf überschatten.«

Unternehmen verheißen uns persönliche Veränderung durch Besitz – ein Ergebnis, das so unwahrscheinlich ist wie die Überwindung der Geschlechterungleichheit durch den Kauf von Zigaretten. Niemand hat sich jemals »selbst verwirklicht«, indem er eine Rolex oder das neueste Smartphone erworben hat.

Natasha war die Frau eines Oligarchen. Zu sagen, dass sie schön war, wird ihrer Erscheinung nicht wirklich gerecht; es zeigt nur die Grenzen der Sprache auf. Natasha war außergewöhnlich schön. Sie stammte aus relativ bescheidenen Verhältnissen und hatte schon früh gelernt, ihre Schönheit zu nutzen. Sie wurde ein äußerst erfolgreiches Model und heiratete schließlich einen Multimilliardär. Viele Jahre lang galt sie als eine der schönsten Frauen der Welt. Trotzdem unterzog sie sich Schönheitsoperationen, um einem imaginären Ideal näherzukommen. Außerdem befolgte sie ein strenges Schönheitsprogramm, das von einem Expertenteam in ihrer Entourage ausgearbeitet wurde, mit dem unermüdlichen Ziel, die Geschmeidigkeit ihres Körpers, die Reinheit ihres Teints und die dichte, feurige, byzantinische Üppigkeit ihres Haars zu erhalten.

Sich im selben Raum wie Natasha aufzuhalten, konnte irritierend sein. Es ist eine Sache, eine außergewöhnliche Schönheit auf einem Plakat oder in einer Zeitschrift zu sehen, aber etwas völlig anderes, wenn man ihr gegenübersteht. Ich erinnere mich, dass sie mir kaum menschlich, fast außerirdisch vorkam. Ihre Schönheit war transzendent, derart weit über das Gewöhnliche hinausgehend, dass sie eher Staunen als Begehren weckte.

Natashas Kunstsammlung war umfangreich. Mit ihren Gemälden hätte man ein mittelgroßes Museum füllen können. Außerdem besaß sie eine ganze Flotte von Autos, eine Superjacht, Häuser und Wohnungen in den großen europäischen Hauptstädten und in New York, unbezahlbaren Schmuck und ein Flugzeug. Natasha sorgte sich um ihre Söhne im Teenageralter, von denen einer eine Art Rebell war, aber das war ihre einzige klar definierte Sorge. Ihr Mann war ihr treu ergeben, und sie hatte einen großen Freundes- und Bekanntenkreis, darunter viele einflussreiche Politiker und Berühmtheiten. Mir schien, dass sie einer Gottheit näherkam als jeder andere, der mir je begegnet war. Sie konnte alles haben, was sie wollte, alles, und ich vermutete, dass ihre Macht, sollte sie jemals ruchlos von ihr Gebrauch machen wollen, jenseits jeglicher Rechtsprechung ausgeübt werden könnte. Sie hatte absolute Freiheit.

Ihr Gesichtsausdruck war nur selten lebhaft. Sie lächelte nie und klagte häufig darüber, dass sie unglücklich und einsam sei. Ihre Ruhe vermittelte keine Gelassenheit, sondern eher Gleichgültigkeit, Lähmung und emotionale Abstumpfung. Ganz gleich, wie viele impressionistische Gemälde oder Herrenhäuser sie kaufte, es änderte nichts daran, wie sie sich innerlich fühlte. Einmal verstummte sie und sah mich lange Zeit eindringlich an. Ihre Augen, deren Pupillen ungewöhnlich geweitet zu sein schienen, waren pechschwarz. Ich rutschte auf meinem Stuhl hin und her, denn ihr starrer, durchdringender Blick bereitete mir Unbehagen. »Ich will Frieden«, sagte sie. »Alles, was ich will, ist Frieden.« Es schien, als wäre das Leben derart sinnlos geworden, dass der Gedanke an Ruhe, vielleicht sogar an ewige Ruhe, attraktiv wurde.

Fromms Anprangerung des Materialismus und seiner falschen Versprechungen war in den 1970er Jahren nichts Neues. Da sie von einem linken Intellektuellen kam, war sie auch nicht überraschend. Die interessanteren Aspekte von Fromms Kritik betreffen die kognitiven Auswirkungen des Habenmodus: Die meisten Menschen sind sich nicht bewusst, wie die Besitzgier ihre gesamte psychische Landschaft und Orientierung verändert. Der Habenmodus führt zu Engstirnigkeit und Starrheit. Meinungen werden zu Besitztümern, sodass wir dazu neigen, an ihnen festzuhalten, selbst wenn sie erfolgreich infrage gestellt wurden. Wir kümmern uns nicht mehr darum, was eigentlich richtig oder falsch ist.

Der Habenmodus wirkt auf einer so tiefen Ebene, dass sein Einfluss in der Sprache erkennbar ist. Wir verwenden zum Beispiel Sätze wie »Ich habe Schlafstörungen«, wenn wir meinen: »Ich kann nicht schlafen«, oder »Ich habe eine Frau«, wenn wir meinen: »Ich bin verheiratet«. Possessive Konstruktionen objektivieren und entfremden. Sie verleihen Beziehungen eine falsche Färbung von Besitz. Für uns ist die romantische Liebe etwas, das wir suchen, finden und besitzen können. Sie wird als unveränderlich betrachtet. Aber Liebe ist ein fortlaufender Prozess; sie verändert sich und wächst. Die Auferlegung künstlicher Grenzen und Abgrenzungen durch Verdinglichung verleugnet die wesenhafte Fluidität der Liebe. Wenn wir von Liebe sprechen, sprechen wir in Wirklichkeit davon »zu lieben« – einer wechselseitigen, sich entwickelnden Erfahrung.

Unser Sicherheitsempfinden stützt sich oft nicht auf Liebe, sondern auf »Dinge«. Das bedeutet, dass der Verlust von Dingen als Verlust des Selbst erlebt wird. Die Menschen haben panische Angst vor dem Verlust ihrer Besitztümer, weil der

Verlust materieller Güter fälschlicherweise als existenzielle Bedrohung empfunden wird. Diese Haltung fördert Misstrauen und Paranoia und motiviert zu weiterem Erwerb, um die Angst zu verringern. Unsere persönlichen Verteidigungsanlagen bestehen aus Luxusgütern. »Dinge« schützen uns und grenzen uns gleichzeitig von anderen ab.

Unsere Besitzgier beeinflusst sogar, wie wir Bücher lesen. Wir lesen, um uns Kulturgut anzueignen, und eilen von Band zu Band, um unseren Besitz zu erweitern. Wir vergessen, dass Lesen ein Vergnügen ist. Wenn wir Wissen wie einen Besitz behandeln, verliert es etwas von seinem Reichtum. Die Anhäufung von Wissen wird mechanisch, zum reinen Transfer von Informationen von der Buchseite ins Gehirn. Zu wissen ist mehr, als Wissen zu *haben*. Wie das Lieben ist auch Wissen fließend und interaktiv.

Nach Fromm liegt der Hauptgrund für unsere Angst vor dem Tod darin, dass wir Angst haben, das zu verlieren, was wir »haben«, nicht nur unsere materiellen Güter, sondern auch unseren Körper. Wir fürchten uns davor, die Dinge zu verlieren, die wir fälschlicherweise für uns selbst halten. Um die Angst vor dem Sterben zu überwinden, bedarf es keiner spirituellen Vorbereitung. Man erreicht es, indem man sich im Laufe des Lebens kontinuierlich bemüht, den Einfluss des Habenmodus zu verringern. Je weniger wir in unsere Besitztümer investieren und je weniger wir unsere Gedanken und Gefühle als Besitztümer betrachten, desto weniger haben wir zu verlieren. Diese Überlegungen werden durch Forschungsarbeiten gestützt, in denen der therapeutische Nutzen psychedelischer Drogen bei Krebspatienten mit der Diagnose unheilbar untersucht wurde.[3] Die genauen therapeutischen Mechanismen sind noch unklar, doch berichten diese Patienten häufig, dass sie ihre Angst vor dem Sterben verloren hätten, weil transzendente Erfahrungen den Grad der Identifikation mit dem eigenen Geist und Körper verringert hätten. Ihr Gefühl für Besitz ist geschwächt worden. »Die Anleitung zum Sterben«, so heißt es bei Fromm, »ist in der Tat dieselbe wie die Anleitung zum Leben.«

Fromm nannte viele Beispiele dafür, wie der Habenmodus unser Selbstverständnis prägt und Intimität verändert. Indem wir mehr wollen, werden wir weniger, und je weniger wir sind, desto mehr wollen wir. Das Phänomen ist ähnlich wie bei der Sucht. Was wir als Lösung für unsere Probleme ansehen, ist häufig die Ursache. Besitztümer machen uns weder zufriedener noch für andere zugänglicher. Begehrlichkeiten eskalieren, bis sie schließlich auf obszöne Weise übertrieben und unrealistisch sind. Das Leben wird zum atemlosen Streben nach unmöglichen Träumen.

Die Alternative zum Habenmodus ist der Seinsmodus. Wenn wir uns im Seinsmodus befinden, sind wir nicht motiviert, Dinge zu erwerben. Stattdessen befinden wir uns in einem Zustand der Bereitschaft, uns auf Erfahrungen einzulassen. Die genaue Natur des Erlebens kann nicht definiert werden. Das Gefühl des »Seins« einer Person ist immer einzigartig, subjektiv und letztlich nicht kommunizierbar. Erfahrung ist ergebnisoffen, flexibel und interaktiv. Sie ist ein Prozess und kein »Ding«. Sobald man versucht, eine Erfahrung zu *haben*, mindert die begrenzende Natur des Erwerbs die Qualität dieser Erfahrung sofort. Wenn es beim »Haben« in erster Linie um Besitz geht, um das Festhalten, dann geht es beim »Sein« in erster Linie um das Loslassen – sogar um das Loslassen jeder vergehenden Sekunde, damit die nächste an ihre Stelle treten kann. Dieses Fehlen von Anhaftung ist eine Voraussetzung für persönliches Wachstum. Um Erfüllung zu finden, dürfen wir uns nicht an bloße Symbole von Identität und Sicherheit klammern; wir müssen aufhören, auf unseren Besitztümern zu »sitzen«, auch auf unseren geistigen Besitztümern, und sollten uns erlauben, eine direktere Verbindung mit der Welt und den Menschen um uns herum herzustellen.

Die Digitaltechnik macht es uns leichter, Dinge zu erwerben. Zugleich bietet sie uns die Möglichkeit, Erlebnisse in Besitz zu verwandeln. Studien zeigen, dass Menschen, die ständig Fotos und Videos von Erlebnissen machen (etwa von einem Konzertbesuch), sich weniger an diese erinnern als diejenigen, die sich nur auf das konzentrieren, was sie sehen und hören.[4] Erinnerungen, die sich mit den begleitenden Eindrücken und Gefühlen verfestigen, werden durch emotionslose Bilder auf einem kleinen Bildschirm verdrängt. Diese Bilder werden dann häufig in den sozialen Medien gezeigt, wo sie dieselbe Funktion wie statusfördernde Besitztümer erfüllen. Die Speicherung von »Erinnerungen« auf einem Smartphone – statt im Gehirn – ist ein überzeugendes Beispiel für die Verdinglichung von Erlebnissen und für Selbstentfremdung.

Fromm meinte, dass seine Unterscheidung zwischen Habenmodus und Seinsmodus über das Leben einzelner Menschen hinaus anwendbar sei. Mit prophetischem Eifer argumentierte er, dass Umweltkatastrophen und globale Konflikte das unvermeidliche und endgültige Schicksal der Menschheit seien, wenn die westlichen Gesellschaften nicht vom Haben- zum Seinsmodus übergingen. Manche Menschen, so stellte Fromm fest, erfreuten sich am Anblick einer Blume, während andere sie unbedingt pflücken müssten. Letztere gewinnen die Befriedigung, die Blume zu besitzen, aber eine gepflückte Blume verwelkt rasch. Fast sämtliche Umweltprobleme lassen sich laut Fromm auf eine Form von Inbesitznahme zurückführen. Darüber hinaus treibe der Habenmodus auch die Verbreitung von Atomwaffen voran – *wir haben mehr Bomben als ihr* – und begründe territoriale Streitigkeiten, die häufig Kriege auslösen.

Fromms visionäre Ausführungen grenzen bisweilen an metaphysische Betrachtungen; seine grundlegenden Feststellungen stehen jedoch vollkommen im Einklang mit der Evolutionspsychologie. Vergnügen ist gewöhnlich mit Aktivitäten verbunden, die einen größeren Fortpflanzungserfolg versprechen. Möglicherweise hat die natürliche Auslese unsere Fähigkeit eingeschränkt, dauerhaft Freude zu empfinden, um das Motivationspotenzial der Unzufriedenheit zu maximieren. Je unzufriedener wir sind, desto eher streben wir nach Vergnügen, was wiederum unseren Fortpflanzungsinteressen dienlich ist. Würden Orgasmen dauerhafte Befriedigung schaffen, hätten sich unsere Vorfahren mit gelegentlichen Paarungen begnügt, und der Mensch wäre vielleicht ausgestorben. Dieser evolutionäre Mechanismus, der eine dauerhafte Befriedigung ausschließt, findet bei Fromm Widerhall. Er könnte sogar ein Vorläufer des Habenmodus sein. In Stammesgesellschaften *hatte* ein dominantes männliches Mitglied Verbündete, Nahrung und Zugang zu Frauen. Stimmte ihn all das jedoch nicht zufrieden, war er motiviert, neue Allianzen zu bilden, in größerem Umkreis zu jagen, wo er mehr Tiere vorfand, und sich mit mehr Frauen aus anderen Stämmen zu paaren. Das alles erhöhte seine Überlebenschancen und seinen Fortpflanzungserfolg.

Fromm schloss *Haben oder Sein* mit einer Beschreibung des »neuen Menschen« – dem Prototyp dessen, was aus der Menschheit werden könnte. Dieser muss bereit sein, auf jegliche Form des »Habens« zu verzichten, damit er vollständig »sein« kann. Er muss sich über seine Interessen und Neigungen, seine Beziehungen und seine Liebe definieren – nicht über seinen Besitz. Er muss seinen Narzissmus überwinden, seine Grenzen erkennen und im Augenblick leben. Fromms Empfehlungen sind praktisch, positiv und optimistisch. Wenn von morgen an alle Menschen nach diesen Grundsätzen leben würden, wäre die Welt sicherer, friedlicher und schöner. Bei der Lektüre von Fromm wird jedoch eines gern übersehen: Er nennt gute Gründe, die vermuten lassen, dass es nicht einfach sein wird, seinen Anregungen zu folgen. Es gibt einen Haken: das konzeptionelle Kleingedruckte.

Nachdem Sie soeben Fromms Begriff des »Habenmodus« kennengelernt haben, werden Sie diesen Gedanken vermutlich in Besitz nehmen und ihn zu Ihrem geistigen Mobiliar hinzufügen. Damit wird er praktisch ohne Verzögerung zur trägen Information, zu geistigem Eigentum. Wir sind so sehr im Habenmodus verwurzelt, dass das Wissen um diesen Umstand allein nicht ausreicht, um eine Veränderung herbeizuführen. Doch wenn Sie einmal innehielten, sich bewusst auf den Augenblick konzentrierten, also ganz im Hier und Jetzt lebten – was dann? Was würden Sie wohl erleben?

11

Unglück:

Tief wurzelndes Leid

Unglück ist unvermeidlich. Es gibt viele verschiedene Arten von Unglück, und es kann zu jedem Zeitpunkt im Leben auftreten. Es kann sich um kleine, aber häufige Belastungen (wie Probleme am Arbeitsplatz) oder um einschneidende, aber seltene Lebensereignisse (wie den Verlust eines Angehörigen) handeln. Unfälle, Krankheiten, Ablehnung, Mobbing, Krieg, Terrorismus, Naturkatastrophen – die Liste möglicher Widrigkeiten ist schier endlos. Für viele Menschen wird das Leben schon in jungen Jahren zur Herausforderung. Laut einem Infoblatt der Weltgesundheitsorganisation aus dem Jahr 2016, das die Ergebnisse mehrerer internationaler Studien zusammenfasst, sind schätzungsweise ein Viertel aller Erwachsenen als Kind körperlich missbraucht worden; darüber hinaus wurde eine von fünf Frauen und einer von dreizehn Männern sexuell missbraucht. Romantik und Liebe machen angeblich glücklich, aber laut einer Studie der US-Gesundheitsbehörde Center for Disease Control and Prevention aus dem Jahr 2010 ist häusliche Gewalt für ein Drittel aller Paare ein Problem. Die Opfer häuslicher Gewalt – zumeist, aber nicht ausschließlich Frauen – leiden häufig an Angstzuständen, Depressionen und schweren psychischen Erkrankungen.[1] Die schädlichen Auswirkungen von Unglück werden durch zahlreiche Faktoren begrenzt, nicht zuletzt durch Resilienz, eine Eigenschaft, die von Mensch zu Mensch sehr unterschiedlich ausgeprägt ist. Doch selbst der robusteste Mensch muss damit rechnen, irgendwann einem Unglück zu begegnen, unter dessen Folgen er zu leiden hat.

Macbeth fordert in Shakespeares gleichnamigem Stück von seinem Arzt: »Kannst nichts ersinnen für ein krank Gemüt? Tief wurzelnd Leid aus dem Gedächtnis reuten? Die Qualen löschen, die ins Hirn geschrieben?« Tief wurzelndes Leid hemmt jedes Wachstum. Es trübt unsere Stimmung, lässt uns vor der Zukunft bangen und schwächt unsere Zuversicht. Es definiert uns nach unseren Grenzen und nicht nach unserem Potenzial.

Viele Fallstudien aus dem späten 19. Jahrhundert belegen einen Zusammenhang zwischen widrigen Umständen und psychischen Erkrankungen. So wurden die Symptome der Hysterie häufig auf »unbewusste« Erinnerungen an schlechte Erfahrungen zurückgeführt. Heute geht man davon aus, dass die meisten psychischen Probleme letztlich in zurückliegenden Ereignissen begründet sind. Die Vergangenheit liefert vielleicht keine vollständige Erklärung dafür, warum eine bestimmte Person eine bestimmte Art von Symptomen aufweist, aber sie wird in der Regel als mitbestimmender Faktor herangezogen. Ein derartiger Zusammenhang wird in einigen psychiatrischen Diagnosen ausdrücklich anerkannt, vor allem bei der Posttraumatischen Belastungsstörung (PTBS). Bei der PTBS verursachen emotional aufgeladene Erinnerungen eine Vielzahl störender und wiederkehrender Symptome wie etwa Flashbacks oder Albträume. Betroffene leiden zudem unter einem allgemeinen Spannungszustand und meiden Situationen und Objekte, die sie an das traumatische Erlebnis erinnern.

Schlimme Dinge passieren, Eindrücke bleiben haften, und belastende Erinnerungen werden zu einem festen Bestandteil unseres Daseins. Wir können nicht in der Zeit zurückreisen und die Ereignisse oder deren Folgen ändern. Wir können die Vergangenheit nicht ändern, sondern nur versuchen, sie zu bewältigen. Das Vokabular der Psychotherapie ist voll von Begriffen für den Umgang mit belastenden Erinnerungen: Die Patienten »arbeiten ihre Probleme auf« und »bewältigen sie«; sie erreichen einen »Abschluss« und finden »Lösungen« für ihre Komplexe. Die verschiedenen psychotherapeutischen Schulen vertreten unterschiedliche Behandlungsansätze, doch scheinen alle zumindest teilweise wirksam zu sein. Was liegt einer erfolgreichen emotionalen Anpassung zugrunde? Lassen sich grundlegende therapeutische Prozesse ermitteln, und wenn ja, inwieweit können wir uns dieses Wissen zunutze machen, wenn wir von den unausweichlichen Widrigkeiten des Lebens geplagt und aus der Bahn geworfen werden?

Ed war ein Mann Anfang zwanzig und wirkte ein wenig jungenhaft. Ich brauchte eine Weile, bis ich ihn dazu brachte, über die Vorfälle an seinem Geburtstag zu sprechen. Er äußerte sich oft indirekt und neigte zur Abschweifung.

»Erzähl mir, was passiert ist.«

»Ich habe Lücken. Ich kann mich nicht an alles erinnern«.

»Erzähl mir, was du noch weißt.«

Er rückte auf seinem Stuhl herum und kratzte sich am Kopf. »Wir sind in einen Nachtclub gegangen – um zu feiern.«

»Wir?«

»Ich und zwei meiner Freunde, Jake und Wayne. Draußen war eine Schlange, und der Türsteher ließ uns erst ziemlich spät rein.«

Die drei Freunde hatten schon vorher etwas getrunken. Trotzdem gingen sie direkt an die Bar. Sie tranken noch ein paar Biere und sprachen dann eine Gruppe junger Frauen an, die ebenfalls einen Geburtstag feierten. Als die Frauen den Barbereich zum Tanzen verließen, folgten Ed und seine Freunde ihnen.

»Die Tanzfläche war nicht sehr groß, der Club war voll, und ich war ziemlich betrunken. Ich stieß mit einem Kerl zusammen, der ein T-Shirt trug, das im Dunkeln leuchtete. Er tanzte mit einem blonden Mädchen – sehr hübsch –, und er drehte sich einfach zu mir um und fing an zu schreien. Ich entschuldigte mich – obwohl er mich nicht hören konnte, die Musik war viel zu laut – und wich irgendwie zurück.« Ed hob die Handflächen seitlich an den Kopf, um seine Bewegungen zu rekonstruieren. »O. K. O. K. – mein Fehler. Tut mir leid. Dann schubste er mich. Ich konnte es nicht fassen. Weißt du, es war ein Versehen, und ich hatte mich gerade entschuldigt. Was wollte er denn noch von mir? Ich nehme an, er wollte vor dem Mädchen angeben. Ich stellte mich ihm entgegen, doch dann packte Jake meinen Arm und zog mich weg.«

Die drei Freunde gingen an die Bar zurück und tranken weiter. Der Streit war unangenehm gewesen, aber sie wollten sich davon nicht den Abend verderben lassen.

Kurze Zeit später erschien der Mann mit dem leuchtenden T-Shirt in Begleitung von drei anderen Männern und der blonden Frau. Im Vorbeigehen rempelte er Ed an, sodass dieser sein Getränk verschüttete.

»Ich weiß, ich hätte nicht reagieren sollen, ich weiß, ich hätte ihn ignorieren sollen, aber es erschien mir einfach falsch. Ich sagte, er sei ein Arschloch, und er drehte sich um und sagte, ich solle mich verpissen. Ich bin mir nicht sicher, was dann passierte – es gab eine Rangelei, dann wurden Schläge ausgeteilt, und die Türsteher schritten ein. Ein paar Sekunden später wurde ich zu einer Tür geschleppt. Die Tür flog auf und schloss sich wieder, und ich fand mich mit dem Typen und zwei seiner Kumpels in einer Gasse wieder. Die Tür hatte sich automatisch geschlossen. Ich wollte weglaufen, aber sie versperrten mir den Weg. Ich dachte, das ist jetzt schlecht, die werden mich bestimmt zusammenschlagen. Plötzlich kommt der Kerl nach vorn, stürzt sich auf mich und sticht zu, genau hier.« Ed berührte seine Seite, ganz vorsichtig, als ob die Verletzung noch empfindlich wäre. Sein bis dahin flüssiger Bericht geriet ins Stocken. Die Erinnerung an den Messerstich ließ ihn erschaudern. Er schluckte und sprach weiter, aber seine Sätze waren jetzt kurz und bruchstückhaft. »Der Typ – er rannte mit den anderen beiden weg – und dann diese Blutlache – ich sah nach unten – und dachte, oh Scheiße, das ist schlimm – das ist wirklich schlimm – also klopfte ich an die Tür – aber niemand ließ mich rein – und ich war einfach in Panik und dachte, oh Scheiße, oh Scheiße, was wird jetzt passieren? Und dann kamen Jake und Wayne um die Ecke.«

Ed holte tief Luft und stieß dann einen leisen Pfiff aus, dessen Tonhöhe steil abfiel. Seine Hände zitterten.

»Ich kann mich nicht erinnern, was dann geschah oder wer was tat. Es gab Geschrei, Bewegung, aber am Ende saß ich auf dem Boden, mit dem Rücken an einer Wand, und Jake sagte: ›Es kommt gleich ein Krankenwagen. Du wirst wieder gesund.‹ Ich schaute immer wieder nach unten und sah all das

Blut – und ich wurde langsam ohnmächtig. ›Es ist alles in Ordnung‹, sagte Jake immer wieder. ›Es wird alles wieder gut.‹ Aber er klang ängstlich, wirklich ängstlich, und ich dachte: ›So will ich nicht sterben. Ich darf nicht so sterben, nicht an meinem Geburtstag … erbärmlich.‹«

Ein Polizeiauto und ein Krankenwagen trafen ein. Die Sanitäter leisteten Ed erste Hilfe und brachten ihn dann ins nächste Krankenhaus.

»Ich kann mich daran erinnern, dass ich im Krankenwagen lag und mich ziemlich schrecklich fühlte. Alles wurde schwarz – und ich kam wieder zu mir –, und dann wurde es wieder schwarz. Ich wurde immer wieder ohnmächtig. Und dann …« Er schüttelte den Kopf und wirkte verlegen.

»Was?«

»Dieser Teil – na ja – dieser Teil ist seltsam.«

»Okay.«

»Ich war wie … außerhalb meines Körpers, schwebend – ich schaute auf mich hinab, und dann war da so ein Tunnel und ein Licht, dieses wunderschöne Licht.« Er musterte mich, um meine Reaktion einzuschätzen. Ich gab ihm zu verstehen, dass er fortfahren solle. »Dann war ich wieder in meinem Körper und fühlte mich – nun ja … Ich bin mir nicht sicher, wie ich mich fühlte.«

»Verwirrt?«

»Ja, verwirrt – sehr verwirrt.«

Früher an jenem Abend hatte Ed sein Haus verlassen, um seinen Geburtstag zu feiern. Anstatt sich zu amüsieren, wäre er fast gestorben. Er war dem Tod so nahe gekommen, dass er eine Nahtoderfahrung gemacht hatte.

Wenn ich Patienten wie Ed zuhöre, ist das sehr bewegend. Ich habe schon viele ähnliche Geschichten gehört. Manche endeten mit einer schrecklichen Tragödie – Gemetzel, Flammen, Trümmer, Leichen auf dem Wasser. Im Großen und Ganzen sind wir gegenüber mahnenden Sprüchen über die Vergänglichkeit des Lebens und die Zufälligkeit des Schicksals abgestumpft, weil sie ziemlich überstrapaziert sind: »Lebe jeden Tag so, als wäre es dein letzter.« Aber immer, wenn ich einem Menschen wie Ed gegenübersaß, gewannen solche abgedroschenen Sprüche an Prägnanz und Kraft. Ich dachte immer: Wir sind gar nicht so verschieden. Das hätte auch ich sein können.

Das Leben hängt oft an einem seidenen Faden.

Menschen, denen es unangenehm ist, sich zu offenbaren, können ein erneutes Trauma erleiden, wenn sie übereilt aufgefordert werden, über negative Lebensereignisse zu sprechen. Sie müssen sich erst völlig sicher fühlen, bevor sie sich öffnen können. Gleichwohl ist weithin anerkannt, dass Reden in starkem Maße mit einer erfolgreichen langfristigen emotionalen Anpassung einhergeht, während Unterdrückung in der Regel nur kurzfristige Vorteile bietet. Es gibt viele Gründe, weshalb Unterdrückung auf lange Sicht wahrscheinlich keine sehr effektive Bewältigungsstrategie ist. Einer davon ist die eingeschränkte Möglichkeit, sich soziale Unterstützung zu verschaffen.

Es ist nicht leicht, über traumatische Ereignisse zu sprechen. Betroffene geben sich häufig selbst die Schuld, wenn schlimme Dinge passieren. Scham, Schuldgefühle oder Verzweiflung machen sie stumm. Gehirnscan-Studien zeigen, dass das Broca-Areal, ein wichtiges Sprachzentrum, deaktiviert wird, wenn traumatische Ereignisse in Erinnerung kommen.[2] Die Menschen verlieren buchstäblich ihre Stimme, es fehlen ihnen die Worte. Die Hirnaktivität breitet sich in der nonverbalen rechten Hemisphäre aus, und die Amygdala (eine kleine, mandelförmige Struktur, in der Furcht und Angst erzeugt werden) leuchtet im rechten Schläfenlappen heftig auf. Die Emotionen scheinen eingeschlossen, auf gefährliche Weise eingeengt zu sein. Gleichzeitig ist der kortikale Bereich, der es den Menschen ermöglicht, ihre Gefühle auszudrücken, auf ein dumpfes Leuchten reduziert. Patienten, die ihre Gefühle nicht ausdrücken können, erleben oft eine schreckliche Frustration, eine über längere Zeit aufgestaute Spannung, die sich plötzlich in einem Wutausbruch entladen kann.

Der römische Philosoph Seneca sagte: »Tränen erleichtern die Seele.« Weinen wird in der Regel von einem Gefühl der Erleichterung begleitet, gefolgt von einer Phase erschöpfter Ruhe. Ich habe festgestellt, dass viele Patienten weinen müssen, bevor sie einen bestimmten Punkt in der Therapie überschreiten können. Weinen kann Hindernisse überwinden, die einem Fortschritt im Wege stehen. Tränen, die aufgrund starker Emotionen entstehen, unterscheiden sich chemisch von Tränen, die durch einen körperlichen Reiz verursacht werden. In den 1980er Jahren untersuchte der Biochemiker William Frey Tränen, die durch Verärgerung hervorgerufen wurden, und Tränen, die durch Reizung (beispielsweise beim Zwiebelschneiden) entstanden. Er fand heraus, dass die Proteinkonzentration in emotionalen Tränen um 24 Prozent höher lag als in reizbedingten Tränen. In emotionalen Tränen sind mehr Stresshormone enthalten – es ist fast so, als würden sie ausgeschwemmt.

Mit dem Wort »Katharsis« beschrieb Aristoteles ursprünglich die Wirkung der darstellenden Künste (insbesondere tragischer Stücke) auf Geist und Körper. Für Psychotherapeuten besitzt der Ausdruck eine etwas andere Konnotation und hat im Laufe der Zeit mehrere Bedeutungsebenen im Zusammenhang mit Läuterung und Reinigung erlangt. Der in der Psychotherapie verwendete Begriff der »Abreaktion« wiederum bezieht sich speziell auf den Ausbruch von Emotionen, die zuvor mit verdrängten Erinnerungen verbunden waren. Katharsis und Abreaktion werden häufig synonym gebraucht; ihnen gemein ist die Grundannahme, dass die Freisetzung von Emotionen eine heilsame Wirkung haben kann.

Das Ausleben von Gefühlen und die Linderung psychischer Not werden seit Jahrhunderten miteinander in Verbindung gebracht. Die Besessenheit durch Dämonen, der erste Erklärungsversuch für Geisteskrankheiten, wurde mit Exorzismus behandelt, was zu extremen Gefühlsausbrüchen führte.

Der sogenannte »Mesmerismus«, ein Vorläufer der Hypnose, erzeugte eine wachsende nervöse Erregung, die zu Krämpfen, Zusammenbruch und schließlich zur Erholung führte. Ein ähnliches Muster von gesteigerter Emotionalität und Zusammenbruch ist auch typisch für die pentekostale Glaubensheilung. Die heilende Wirkung solcher Rituale, die allesamt Formen aristotelischer Theatralik ähneln, ist sehr wahrscheinlich auf eine Katharsis zurückzuführen.

Josef Breuer ging Ende des 19. Jahrhunderts davon aus, dass die Befreiung von Emotionen ein Schlüsselfaktor bei der Behandlung von Geisteskrankheiten sei. Die von ihm (vor seiner beruflichen Zusammenarbeit mit Freud) entwickelte Behandlung bezeichnet man bis heute als »kathartische Methode«. Wenn wir sprechen, insbesondere um ein traumatisches Erlebnis zu verarbeiten, reichen Worte allein (selbst wenn wir sie finden) möglicherweise nicht aus. Seit Breuer haben zahlreiche Psychotherapeuten festgestellt, dass es offenbar weniger hilfreich ist, kühl und distanziert über belastende Ereignisse der Vergangenheit zu sprechen, als wenn die Erinnerungen von Emotionen begleitet werden. Zu Beginn des 20. Jahrhunderts hatte sich die kathartische Methode zur Freud'schen Psychoanalyse weiterentwickelt.

Während des Ersten und Zweiten Weltkriegs lebte das Interesse an der Katharsis als Behandlungsmethode wieder auf. Fast unmittelbar nach dem Ausbruch des Ersten Weltkriegs traten bei den Soldaten Symptome auf, die nicht auf ihre körperlichen Verletzungen zurückzuführen waren, darunter Lähmungen, Stummheit, Blindheit und Hörverlust. Andere wiesen Anzeichen extremer psychischer Belastung auf, wie Tränenfluss, Angstzustände, Zittern und Panikattacken. Diese Symptome, sowohl die unerklärlichen körperlichen als auch die eher nachvollziehbaren psychischen Probleme, wurden unter den Begriffen »Schüttelneurose«, »Nervenschock« oder »Kriegsneurose« zusammengefasst. Viele Ärzte rieten davon ab, »Kriegszitterer« an die Front zurückzuschicken, aber die Militärbehörden befürchteten, dass ein Massenkrankenstand die Kriegsziele gefährden könnte. Die rasche Behandlung von Soldaten mit Kriegsneurose wurde zu einem dringenden Problem. Verfügbare Behandlungsmethoden waren experimentell, theoretisch schwach untermauert und schlimmstenfalls barbarisch. Sie umfassten Hungerkuren, Isolation in dunklen Räumen und schmerzhafte elektrische »Stimulation«.

Einen etwas behutsameren Ansatz vertrat Ernst Simmel, ein deutscher Bataillonsarzt, der 1916 ärztlicher Leiter einer Spezialklinik wurde. Seine Methoden waren vielfältig: Er setzte Psychoanalyse, Traumdeutung und Hypnose ein. Sein Hauptziel war es, eine Katharsis zu erreichen. Er ging davon aus, dass die wiederkehrenden Albträume, ein häufiges Merkmal der Kriegsneurose, gescheiterte Versuche der Katharsis darstellten. Innerhalb weniger Jahre gelang Simmel so die erfolgreiche Behandlung einer Vielzahl von Patienten. Dieser Erfolg sprach sich rasch herum, und als Freud schließlich von Simmels Leistungen erfuhr, zeigte er sich äußerst beeindruckt.

Nach 1918 ließ das Interesse an der Katharsis als Behandlungsmethode nach, doch während des Zweiten Weltkriegs sahen sich die Psychiater erneut mit demselben Problem konfrontiert. Viele traumatisierte Soldaten waren kampfunfähig, und die Behörden waren bestrebt, sie wieder in den Einsatz zu schicken. Es lag daher auf der Hand, dass sich die Psychiater an den Erkenntnissen ihrer Vorgänger orientierten, sodass therapeutische Verfahren, die starke emotionale Reaktionen hervorriefen, wieder an Bedeutung gewannen. In der Zeit des Zweiten Weltkriegs wurde die Katharsis in der Regel als Abreaktion bezeichnet.

Der eifrigste Verfechter der Abreaktion in den Nachkriegsjahren war eine schillernde Persönlichkeit, deren Name mit der Entwicklung innovativer, kontroverser Behandlungsmethoden verknüpft war. Mehrere Jahrzehnte lang galt er als einer der wichtigsten Psychiater Großbritanniens – auf dem Höhepunkt seiner Karriere zählte man ihn sogar zu den bedeutendsten Psychiatern der Welt. In Mainstream-Werken über die Geschichte der Psychiatrie findet er heute jedoch keine Erwähnung. Seit seinem Tod im Jahr 1988 werden sein Leben und sein Werk taktvoll ignoriert. Warum ist das so? Hinweise darauf finden sich in der Art und Weise, wie man sich an ihn erinnert. Ein Kollege sagte einmal, dass ihn ein »Hauch von Schwefel« umwehe.[3]

William Sargant arbeitete für den Rundfunk, war angesehener Autor, Präsident der Royal Society of Medicine, Gründungsmitglied der World Psychiatric Association und Leiter der Abteilung für psychologische Medizin am St. Thomas' Hospital in London. Seine Schriften wurden unter anderem von Aldous Huxley, Robert Graves und Bertrand Russell gelobt. Lange vor den meisten seiner Zeitgenossen erkannte er, dass die steigende Zahl psychischer Erkrankungen ein großes Problem darstellte und dass ohne wirksame Versorgung schwerwiegende soziale Folgen zu erwarten waren. Er versuchte, die drohende Katastrophe abzuwenden, indem er die Psychiatrie als biologische Wissenschaft und als Zweig der physikalischen Medizin propagierte. Er befürwortete die Hirnchirurgie, das künstliche Koma mit Hilfe von Insulin, die Elektrokrampftherapie (EKT) und die Narkose (Schlaftherapie).[4]

All diese Maßnahmen werden heute (oft, aber nicht immer aus guten Gründen) als rücksichtslos, gefährlich oder ethisch fragwürdig verurteilt.

Die Schlaftherapie wurde bereits in den 1920er Jahren entwickelt.[5] Dabei wurden die Patienten so sediert, dass sie über einen Zeitraum von bis zu mehreren Monaten schliefen (abgesehen von kurzen Unterbrechungen zu Mahlzeiten und Toilettengang). In Sargants »Schlafraum«, der Station 5 des Royal Waterloo Hospital in London, bekamen die Patienten extrem hohe Dosen von Chlorpromazin verabreicht (ein starkes Beruhigungsmittel) und wurden dreimal pro Woche einer EKT unterzogen. Begründet wurde diese extreme Behandlung damit, dass schlechte Erinnerungen ausgelöscht werden sollten. Der Gedächtnisverlust war jedoch umfassend – mit den schlechten Erinnerungen verschwanden auch die guten. Viele von Sargants Patienten wachten auf und stellten fest, dass sie sich nur an sehr wenig aus ihrem früheren Leben erinnern konnten. Andere Patienten hatten weniger Glück und starben im Schlaf.

Sargant entwickelte auch eine Form der medikamentös unterstützten Psychotherapie, deren Ziel es war, die Erinnerung an traumatische Erlebnisse zu intensivieren und eine starke Abreaktion auszulösen. Bereits im Ersten Weltkrieg waren Kriegsveteranen unter Medikamenteneinfluss zur Abreaktion animiert worden – wenngleich das Verfahren damals meist unter Hypnose durchgeführt wurde. Während (und nach) dem Zweiten Weltkrieg hatte Sargant bei der Behandlung von Soldaten und Zivilisten, die unter kriegsbedingten Neurosen und Nervenschocks litten, vielfältige Gelegenheiten, diese Methode zu verfeinern. Um seine Patienten zu stimulieren, wenn sie von ihren traumatischen Erlebnissen erzählten, verwendete er mit Äther beträufelte Masken, injizierte Methadrin (eine Form von Methamphetamin) und ließ sie Kohlendioxid inhalieren. Sargant entdeckte, dass er die Geschichte eines Patienten ausschmücken oder sogar durch eine thematisch verwandte Fantasiegeschichte ersetzen konnte und dies immer noch therapeutisch wirkte. Beispielsweise konnte er einem unter Medikamenteneinfluss stehenden Patienten sagen, er solle sich vorstellen, in einem brennenden Panzer gefangen zu sein, obwohl ein solches Ereignis in Wirklichkeit nie stattgefunden hatte. Entscheidend für das Verfahren war die Stärke der Abreaktion, das heißt, ob sich der emotionale Zustand eines Patienten zu einem »großen Finale von Wut und Schrecken« steigern ließ, wie Sargant es nannte. Auf den Zusammenbruch folgte eine Phase der Ruhe, nach welcher die Patienten über Verbesserungen berichteten. Wenn sie sich anschließend an ihre eigentlichen traumatischen Ereignisse erinnerten, waren sie nicht mehr beunruhigt.

Unmittelbar nach dem Abreagieren befanden sich die Patienten oft in einem beeinflussbaren Zustand, und Sargant konnte nicht widerstehen, ihnen vermeintlich hilfreiche Gedanken einzuflößen. In seiner klinischen Arbeit offenbarte sich regelmäßig ein unheilvoller Hang zu Indoktrination und Gedankenkontrolle.

Es ist schwierig, Sargants Beitrag zur Psychiatrie objektiv zu bewerten. Seine Persönlichkeit steht dem im Weg. Er wurde als anmaßend, arrogant, tyrannisch und sogar als Ungeheuer beschrieben. Dennoch sollten wir uns bemühen, den Menschen von seinem Werk zu trennen. Die exzitatorische Abreaktion bestätigt einige der frühen klinischen Beobachtungen von Breuer und Freud – nämlich, dass emotional aufgeladene Erinnerung therapeutisch wirksamer ist als neutrale

Erinnerung. Außerdem ist sie eine der drastischsten Formen einer »kathartischen Methode«, die in unserer Zeit praktiziert werden.

Sargant betonte zu Recht den akuten Bedarf an kurzen, erschwinglichen Behandlungen. Wir brauchen schnelle Lösungen – und zwar dringend. Bei den meisten Menschen mit psychischen Erkrankungen wird jedoch ein Stromstoß ins Gehirn oder ein Beruhigungsmittel das Leben kaum erträglicher machen. Manchen Patienten ist mit diesen Methoden zweifellos geholfen, doch die Behandlungen sind kein Allheilmittel und waren es auch nie. Sargant war ungeduldig und wollte eine medizinische Utopie schaffen, verursachte aber wahrscheinlich mehr Leid, als er zu lindern vermochte.

Zeitlebens lehnte er Redekuren ab. Er hielt die Psychoanalyse für intellektuell schwach und viel zu langwierig. Die einzige Behandlung, für die Sargant Pionierarbeit leistete und die keine nennenswerte Kritik erntete, ist die exzitatorische Abreaktion – eine Form der Psychotherapie.

John Watson (ein glückloser Ratgeber in Sachen Kindererziehung) gilt heute als Begründer des amerikanischen Behaviorismus. Als Watson die Arbeiten von Iwan Pawlow entdeckte, stellte er fest, dass die Erkenntnisse des russischen Physiologen eine solide Grundlage für eine neue Form der Psychopathologie boten. Negative Emotionen ließen sich beispielsweise als konditionierte Reflexe auffassen. In seinem berühmten Versuch mit einem Hund hatte Pawlow wiederholt die Futtergabe mit dem Klang einer Glocke verbunden und das Tier auf diese Weise so konditioniert, dass dessen Speichelproduktion schließlich allein als Reaktion auf den Glockenklang einsetzte. Watson glaubte, dass irrationale Ängste – wie Phobien – möglicherweise das Ergebnis ähnlicher Formen assoziativen Lernens seien. Mit Hilfe der amerikanischen Psychologin Rosalie Rayner, die er später heiratete, konditionierte Watson einen kleinen Jungen darauf, sich vor einer Ratte zu fürchten, indem er das Erscheinen des Tieres mit harten, lauten Geräuschen verknüpfte. (Allerdings wurde anschließend nichts unternommen, dem Jungen die so erworbene Angst zu nehmen.)

Einige Jahre später behandelte die ebenfalls aus den USA stammende Psychologin Mary Cover Jones ein Kind, das sich vor Kaninchen fürchtete: Immer, wenn ihm ein Kaninchen gezeigt wurde, gab sie ihm eine Süßigkeit zu essen. Ende der 1950er Jahre entwickelte der südafrikanische Psychiater Joseph Wolpe eine vergleichbare Methode der »Gegenkonditionierung«, bei der tiefe Muskelentspannung an die Stelle von Futter oder Süßigkeiten trat. Die Patienten wurden aufgefordert, sich in immer schwierigere Situationen zu begeben und dabei einen entspannten Zustand aufrechtzuerhalten, um so die eigene Angst zu hemmen. Die jüngste Version dieser Behandlung, die »systematische Desensibilisierung«, besteht aus einer Kombination tatsächlicher und imaginärer Konfrontationen mit gefürchteten Objekten und Situationen.

Die systematische Desensibilisierung erwies sich als wirksame Behandlungsmethode und wurde zur ersten Form der Verhaltenstherapie, die in großem Umfang praktiziert wurde. Sie unterschied sich grundlegend von früheren Formen der Psychotherapie, da sie auch dann funktionierte, wenn der Therapeut nichts über den Geisteszustand und die Erinnerungen des Patienten wusste. Wenn Angst eine konditionierte Reaktion ist und die Assoziationen durch Gegenkonditionierung geschwächt oder ganz unterbrochen werden können, ist es nicht notwendig, den Geist bis in die Tiefe zu erforschen.

Zwar war die systematische Desensibilisierung revolutionär und wegweisend, doch ihre theoretische Grundlage ist durchaus anfällig für Kritik. Man kann auf die Tiefenentspannung verzichten, und den Patienten geht es trotzdem besser. Das lässt darauf schließen, dass eine erfolgreiche Angstreduzierung nicht auf Gegenkonditionierung, sondern auf Gewöhnung zurückzuführen ist, also darauf, dass das Nervensystem bei längerer Einwirkung eines Reizes weniger stark reagiert. Ein alltägliches Beispiel für Gewöhnung wäre das Ausblenden von Hintergrundgeräuschen, wenn diese über einen längeren Zeitraum andauern.

Physische Reaktivität ist ein wichtiges Merkmal von Emotionen. Durch Selbstbeobachtung registrieren wir das Ausmaß unserer Körperreaktionen – Herzfrequenz, Hyperventilation, Schwitzen – und können daraus ableiten, wie ängstlich wir sind. Stellt sich Gewöhnung ein, passen wir unser Urteil entsprechend an: »Ich fühle mich nicht so angespannt, also gibt es vielleicht keinen Grund zur Sorge.« Veränderungen der körperlichen Reaktionen gehen fast immer mit veränderten Einschätzungen einher.

In den 1980er Jahren scheuten nur noch besonders dogmatische Verhaltenstherapeuten den Bezug zur Kognition. Viele hatten begonnen, die Wirksamkeit ihrer Behandlungen mit dem expliziten Hinweis auf einen Überzeugungswandel zu erklären. Eine ängstliche Person mag glauben, dass eine bestimmte Situation gefährlich sei; wenn sie sich jedoch lange genug in dieser Situation befindet, nimmt die Angst ab – was ihr beweist, dass die angstvollen Erwartungen übersteigert gewesen sein müssen. Überzeugungen werden dann spontan korrigiert oder durch neue und präzisere Überzeugungen ersetzt.

Zwischen Sargants Experimenten mit exzitatorischer Abreaktion und der Expositionstherapie bestehen offensichtliche Parallelen. Bei beiden geht es um das Erregen von Emotionen und die Toleranz von Störungen. In den 1970er Jahren fand zeitweise die sogenannte »Implosionstherapie«, eine Form der Verhaltenstherapie, Eingang in die gängige Praxis.[6] Angstpatienten wurden aufgefordert, sich ihre schlimmsten Ängste so lebhaft wie möglich auszumalen und ihre Fantasien mit albtraumhaften Elementen zu versehen. Jemand mit einer Spinnenphobie würde sich also vielleicht vorstellen, einer Spinne von der Größe eines Hauses zu begegnen.

In mancherlei Hinsicht lässt sich die Verhaltenstherapie als Bereitstellung verschiedener Rahmenbedingungen verstehen, innerhalb derer ängstliche Menschen üben können, mutig zu sein. Bestimmt hätte Alfred Adler den Erfolg dieser Therapieform so erklärt. Mut zu entwickeln, ist ein zentraler Grundsatz seiner Individualpsychologie. Für Adler ist Mut keine Sache, die uns fehlt oder die wir besitzen, sondern eher eine Entscheidung – eine Bereitschaft, sich auf bestimmte Situationen einzulassen, auch wenn wir wissen, dass wir damit ein Risiko eingehen und Unbehagen empfinden könnten. Das Leben ist leider voller schwieriger Herausforderungen, denen wir uns stellen und die wir meistern müssen. Manchmal gilt es auch, ungeachtet aller Bedenken einfach zu handeln.

Jemand, der am Arbeitsplatz von einem unliebsamen Kollegen gedemütigt wurde, empfindet ein gewisses Unbehagen. Er oder sie denkt viel über das Geschehene nach – oder träumt sogar davon. Im Laufe der Zeit unterbrechen die Erinnerungen an das Erlebnis die geistige Aktivität jedoch immer seltener, und das damit verbundene Unbehagen nimmt ab. Die

Erinnerungen an das Erlebnis bleiben dann inaktiv, es sei denn, die Person beschließt, an sie zu denken. Obwohl ein traumatisierter Infanterist sicherlich plastischere und beängstigendere Erinnerungen haben wird, so durchläuft seine Anpassung, wenn er in der Lage ist, sich an sein Trauma zu gewöhnen, doch in etwa dieselben Phasen. Störende Gedanken und Albträume, die anfangs häufig auftreten, werden zu einem geringeren Problem, und mit der Zeit bereitet ihm die Erinnerung an das traumatische Erlebnis weniger Unbehagen. Die Erinnerungen sinken unter die Bewusstseinsschwelle und bleiben inaktiv, bis sie willentlich abgerufen werden.

Alle belastenden Gedanken und Erinnerungen scheinen ein gewisses Maß an »Wiederkäuen« zu erfordern, bevor sie »geschluckt« und »verdaut« werden können. Sind sie »unverdaulich«, werden sie wieder »hochgewürgt«.

1980 veröffentlichte Stanley Rachman , ehemals Doktorand von Hans Eysenck und führender Vertreter der Verhaltenstherapie, eine theoretische Abhandlung, in der er die These aufstellte, dass viele scheinbar unzusammenhängende Probleme am ehesten als mentale Phänomene zu verstehen seien, die ihren Ursprung in einer gestörten emotionalen Verarbeitung hätten. Normalerweise werden emotionale Erlebnisse ohne Folgeerscheinungen verarbeitet, aber wenn die emotionale Verarbeitung unbefriedigend oder unvollständig ist, bleiben Symptome wie Zwangsvorstellungen, verstörende Träume, immer wiederkehrende Gedanken, Weinen und emotionale Schwankungen bestehen. Belastende Erlebnisse, insbesondere solche, die man mit der späteren Ausbildung einer PTBS in Verbindung bringt, sind mitunter so intensiv, dass die »Verarbeitungskanäle« überlastet werden und die betreffenden Erinnerungen im Bewusstseinsstrom wiederauftauchen.

Vermutlich funktionieren viele Psychotherapien vor allem deshalb, weil sie die emotionale Verarbeitung unterstützen. Erreicht wird dies in der Regel dadurch, dass die Intensität der Erinnerungen reguliert wird, indem man mit leichteren Erinnerungen beginnt und sich bis zu den besonders aufwühlenden hocharbeitet. Im einfachsten Fall kann dies bedeuten, dass mehrere Gespräche geführt werden, in denen die Erinnerungen genauer erforscht werden. Auch die systematische Desensibilisierung und abgestufte Formen der Exposition entsprechen diesem schrittweisen Muster. Selbst kathartische Therapien, die unter Umständen so heftig sind, dass sie Patienten retraumatisieren könnten, werden in der Praxis abgestuft. Eine vollständige Abreaktion, ob exzitatorisch oder nicht, wird selten in einer einzigen Sitzung erreicht. Die Patienten benötigen oft mehrere solcher Sitzungen mit steigender Intensität.

Wenn etwas Schlimmes passiert, versuchen Menschen häufig, ihren Kummer zu bewältigen, indem sie Dinge meiden, die sie an die Vergangenheit erinnern, oder sich emotional »abkapseln«. Manchmal werden auch Rauschmittel oder Alkohol konsumiert, um den Schmerz zu betäuben.[7] Jedoch führen alle Formen des Vermeidens und Verleugnens mit großer Wahrscheinlichkeit zu einer Unterbrechung der emotionalen Verarbeitung und verzögern die Erholung. Offenbar hat der Mensch eine angeborene Neigung zur Vervollständigung, weshalb traumatische Informationen im »aktiven Gedächtnis« so lange überarbeitet werden, bis sie mit seinem sonstigen Verständnis der Welt in Einklang stehen.

Es wurde vermutet, dass das entscheidende Merkmal der Absorption die Änderung von Überzeugungen sei – dieselbe Art von Überzeugungsänderung, die möglicherweise dem Erfolg von Expositionstherapien zugrunde liegt. Falsche Überzeugungen können korrigiert werden, wenn man sich ein Trauma in einer sicheren Umgebung neu vorstellt. Der Herzschlag beschleunigt sich, es passiert nichts Schlimmes, und der Herzschlag verlangsamt sich wieder. Geist und Körper werden umerzogen. Doch eine erfolgreiche Überzeugungsänderung ist wahrscheinlich nur eine von vielen Anpassungsweisen, die gleichzeitig und in Wechselwirkung miteinander stattfinden, wenn Menschen mit einem erschütternden Ereignis fertigwerden. Mit ziemlicher Sicherheit finden weitere Anpassungen statt, und zwar auf vielen verschiedenen Ebenen – neurochemisch, hormonell, neuroanatomisch, psychisch und sozial.

Traumatische Erfahrungen spalten das Selbst und halten ein Bruchstück des Seins – eine eingefrorene, frühere Erscheinungsform – in der Vergangenheit gefangen. Um wieder »ganz« zu werden und uneingeschränkt in der Gegenwart leben zu können, müssen die belastenden Erinnerungen vollständig in die Gesamtheit der Person reintegriert werden; sie müssen Teil der »Geschichte« der betroffenen Person werden. Andernfalls wird sich die Vergangenheit weiterhin zwischen die Person und ihre Erfahrungen drängen. Ihre Geschichte kann sich nicht weiterentwickeln.

Eines Tages im Frühjahr 1987 machte die amerikanische Psychologin Francine Shapiro* bei einem Spaziergang durch einen Park eine zufällige Entdeckung.[8] Sie bemerkte, dass bestimmte verstörende Gedanken plötzlich verschwanden, wenn sie mit unwillkürlichen raschen Augenbewegungen einher-

* Francine Shapiro verstarb am 16. Juni 2019.

gingen. Rief sie sich dieselben Gedanken erneut ins Gedächtnis, waren sie nicht mehr ganz so belastend. Fasziniert von ihrer Beobachtung, verband sie absichtlich weitere negative Gedanken und Erinnerungen mit schnellen Augenbewegungen und stellte fest, dass sich der Effekt wiederholen ließ. Bei den Augenbewegungen handelte es sich um ein rasches Hin und Her zwischen den äußeren Enden einer imaginären diagonalen Linie.

Ein paar Tage später erprobte Shapiro die Technik an Freunden, Kollegen und Workshop-Teilnehmern. Als Erstes stellte sie fest, dass die meisten Menschen schnelle Augenbewegungen nicht lange durchhielten. Sie bat sie, stattdessen Handbewegungen zu folgen (was wesentlich einfacher ist). Ihre nächste Entdeckung war, dass Augenbewegungen belastende Erinnerungen effektiver neutralisieren, wenn diese in einzelne Bestandteile, in Bilder, Gedanken oder körperliche Empfindungen zerlegt werden, ähnlich wie sich die Verdauung durch die Einnahme kleinerer Mahlzeiten erleichtern lässt. Im Laufe vieler Jahre formalisierte Shapiro ihr Verfahren, das heute als »Eye Movement Desensitisation and Reprocessing«, kurz EMDR, bezeichnet wird.

Das charakteristischste Merkmal von EMDR ist der Einsatz schneller Augenbewegungen, um die emotionale Verarbeitung zu beschleunigen. Schnelle Augenbewegungen treten auch im Schlaf auf, wenn wir träumen. Besteht hier ein Zusammenhang? Neurowissenschaftler und Psychologen gehen heute davon aus, dass eine der Hauptfunktionen des Träumens darin besteht, Emotionen aufzulösen, die mit unangenehmen Erinnerungen verbunden sind.[9] Menschen, die in ihren Träumen schwierige Lebensereignisse verarbeiten, wie etwa das Scheitern einer Ehe, haben eine bessere Chance, Depressionen und

Verzweiflung zu einem späteren Zeitpunkt zu überwinden, als Menschen, die dies nicht tun. Rosalind Cartwright, Psychologin an der Rush University in Chicago, sammelte Traumberichte von Menschen, die eine Scheidung erlebten. Anschließend ermittelte sie Übereinstimmungen zwischen den emotionalen Inhalten der Träume und der belastenden emotionalen Realität im Wachleben der Betroffenen. Ein Jahr später wurden Folgebewertungen durchgeführt. Cartwright stellte fest, dass nur diejenigen Personen, die schmerzliche Erfahrungen ohne zeitliche Verzögerung in Träume umgesetzt hatten (in denen beispielsweise ihr ehemaliger Partner als Figur auftrat), sich psychisch vollständig erholten. Ihre Stimmung hatte sich verbessert, sie hatten eine größere finanzielle Sicherheit erreicht, und sie gingen mit höherer Wahrscheinlichkeit neue intime Beziehungen ein. Diejenigen, die zwar geträumt hatten, aber nicht von ihren spezifischen traumatischen Erlebnissen zum Zeitpunkt ihres Auftretens, erzielten keine vergleichbaren Ergebnisse. Die Schlussfolgerung aus Cartwrights Arbeit ist, dass sich Menschen einer besseren psychischen Gesundheit erfreuen, wenn sie belastende Erfahrungen gründlicher verarbeiten.

Wenn wir sagen, »die Zeit heilt alle Wunden«, könnten wir uns irren. Es ist möglich, dass nicht so sehr die Zeit heilt, sondern bestimmte Arten von Träumen. Wenn Emotionen nicht durch Träume von Erinnerungen entkoppelt würden, dann wären belastende Erinnerungen emotional genauso aufgeladen wie die tatsächlichen Ereignisse. Die kumulative Folge wäre ein dauerhafter Zustand erhöhter Erregung, der das tägliche Leben unerträglich machen würde. Selbst leichter Stress würde uns aufschrecken und in Panik versetzen. Träume sind für die emotionale Verarbeitung möglicherweise unverzichtbar – oder erleichtern sie zumindest. Zum Beispiel können Träume belastende Erinnerungen so weit von Emotionen befreien, dass es leichter wird, über sie zu sprechen. Bestimmte Aspekte der Erfahrung können dann auf den höheren Ebenen von narrativer Identität und Sinn erforscht werden.

Es wurde vermutet, dass EMDR regionale Hirnaktivitätsmuster stimuliert, die sich mit denen überschneiden, die dem Träumen zugeordnet werden.[10] Shapiros Verfahren regt das wache Gehirn zu denselben Abläufen an, die es normalerweise im Schlaf vollzieht. Interessanterweise scheint *jede* pendelnde Aufmerksamkeitsverlagerung zu vergleichbaren Ergebnissen zu führen – auch abwechselndes Klopfen auf die Knie oder über Kopfhörer abgespielte Klicks beschleunigen die emotionale Verarbeitung. Dies könnte bedeuten, dass die Wirkungen von EMDR durch sämtliche Formen bilateraler Hirnstimulation erzielt werden und Augenbewegungen schlicht das bekannteste Beispiel sind.

Eine der klinischen Beobachtungen Shapiros lässt interessante Vergleiche mit der Arbeit von William Sargant zu (der seinen Patienten nach der Abreaktion positive Gedanken einflößte). Shapiro stellte fest, dass ihre Patienten nach erfolgreicher EMDR-Behandlung automatisch positive Gedanken hatten. Sie schilderte den Fall eines Mannes, der als Infanterist in Vietnam gedient hatte. Zu seinen Aufgaben hatte es gehört, tote Soldaten aus einem Rettungshubschrauber zu laden. Vor der Behandlung hatte er bei jedem Gedanken an Vietnam auch an Leichen gedacht. Nach einer relativ kurzen Desensibilisierungstherapie durch Augenbewegungen war er in der Lage, Vietnam »wie ein Gartenparadies« zu beschreiben. Es war das erste Mal seit über zwanzig Jahren, dass er einen solchen Gedanken hatte.

Zur Überwindung von Unglück ist unendlich viel geschrieben worden. Die Lehren von Heiligen und Weisen, Wissenschaftlern und Intellektuellen, Philosophen und Gurus lassen sich jedoch durch eine einzige wertvolle Erkenntnis ersetzen: Die Überwindung einer von elterlicher Kritik, sexuellem Missbrauch, Scheidung oder sogar Folter geprägten Biografie besteht in der Verarbeitung schmerzlicher Erinnerungen. Um dies zu erreichen, unternehmen verschiedene Menschen unterschiedliche Dinge, doch die Verarbeitung schmerzlicher Erinnerungen bildet die Grundlage für die Überwindung von Unglück. Die Psychotherapie hat hier eine sehr simple und praktikable Antwort gefunden, die von den Neurowissenschaften bestätigt wird.[11,12,13]

Traumatische Erlebnisse werden nicht nur vom Verstand wieder in Erinnerung gerufen, sondern auch von den Muskeln und Eingeweiden, dem klopfenden Herzen, den Gedärmen und der Blase. Deshalb müssen wir, wenn wir Emotionen verarbeiten, diese erneut fühlen, denn die Verarbeitung körperlicher Erinnerungen ist ebenso wichtig wie die der mentalen Rückstände.

Die Psychotherapie hat den Körper stets berücksichtigt. Von Beginn an war Freud mehr als all seine Kollegen bereit, die brutale Realität des Menschseins anzuerkennen, das Anale und das Phallische, die Körpersäfte und Ausscheidungen. Diese schonungslose Ehrlichkeit steht im krassen Gegensatz zu erhabeneren Vorstellungen des Menschseins. Die spirituelle Antwort auf Unglück ist Transzendenz: Erhebe dich über alles, konzentriere dich auf das Göttliche. Für Psychotherapeuten ist diese Art der Transzendenz lediglich eine weitere Form der Verdrängung, um den seelischen Schmerz zu betäuben, ähnlich wie der Konsum von Whiskey oder Cannabis. Die Arbeit, die getan werden muss, muss getan werden. Andernfalls wird die betroffene Person nie ganz präsent sein. Ein Teil des Individuums bleibt in der Vergangenheit gefangen, und der Körper erinnert sich weiterhin an Schrecken, selbst wenn der Geist unbelastet scheint.

Wenn es uns gelingt, problematische Gefühle zu verarbeiten, werden wir wieder ein Ganzes; der Geist nimmt den Körper an, und der Körper den Geist. Vergangenheit und Gegenwart werden zu geordneten Kapiteln eines sinnhaften Narrativs. Bruchstücke von Erinnerungen, die durch Unglück zerschlagen wurden, können wieder zusammengefügt und an ihren Platz gesetzt werden. Breuer und Freud wussten dies bereits 1893. So einhellig, wie sie erstmals die Begriffe »Abreaktion« und »Katharsis« diskutierten, schrieben sie auch über einen Mechanismus, von dem sie glaubten, dass er einer gesunden Anpassung zugrunde liegen könnte. Eine traumatische Erinnerung, so vermuteten sie, trete »in den großen Komplex der Assoziationen ein, sie rangiert dann neben anderen, vielleicht ihr widersprechenden Erlebnissen«. Die Erinnerung erfährt eine »Korrektur durch andere Vorstellungen«. Auf diese Weise »gelingt es dem normalen Menschen, durch Leistungen der Assoziation den begleitenden Affekt zum Verschwinden zu bringen«.

Bei der Katharsis geht es wahrscheinlich gleichermaßen um das Zulassen wie um das Loslassen von Gefühlen. Wenn wir uns gestatten, unsere Gefühle zum Ausdruck zu bringen, sind wir in der Lage, sie genauer zu benennen. Die Konfrontation mit unseren Ängsten gibt dem Körper die Möglichkeit, sich an diese zu gewöhnen; das Nervensystem stellt sich neu ein, die Amygdala schaltet ab, und wir beginnen, die Welt anders zu sehen. Schmerzliche Erinnerungen werden weniger schmerzlich und vermengen sich allmählich mit allgemeineren Erinnerungen.

Wie lebendig wir sind, hängt weitgehend von unserer Fähigkeit ab, Unglück zu verkraften. Wir sind, in einem ganz realen Sinne, »aus der Not geboren«, und wir sollten niemals versucht sein, »tief wurzelnd Leid aus dem Gedächtnis [zu] reuten«. Das wäre Selbstverstümmelung oder bestenfalls eine weitere Form der Verleugnung. Wie William Sargant in seinem Schlafraum auf so fatale Weise demonstrierte, löscht man mit schlechten Erinnerungen zugleich auch eine Person aus.

Zwei Jahre nach der Fertigstellung seines Gemäldes *Automat* malte Edward Hopper *Chop Suey*. Wie *Automat* zeigt auch

Chop Suey eine junge Frau, die an einem Tisch in einem New Yorker Restaurant sitzt, und irgendwie kommt sie uns bekannt vor. Haben wir sie schon einmal gesehen? Mein Freund Walter Wells war der Meinung, dass es sich wahrscheinlich um dieselbe Frau handele. Er erkannte dieselbe Figur und dieselbe etwas farblose Schönheit.

Die junge Frau mag dieselbe sein, doch ihr Umfeld ist ein völlig anderes. Draußen herrscht keine schwarze Leere, und durch die Fenster strömt Licht. Durch eines von ihnen kann man die untere Hälfte des Schildes sehen, das dem Gemälde seinen Namen gibt. Zu lesen ist »Suey«. Das »Chop« liegt außerhalb des Bildes.

Unsere junge Frau ist nicht mehr allein.

Hinter ihr sitzt ein Paar, und, was noch wichtiger ist, der Stuhl ihr gegenüber ist besetzt. Man sieht zwar nur den Rücken ihrer Gesprächspartnerin, doch das allgemeine Erscheinungsbild der Frau lässt auf eine Doppelgängerin schließen. Sie gleichen sich wie ein Ei dem anderen. Der Gesichtsausdruck der jungen Frau ist aufmerksam – ihr Kopf ist leicht zur Seite geneigt, als höre sie zu. Offenbar sagt ihre Begleiterin gerade etwas.

Die Tatsache, dass die beiden Frauen fast identisch sind, hat unter Kunstkritikern Anlass zu Spekulationen gegeben. Es wurde vermutet, dass die zweite Figur das verdrängte Selbst der jungen Frau darstellt. Sie akzeptiert nun Aspekte ihrer Identität, die sie zuvor verleugnet hat; innere Spaltungen sind überwunden worden. Sie hat sich sozusagen mit sich selbst angefreundet. Sie trägt Grün, aber diesmal kein Rot, nichts, was auf einen inneren Konflikt hindeuten würde.

Wurde das Problem gelöst? Ist sie mit ihrer Vergangenheit ins Reine gekommen? Ihr Hut hat seine hängende Krempe

eingebüßt – eine geschickte Anspielung Hoppers auf eine Tragödienmaske –, und die düsteren Wolken sind verflogen. Sie wirkt viel zuversichtlicher. War sie zuvor geneigt, sich selbst negativ zu beurteilen, so ist sie jetzt gelassener; sie erzählt sich eine andere Geschichte.

Walter war nicht davon überzeugt, dass *Chop Suey* eine derart weitreichende Interpretation verdiene. Er betrachtete das Gemälde als eher nüchterne »urbane Pastorale«. Der Titel hingegen faszinierte ihn. Zu Hoppers Zeiten wurde Chop Suey – ein aus Resten zusammengekochtes Gericht – nur in amerikanischen Chinarestaurants serviert. Der Name leitet sich von der kantonesischen Redewendung *tsap sui* ab, was so viel wie »Reste« oder »Verschiedenes« bedeutet. Als Walter feststellte, dass sich in der Schüssel auf dem Tisch zwischen den beiden Frauen kein Essen befand, mutmaßte er, Hopper habe sich mit *Chop Suey* nicht darauf bezogen, was die Frauen essen, sondern was sie sagen. Das könnte man als leichtfertige, unbedachte Frauenfeindlichkeit deuten – aber Plauderei ist ein wesentlicher Bestandteil psychischer Entwicklung. Ein Gespräch, das aus Resten, Überbleibseln und sonstigem Allerlei besteht, ist eine angemessene Beschreibung der freien Assoziation, Freuds wichtigster therapeutischer Technik. Die junge Frau hat alles durchgesprochen, wie sie es auch mit einem Psychotherapeuten hätte tun können, und die Leere ist verschwunden. Im *Automat*-Schnellrestaurant war sie in ihren Gedanken gefangen, grübelte über die Vergangenheit und hatte Angst vor der Zukunft. Sollte sie? Konnte sie? Jetzt lebt sie im Augenblick und ist durch das Gespräch mit der Gegenwart verbunden.

Wenn sie fertig ist, wird sie das Restaurant verlassen, auf die belebte Straße und ins Sonnenlicht hinaustreten. Sie wird bereit sein weiterzuleben. Sie wird Fromms Grundsatz beherzigen, dass man keine Erfüllung findet, wenn man zu sehr danach sucht. Erfüllung ist nichts, was man sucht und in Besitz nimmt, sondern etwas, das entsteht. Es gibt nur eine Antwort auf das Problem des Lebens: den Vollzug des Lebens selbst.

12

Sinn:

Daseinsgründe

In den ersten Jahren des 20. Jahrhunderts entwickelte sich das kleine Dorf Struthof zu einem immer beliebteren Reiseziel. Viele Besucher kamen aus dem nahe gelegenen Straßburg, einem der großen kulturellen und wirtschaftlichen Zentren Mitteleuropas. Die umliegenden Hänge waren ideal für den Wintersport, und 1906 wurde ein neues Hotel-Restaurant gebaut. Alte Postkarten zeigen eine verschneite Landschaft, in der es von Männern und Frauen auf Skiern nur so wimmelt. Manche Feriengäste haben die Anwesenheit eines Fotografen bemerkt und blicken direkt in die Kamera. Die frische Bergluft galt als heilsam, und das angenehme Sommerwetter war ideal zum Wandern.

1941 war Struthof kein Urlaubsziel mehr, sondern ein Konzentrationslager. Ich hatte noch nie von Struthof gehört – aber der Reiseführer, den ich bei mir hatte, empfahl einen Abstecher. Wie versprochen, war die Strecke landschaftlich reizvoll.

Ich habe viele Orte besucht, die mit Gewalt und menschlicher Erniedrigung in Zusammenhang stehen, Orte, an denen Menschen massakriert, gefoltert oder geopfert wurden, aber keiner davon hat mich so traurig gemacht wie Struthof. Die verbliebenen Überreste der Gräueltaten überschatten ein Panorama von außergewöhnlicher natürlicher Schönheit. Es war mir fast unmöglich, die Wärme der Sonne, die Aussicht auf das Donon-Massiv und das Grauen der Geschichte miteinander in Einklang zu bringen.

Jenseits des mit Stacheldraht bewehrten Zauns erblickte ich einen dicht bewaldeten Bergrücken und dahinter weitere üppig grüne Hügel, die mit zunehmender Entfernung grau und konturlos erschienen. Ich stand neben dem Galgen, wo die Deportierten bei Scheinwerferlicht Hinrichtungen beiwohnen mussten, während der Kommandant und die SS-Offiziere Zigarren rauchten. Mein jüngster Sohn, damals etwa sieben Jahre alt, war an meiner Seite. Ist es klug, ein Kind in ein Konzentrationslager mitzunehmen? Ich stimme Bruno Bettelheim zu: Man ist nie zu jung, um etwas über Ungeheuer zu erfahren.

Ich spürte eine Spannung in meiner Brust, eine Mischung aus Verwirrung und Kummer. Ich stellte mir Hunderte von Touristen vor, die auf Skiern die Piste hinabfuhren, dann sah ich zu den Wachtürmen und erahnte das Licht der Suchscheinwerfer und das Rattern von Maschinengewehrfeuer.

Ein Großteil des Konzentrationslagers wurde abgerissen, aber es ist noch genug erhalten, um an seine schreckliche Vergangenheit zu erinnern. Im »Versuchskaninchenraum« wurden medizinische Experimente an Juden sowie an Sinti und Roma durchgeführt. Die Versuchspersonen wurden sterilisiert, giftigen Gasen ausgesetzt und zur Beschleunigung von Typhusinfektionen mit Schnittwunden verletzt. Die meisten von ihnen starben nach langer Leidenszeit. Der Autopsietisch ist immer noch da: ein massiver Block, dessen Oberfläche mit gesprungenen weißen Fliesen bedeckt ist. Mit den medizinischen

Versuchen wollte man fehlgeleitete Rassentheorien beweisen; wissenschaftlich verwertbare Erkenntnisse wurden dabei nicht gewonnen. Es gibt Haken für improvisierte Hinrichtungen durch Erhängen und ein Holzgestell, auf dem Häftlinge gefesselt und mit einem Knüppel zu Tode geprügelt wurden. Die Böden des Hinrichtungsraums waren so geneigt, dass das Blut direkt in einen zentralen Ablauf fließen konnte. Dies verhinderte die Pfützenbildung und erleichterte die Reinigung. Der kleine Ofen, in dem die Leichen verbrannt wurden, diente auch als Heizkessel für Warmwasser. 1942 beschloss ein Medizinprofessor, eine Sammlung »jüdisch-bolschewistischer« Skelette anzulegen. Ihm war es wichtig, dass die Exemplare unbeschädigt blieben. Daher wurde ein Gemeindesaal, in dem bis dahin Festveranstaltungen stattgefunden hatten, beschlagnahmt und in eine Gaskammer umgewandelt.

Ein riesiges unterirdisches Bauwerk mit dem Decknamen »Kartoffelkeller« ähnelt einem Atombunker. Es umfasst 22 Zellen, die sich über eine Länge von 120 Metern erstrecken. Der Verwendungszweck des Kellers ist nicht bekannt. Was könnte *so* grauenhaft sein, dass selbst die SS der Ansicht war, es am besten unter der Erde zu verstecken?

Konzentrationslager haben in der Geschichte der Psychotherapie eine wichtige Rolle gespielt. Die Angst vor der drohenden Vernichtung verstreute die ersten Psychoanalytiker, von denen die meisten Juden waren, über die ganze Welt. Freud ließ sich in London nieder, viele seiner Schüler emigrierten nach Amerika. Der Holocaust ist in einzigartiger Weise verstörend. Deutschland und Österreich waren hochzivilisierte Nationen, die in Kunst, Design, Musik, Literatur, Wissenschaft, Medizin, Architektur und Philosophie eine Vorreiterrolle spielten. Darüber hinaus ist der Holocaust beunruhigend nahe. Er ereignete sich zu Lebzeiten unserer Großeltern. Die Massenvernichtungen zwingen uns, tiefgehende Fragen darüber zu stellen, was es bedeutet, ein menschliches Wesen zu sein – nicht als intellektuelle Übung, sondern aus emotionaler Notwendigkeit. Mehrere jüdische Psychiater und Psychotherapeuten waren Überlebende von Konzentrationslagern, und ihre Erlebnisse eröffneten ihnen neue Perspektiven auf das Seelenleben und das Wesen des Leidens. (Seltsamerweise befand sich in der »Bibliothek« in Auschwitz – in der es tatsächlich nur acht Bücher gab – auch ein Werk von Sigmund Freud.[1]) Als ich mit meinem Sohn am Galgen stand, war ich mir bewusst, dass ich eine Wahl hatte. Ich konnte die Schlinge, die Wachtürme und den Stacheldraht ansehen – oder die Berge und den blauen Himmel. Fast siebzig Jahre zuvor war ein Psychiater in einem anderen Konzentrationslager, einem Außenlager von Dachau, neugierig auf das Verhalten seiner Mitgefangenen. Manche blieben in ihren Kojen, andere zogen es vor,

aufzustehen und die Schönheit des Sonnenuntergangs zu genießen. Der Mensch trifft ständig Entscheidungen. Das, so schlussfolgerte er, ist es, was uns ausmacht.

Kaum war Viktor Frankl aus dem überfüllten Transportzug gestiegen, wurde er von einem hohen SS-Offizier angesprochen. Der Mann wies die Leute mit einer Fingerbewegung nach links oder rechts. Frankl hatte einen Rucksack unter seinem Mantel versteckt, und er richtete seinen Rücken auf, um die schwere Last auszugleichen. Der Offizier, der groß war und eine tadellose Uniform trug, musterte Frankl einen Augenblick lang. Dann legte er beide Hände auf Frankls Schultern und drehte ihn nach rechts.

An jenem Abend suchte Frankl nach einem Freund, der mit ihm im Zug gesessen hatte. »Hat man ihn auf die linke Seite geschickt?«, fragte jemand. »Ja«, antwortete Frankl. »Dann können Sie ihn dort drüben sehen«, sagte der Häftling und deutete auf einen Schornstein, der einige hundert Meter entfernt Flammen und Rauch ausstieß. »Dort ist Ihr Freund und schwebt zum Himmel empor.« Etwa 90 Prozent der Häftlinge, die in Auschwitz ankamen, wurden nach links geschickt. Innerhalb weniger Stunden war von ihnen nichts übrig als Rauch und Asche.

Während seiner sechsmonatigen Inhaftierung in verschiedenen Lagern beschäftigte sich Frankl mit Beobachtungen. Ihm fiel auf, dass manche Menschen um ihr Überleben kämpften, während andere einfach aufgaben und starben. Was, so fragte sich Frankl, war der Unterschied? Er kritzelte Wörter auf Papierfetzen und ordnete seine Gedanken in imaginären Vorträgen.

Nach Kriegsende kehrte Frankl nach Wien zurück, und seine Beobachtungen wurden zur Grundlage eines neuen Ansatzes in der Psychotherapie. Für jemanden, der ein industrielles Massentöten miterlebt hatte, der geschlagen und versklavt worden war und alles verloren hatte, einschließlich seiner Frau und fast seiner gesamten nächsten Verwandtschaft, gelangte Frankl zu einer überraschenden Schlussfolgerung in Bezug auf die Bedeutung von situativem Stress. Er war der Meinung, dass dieser keine große Rolle spiele. Der Grad, in dem wir uns zusammenreißen oder verzweifeln, hängt letztlich nicht von objektiven Ereignissen ab, sondern von der Bedeutung, die wir ihnen beimessen. Die Ereignisse und ihre Folgen sind also weniger wichtig als die Art und Weise, wie sie erlebt werden. Überlebende, so meinte er, seien Menschen, die sich dafür entschieden, ihrem Leiden einen Sinn zu geben: »Man kann dem Menschen im Konzentrationslager alles nehmen, nur nicht: die letzte menschliche Freiheit, sich zu den gegebenen Verhältnissen so oder so einzustellen.«

Hätte Frankl bei seiner Ankunft in Auschwitz nicht den Rücken gestreckt (was er nur tat, um einen Tornister zu verbergen), wäre er möglicherweise als untauglich für schwere Arbeit eingestuft und nach links gewiesen worden. Zwei Stunden später wäre er tot gewesen, egal, welche Haltung er eingenommen hätte. Die meisten Situationen, mit denen man im Laufe seines Lebens konfrontiert wird, haben jedoch weniger eindeutige Folgen. Wenn der Ausgang variieren kann, wird das, was Frankl als »Wille zum Sinn« bezeichnete, zu einem wichtigen Schutzfaktor.

Während seiner Gefangenschaft führte Frankl viele Gespräche mit Suizidkandidaten. Er beschreibt insbesondere zwei Personen, die zu dem Schluss gelangt waren, dass sie vom Leben nichts mehr erwarten konnten. Er riet ihnen, sich nicht zu fragen: »Was kann ich noch vom Leben erwarten?«, sondern vielmehr: »Was kann das Leben noch von mir erwarten?« Der eine hatte ein Kind, das sich in Sicherheit gebracht hatte, und der andere war inhaftiert worden, bevor er ein Schreibprojekt abschließen konnte. Die Aussicht auf ein Wiedersehen mit einem Kind oder die Vollendung einer Buchreihe verlieh dem Leben der beiden Männer einen neuen Sinn. Frankl hatte die weit gefasste Frage nach dem Sinn des Lebens auf ein konkretes und greifbares Ziel reduziert. Wenn wir wissen, warum wir existieren (und ein persönliches Narrativ haben, das auf eine gewünschte Zukunft gerichtet ist), lassen sich selbst die extremsten Formen von Unglück erdulden.

Frankl war überzeugt, dass seine Beobachtungen an verzweifelten Gefangenen für die klinische Praxis insofern relevant seien, als viele Psychiatriepatienten darüber klagen, dass das Leben keinen Sinn habe. Wenn etwas Schlimmes passiert, ist es für sie unmöglich, ein solches Ereignis als Chance für Wachstum zu begreifen. Um die Zustände zu therapieren, die aus der Frustration des »Willens zum Sinn« entstehen, entwickelte er die »Logotherapie«, die zu einer der angesehensten Formen der Existenziellen Psychotherapie geworden ist.

Frankl wurde einmal von einem älteren, depressiven Arzt konsultiert, dessen Frau zwei Jahre zuvor gestorben war. Er fragte den trauernden Mann, wie seine Frau reagiert hätte, wenn er, der Arzt, ihr vorangegangen wäre. Der Arzt sagte, dass seine Frau furchtbar gelitten hätte. Frankl erwiderte: »Solches Leid ist ihr erspart geblieben, und Sie waren es, der ihr dieses Leid erspart hat – freilich um den Preis, dass Sie jetzt überleben und um sie trauern müssen.« Der Arzt ließ sich davon überzeugen, schüttelte Frankls Hand und verabschiedete sich. Sein Leiden war nicht mehr sinnlos. Es hatte einen Sinn bekommen.

Viele Menschen werden sich ganz plötzlich der Sterilität ihres Lebens bewusst, wenn sie keine Zerstreuung mehr finden. Zwar lässt sich die Sinnlosigkeit durch die Vertiefung in Arbeit und Alltagsaktivitäten ignorieren, aber nur bis zu einem gewissen Punkt. Wenn die hektische Woche zu Ende geht, werden die Menschen anfällig für eine Störung, die Frankl als »Sonntagsneurose« bezeichnete – letztendlich ein Bewusstsein für das »existenzielle Vakuum«. Es ist ein Zustand, der mit gedrückter Stimmung, Lustlosigkeit und einem gewissen Gefühl der Verlorenheit einhergeht. Wochenendvergnügen wie übermäßiger Alkoholkonsum und Shopping sind Versuche, das existenzielle Vakuum zu füllen. Eine derartige Kompensation kann jedoch nicht gelingen, da sie von Grund auf sinnlos ist. Sie ähnelt Janovs Ersatzbefriedigungen und Fromms unnötigem Erwerb.

Ab den 1980er Jahren begann Frankl, das Streben nach Sinn in einem weiteren kulturellen Kontext zu betrachten. Er kam zu dem Schluss, dass die Industrialisierung und ihre Folgen diesem Prozess zuwiderliefen. Er stellte fest, dass die Menschen in der entwickelten Welt in der Regel entwurzelt und fern von ihrem Herkunftsort lebten, losgelöst von Traditionen und von Wertesystemen entfremdet. Besonders bedenklich fand er die Auswirkungen solcher Brüche auf junge Menschen. Wie kann man ohne verlässliche Bezugspunkte seinen Lebensweg planen? Die Suche nach Sinn und Zweck wird durch ständigen und raschen Wandel erheblich erschwert. Wenn die Bedingungen in den 1980er Jahren schon ungünstig waren, haben sie sich in den folgenden Jahrzehnten noch erheblich verschlechtert. Die Diskontinuitäten, die Frankl vor vierzig Jahren Sorge bereiteten, sind nichts im Vergleich zu den Diskontinuitäten des digitalen Zeitalters. Heute verbringen junge Menschen lange Zeitabschnitte in einer völlig neuen Umgebung, die von Geschichte und Geografie fast völlig abgekoppelt ist. Das Cyberspace ist die ultimative Verdrängung – ein wurzelloses Grenzland, das unbegrenzte Möglichkeiten für oberflächliche Zerstreuung bietet.

Das Internet bietet zudem zahllose Gelegenheiten, sich abzukapseln. Frankl stand der Selbstreflexion seltsam skeptisch gegenüber. Er glaubte, dass der natürliche Platz des Menschen in der Welt sei. Deshalb solle man bestrebt sein, den Blick nach außen zu richten, da zu viel Selbstreflexion ungesund sein könne. In der Tat lassen sich etliche psychische Probleme ursächlich auf »Hyperreflexion« zurückführen. Sexuelle Impotenz zum Beispiel ist meist die Folge von Leistungsangst. Der Betroffene ist mit der Erektionsfähigkeit beschäftigt, anstatt sich mit einem anderen Menschen zu verbinden. Dieser Aspekt von Frankls Denken hat Gemeinsamkeiten mit Schulen der Psychologie, die positives Erleben mit der Überwindung von Selbstbesessenheit in Verbindung bringen.

Es ist zu beachten, dass Frankl, wenn er von »Sinn« und »Leben« spricht, nicht behauptet, den Sinn des Lebens zu kennen. Sein Rezept für Erfüllung ist bescheidener. Wir müssen nicht *den* Sinn des Lebens finden, um die Existenzangst in Schach zu halten – sondern *einen* Sinn. Durch die Ersetzung des bestimmten durch den unbestimmten Artikel wird die Aufgabe vom Kosmischen auf das Persönliche reduziert. Frankl macht alles überschaubarer.

Persönlicher Sinn ist kein Konstrukt, sondern etwas, das man entdeckt. Was für den einen Menschen bedeutsam ist, kann für einen anderen bedeutungslos sein. Theoretisch ist es daher möglich, dass ein bestimmter Mensch in etwas relativ Alltäglichem oder Hedonistischem einen Sinn findet; alles in allem ist es jedoch wahrscheinlicher, dass der Durchschnittsmensch dort einen Sinn findet, wo es auch Tiefe, Substanz und Möglichkeiten zur stetigen Weiterentwicklung gibt – zum Beispiel durch Beziehungen, gemeinnützige Tätigkeiten, Kreativität und Berufung. Unsere Entscheidungen in Bezug auf den Sinn sind nicht festgelegt. Die Entdeckung des Sinns ist ein fortlaufender Prozess, und jeder Augenblick des Lebens ist potenziell bedeutungsvoll – »bis zum letzten Atemzug«, wie Frankl sagt. Er gibt uns eine hilfreiche Analogie an die Hand: Ein Film besteht aus Tausenden von Bildern, und jedes dieser Bilder hat eine Bedeutung, doch die größere, übergreifende Bedeutung kann erst erfasst werden, wenn man den Film von Anfang bis Ende gesehen hat. Das Alter und der nahe Tod sind, so gesehen, wesentliche Bestandteile des Lebens. Sie vervollständigen unsere Geschichte und zeigen uns, wer wir sind. Die letzten Momente eines sinnvollen Lebens sind somit eher eine Vollendung als ein Ende.

Der Begriff »Existenzielle Psychotherapie« ist etwas irreführend, da er eine einheitliche Denkschule suggeriert. Tatsächlich gibt es mehrere Formen dieses Ansatzes, aber alle beschäftigen sich mit der gelebten Existenz. Sie verstehen Depressionen und Ängste nicht als Symptome einer gestörten Hirn-Chemie oder zugrunde liegender psychischer »Mechanismen«, sondern als Erfahrungen. Es wird nicht zwischen der Person und dem Problem unterschieden.* Ein Problem ist ein Aspekt der Existenz eines Menschen zu einem bestimmten Zeitpunkt – und die einzig wirklich wichtigen Aspekte des Seins sind Erfahrung und Entscheidung.

Existenzielle Psychotherapeuten sind eher bereit, sich mit großen Fragen – insbesondere unserer eigenen Sterblichkeit – auseinanderzusetzen, als die Vertreter anderer Ansätze. Die Betonung der Unausweichlichkeit des Todes mag etwas makaber erscheinen; in der Praxis jedoch sprechen existenzielle Ansätze harte Wahrheiten an, um ein optimales Leben zu ermöglichen. Die Tatsache, dass wir jeden Augenblick sterben könnten, sollte uns anspornen, uns zum Handeln und zum Engagement motivieren. Wir sollten uns nicht von Enttäuschungen zermürben lassen und ein Leben mit bequemen, aber im Grunde unbefriedigenden Routinen hinnehmen. Wir sollten wichtige Lebensentscheidungen nicht aufschieben. Wir sollten unter allen Umständen vermeiden, dass wir am Ende unseres Lebens Shakespeares Richard II. zustimmen: »Die Zeit verdarb ich, nun verderbt sie mich.«

* Fast alle Formen der Psychotherapie sind »essentialistisch«. Das heißt, sie gehen davon aus, dass klinische Phänomene durch »Dinge« oder »Wesenheiten« verursacht werden, die auf einer tieferen Ebene angesiedelt sind. So werden in der Psychoanalyse oder der kognitiven Therapie belastende Gedanken und Gefühle durch Komplexe oder Schemata verursacht. Der Verstand lässt sich in Instanzen – Es, Ich und Über-Ich – oder in Gruppen miteinander verbundener Überzeugungen unterteilen. Existenzielle Psychotherapeuten indes vertreten die Auffassung, dass der Mensch eine unteilbare Gesamtheit und Erfahrung irreduzibel ist. Es gibt keine abstrakten »Wesenheiten« zu erforschen.

Mit der Entwicklung der Existenziellen Psychotherapie entstand auch die Humanistische Psychotherapie. Die Überschneidungen zwischen beiden Ansätzen sind beträchtlich, weshalb sie oft mit einem zusammengesetzten Begriff bezeichnet werden: humanistisch-existenziell. Beide entlehnen Konzepte aus der Philosophie, und in der Nachkriegszeit kam es zu einem fruchtbaren Dialog zwischen Humanisten und Existenzialisten. Der berühmteste humanistische Psychotherapeut ist Carl Rogers, dessen Gedanken über das kongruente und inkongruente Selbst bereits früher in diesem Buch erörtert wurden. Rogers wurde im Mittleren Westen der USA in eine wohlhabende Familie hineingeboren und wuchs auf einer Farm auf. Seine kongregationalistische Erziehung war so streng, dass er später schrieb: »Sogar kohlensäurehaltige Getränke hatten einen leicht sündigen Beigeschmack.« Anfangs interessierte er sich für geistliche Aufgaben und besuchte ein Priesterseminar, doch dann kamen ihm Zweifel an seinem Glauben, und er wandte sich der Psychologie zu. Mit seinem 1942 zunächst in englischer Sprache und 1972 schließlich auch auf Deutsch erschienen Werk *Die nicht-direktive Beratung* etablierte er sich als eine der wichtigsten Persönlichkeiten auf diesem Gebiet. Bisweilen wird sogar behauptet, kein einzelnes Buch habe die Praxis der Psychotherapie in den Vereinigten Staaten stärker beeinflusst.

Rogers vertrat die Auffassung, dass Erfüllung, ebenso wie Frankls »Sinn«, nicht als Endpunkt oder festes Ziel verstanden werden sollte. Vielmehr handele es sich um einen spontanen, fortlaufenden Prozess, der sich im Laufe der Zeit weiterentwickele. So wie sich das, was sinnstiftend ist, von Mensch zu Mensch unterscheidet, so variiert auch das, was erfüllend ist, je nach den Neigungen und Vorlieben des oder der Einzelnen.

In Rogers Augen ist es daher hilfreicher, Rahmenbedingungen zu beschreiben, die eine Erfüllung begünstigen, als spezifische Empfehlungen auszusprechen. Chorsingen etwa steht in engem Zusammenhang mit einer verbesserten Stimmung und Gesundheit.[2] Wenn Sie aber nicht musikalisch sind und nicht singen können, treten Sie wahrscheinlich auch nicht in einen Chor ein.

Nach Rogers Auffassung gibt es überraschend wenige und recht einfache Voraussetzungen für Erfüllung: Offenheit für Erfahrungen, vollständiges Erleben des gegenwärtigen Augenblicks, Vertrauen in die eigenen Gefühle und Urteile, Übernahme von Verantwortung für die eigenen Entscheidungen und eine unvoreingenommene positive Einstellung zu sich selbst und anderen. Auf einige dieser Empfehlungen sind wir schon früher gestoßen. Das Leben im Hier und Jetzt etwa ist ein Merkmal des Seinsmodus von Erich Fromm. Rogers entwickelte das, was er »klientenzentrierte« oder »personenzentrierte« Therapie nannte, zu einer Zeit, als viele Praktiker, die sich von der traditionellen Psychoanalyse abgewandt hatten, zu einem neuen Konsens gelangten. Dieser war durch eine Verlagerung des Schwerpunkts vom unbewussten zum bewussten Seelenleben gekennzeichnet. Die Therapeuten sprachen weniger über verdrängte Erinnerungen und mehr über Beziehungen, Werte und persönliche Ziele.

Nach Rogers verfügt ein erfolgreicher Therapeut über besondere Eigenschaften – nämlich Ehrlichkeit, Respekt für andere und einfühlsames Verständnis – wobei diese Eigenschaften im Grunde allen zum Vorteil gereichen, die sinnstiftende Beziehungen aufbauen möchten.

Rogers' Sprache ist schlicht und ungezwungen. Er verwendet gern die erste Person und verzichtet auf den gebieterischen Ton einer wissenschaftlichen Autorität. Sein Stil ist vertraulich und gemeinschaftsorientiert. Zahlreiche Größen in der Geschichte der Psychotherapie haben ihre Schwächen hinter einer Maske verborgen, hinter einer angenommenen Persönlichkeit, mit der sie ihre Schüler davon überzeugten, Weisheit und Unfehlbarkeit zu verkörpern. Rogers jedoch war vollkommen transparent. Er schrieb über seine eigenen sexuellen Probleme, beging therapeutische Schnitzer und wurde mit zunehmendem Alter emotional sprunghafter. Er glaubte uneingeschränkt an die Wahrhaftigkeit. Die Fakten, so meinte er, seien stets freundlich. Wir sollten niemals Angst vor der Wahrheit haben. Je wahrhaftiger man sei, desto mehr könne man seinen Gefühlen und Urteilen vertrauen.

Was Rogers am stärksten mit seinen existenziellen Zeitgenossen verbindet, ist der unerschütterliche Glaube an die Freiheit. Man kann ohne Weiteres einen gewissen Kontrast zwischen der Positivität der Personenzentrierten Therapie und dem dunklen Determinismus der Psychoanalyse herstellen.

Tatsächlich aber geht es auch bei der Psychoanalyse um die Steigerung der persönlichen Freiheit. Das Hauptziel der Psychoanalyse ist die Befreiung des Einzelnen von hinderlichen unbewussten und vergangenen Einflüssen.

Der existenzialistische Schriftsteller Albert Camus bezeichnete den Suizid als »das einzig wirkliche ernste philosophische Problem«. Diese kühne Behauptung wird wegen ihrer Klarheit gern zitiert. Der Mensch ist das einzige Lebewesen auf der Erde, das sich selbst tötet. Wie Hamlet müssen wir alle wählen, ob wir sein oder nicht sein wollen. Bevor wir uns entscheiden, etwas zu tun, müssen wir zuerst beschließen, dass wir existieren wollen. Wir müssen die Freiheit ausüben, die Rogers hochhielt. Jeder Atemzug, den wir tun, ist eine Entscheidung. Aus einer humanistisch-existenziellen Perspektive sind wir die Summe unserer Entscheidungen.

Sarah saß den ganzen Tag in ihrem Zimmer auf einer geschlossenen Station, dann schlief sie. Seit Monaten hatte sie kein einziges Wort gesprochen. Zwar konnte sie sich selbst pflegen, sich waschen und anziehen, aber sonst konnte sie nur sehr wenig tun. Die meiste Zeit verbrachte sie allein in ihrem Bett. Die Frau, die in ihrem Körper wohnte, war vollkommen unzugänglich.

Sarahs Zimmer war klein und karg – ein Bett, eine Lampe, ein Schrank –, und das einzige Fenster bot eine enttäuschende Aussicht: die angrenzenden Häuser und die trostlosen Gebäudeschluchten einer großen, weitläufigen psychiatrischen Einrichtung. Durch ein Glasquadrat in der Tür konnten vorbeigehende Ärzte und Krankenschwestern überwachen, dass Sarah sich nichts antat. Sie hatte eine Doppeldiagnose erhalten, Depression und Anorexie, aber diese nüchternen und präzisen medizinischen Begriffe vermittelten nichts vom

Ausmaß ihres Schreckens und ihrer Verzweiflung. Depressionen stehen für Traurigkeit und Anorexie für die starke Beschäftigung mit dem eigenen Körpergewicht – psychische Phänomene, die wir alle verstehen können.

Sarahs Zustand war anders geartet und hatte ein anderes Ausmaß erreicht. Sie hatte sich von der Welt zurückgezogen und litt unter einem derart starken psychischen Schmerz, dass Bezeichnungen wie »Depression« und »Anorexie« hoffnungslos unzureichend waren. Weder die Einnahme von Antidepressiva noch die Elektrokrampftherapie hatten einen Einfluss auf Sarahs psychischen Zustand gehabt, und ihr Arzt war sich nicht sicher, wie er weiter vorgehen sollte. Das Behandlungsteam und ihre Familie waren sich darin einig, dass sie vorläufig auf der Station bleiben sollte, weil sie dort zumindest sicher war und ihr Körpergewicht überwacht werden konnte. Niemand hatte es für nötig befunden, Sarah nach ihrer Meinung zu fragen, da sie sich nicht äußern konnte (oder wollte).

»Psychotherapie ist bei ihr nicht möglich«, sagte eine Krankenschwester. »Sie redet nicht, nimmt keinen Augenkontakt auf. Sie ist völlig teilnahmslos. Was wollen Sie denn tun?«

Doch wie Viktor Frankl sagte, gibt es selbst unter den aussichtslosesten Umständen noch verborgene Möglichkeiten.

Als ich Sarahs Zimmer zum ersten Mal betrat, traf ich sie auf ihrem Bett sitzend an, mit dem Rücken an der Wand. Sie trug einen Pullover und eine Jeans; sie war barfuß und hatte die Zehen zusammengekrümmt. Allein die Tatsache, dass sich ihr ein anderer Mensch näherte, reichte aus, dass sie zurückwich und sich wie ein Fötus zusammenkauerte. Ihr Haar war ungewaschen und hing wie ein Vorhang vor ihrem Gesicht, die letzte Barriere, hinter der sie sich vor der Realität schützen konnte.

Ich hatte in ihren Unterlagen gelesen und erfahren, dass Sarah eine erstklassige Mathematikerin und eine sehr gute klassische Pianistin war. Diese zerbrechliche, stumme, zitternde Gestalt hatte einst beeindruckende Talente gezeigt. Der Rollwagen, den ich schob, war mit einer Stereoanlage und einem Stapel Kassetten beladen (das war lange vor digitalen Downloads und Streaming). Ich stellte mich vor und sagte Sarah, dass ich ihr etwas Musik vorspielen wolle. Ich hoffte, dass die Musik mein Zugang zu ihr sein könnte – oder ihr Ausweg: ein Katalysator, eine Verbindung, ein Mittel, das Erinnerungen weckt; Balsam, Trost, irgendetwas. Ich legte eine Kassette ein, schloss die durchsichtige Plastikabdeckung und drückte eine Taste. Die kleinen Spulen begannen, sich zu drehen, und der Raum füllte sich mit Mozart, leuchtenden Harmonien und eleganten Verzierungen. Sarah verharrte in derselben starren Position, die Knie unter dem Kinn, die Fäuste geballt und die Handgelenke an der linken Schulter gekreuzt. Sie begann zu schluchzen, und sie schluchzte während der gesamten Dauer mehrerer Klaviersonaten weiter. Als die Musik aufhörte, bebte ihre Brust immer noch, und ich fühlte mich plötzlich schuldig. Hatte ich ihren Zustand noch verschlimmert?

»Ich weiß, dass Ihnen das Reden schwerfällt«, sagte ich leise. »Und vielleicht wollen Sie auch gar nicht reden. Aber ich denke, es wäre hilfreich, wenn wir miteinander kommunizieren könnten.«

Schwere Depressionen können eine Art Lähmung hervorrufen. Eine einzige Silbe auszusprechen, kann eine enorme Anstrengung erfordern.

Ich erklärte Sarah, dass, sofern sie mir erlaubte, ihre Hand zu halten, einmal drücken »ja« und zweimal »nein« bedeuten könnte. Sie könnte dann Fragen beantworten und ihre Wünsche äußern. Ich stand von meinem Stuhl auf, ging hinüber zu ihr, setzte mich neben sie und nahm ihre Hand. »Ist es in Ordnung, wenn ich Ihre Hand so halte?« Ich wurde mit einem einmaligen Drücken belohnt.

Es war schwer vorstellbar, dass jemand, der einst stundenlang Klavier geübt hatte, völlig immun gegen die therapeutische Wirkung von Musik sein sollte. Deshalb beschloss ich, damit fortzufahren. Wir saßen stundenlang da, hörten Mozart und Bach – Sarah kauerte weiterhin auf ihrem Bett, das Gesicht von ihrem Haarschleier verdeckt, während ich neben der Stereoanlage saß. Manchmal weinte sie, aber nicht immer. Wenn die Musik zu Ende war, nahm ich ihre Hand, stellte ihr unaufdringliche Fragen und bekam gelegentlich eine Antwort – einen oder zwei Drücker.

Was hoffte ich damit zu erreichen?

Die Musik – abgesehen davon, dass sie zumindest theoretisch etwas Angenehmes ist – bot mir auch einen Grund, in Sarahs Zimmer zu sein. Längere Exposition wird mit Angstabbau assoziiert, und ich erwartete, dass sie sich mit der Zeit in meiner Gegenwart wohler fühlen würde. Außerdem wollte ich Sarah aus ihrer psychischen Höhle herauslocken, um ihr den erneuten Kontakt mit der Außenwelt zu erleichtern. Das Musikhören sollte ihre Aufmerksamkeit nach außen lenken – ein notwendiger erster Schritt.

Ob ich nun mit Freunden unterwegs war oder einfach nur eine Straße in London entlangging, immer wieder musste ich an Sarah in ihrem Zimmer denken. Sie war wie der Stab einer Sonnenuhr, und ihr Schatten verfolgte mich. Der Gedanke an ihre geistige und körperliche Gefangenschaft ließ mich die vielen alltäglichen Freiheiten schätzen, die ich normalerweise für selbstverständlich hielt. Selbst ganz banale Dinge wirkten auf einmal stimulierend. Der Duft von Kaffee reichte aus, damit ich mich vollkommen lebendig fühlte.

Wir machten nur langsam Fortschritte, waren aber schließlich in der Lage, mittels Händedruck kurze und rudimentäre Unterhaltungen zu führen. An Tagen, an denen sie nicht schluchzte, ermutigte ich sie zu sprechen. Um sie zu hören, musste ich mein Ohr nahe an ihren Mund halten, denn sie konnte nur wenige, kaum vernehmbare Worte artikulieren. Als ich sie fragte, ob sie wolle, dass ich meine Besuche fortsetze, flüsterte sie: »Ich weiß nicht.« Das war eine ehrliche Antwort. Ihre Erlebniswelt war so verwirrend, so überwältigend geworden, dass sie nicht mehr klar denken konnte.

Obwohl unsere Kommunikationsmittel primitiv waren, erfuhr ich, dass Sarah in andere Länder gereist war, dass sie einige Jahre zuvor noch die Gesellschaft ihrer Freunde genossen hatte und Ski gefahren war. Ihre Geschichte war relativ harmlos. Sie bewies, dass Ereignisse nicht so wichtig sind wie unsere Interpretation derselben.

Aufgrund ihres Schweigens und ihrer Verschlossenheit war Sarah bislang eine passive Pflegeempfängerin gewesen. Ich forderte sie auf, darüber nachzudenken, ob dies wünschenswert sei. Auch wenn es für sie vielleicht mühsam sei, Entscheidungen zu treffen, solle sie doch versuchen, ihre Meinung zu ihrer Behandlung zu äußern und etwas Verantwortung für ihr Leben zu übernehmen.

Sarah hörte offensichtlich zu, denn danach wurde sie merklich entscheidungsfreudiger. Als ich sie zum Beispiel fragte (was ich oft tat), ob sie mit weiteren Besuchen einverstanden sei, flüsterte sie nun: »Ja.«

Für Sarah bedeutete die bloße Anwesenheit eines anderen Menschen immer noch Stress, also begann ich, ihr Fragebögen mit Multiple-Choice-Antworten zu hinterlassen. Ich nahm an, dass es ihr dann leichter fiele, Entscheidungen zu treffen, ohne den impliziten Druck, der von mir ausging, wenn ich neben ihr saß. Ebenso forderte ich sie auf, ihre Gedanken in meiner Abwesenheit niederzuschreiben. Sie konnte zwar nur wenige Worte zu Papier bringen, aber sie genügten, um mir einen Eindruck davon zu vermitteln, wie sie die Welt erlebte: »Es ist alles so unwirklich.« Die einzig greifbare Realität war für sie die innere.

Ein unerwarteter Nebeneffekt dieser Fragebögen war, dass Sarah auf den leeren Rückseiten zu zeichnen begann. Ich legte ihr Papier und Stifte auf den Nachttisch und sagte, sie solle zeichnen, wann immer sie wolle. Was dabei entstand, war ganz außergewöhnlich. Ihre Skizzen waren stark stilisierte und symbolische Darstellungen ihres Schmerzes: vergitterte Fenster, Stacheldraht, Haken. Sie waren düster und verstörend und erinnerten an Bilder aus Konzentrationslagern. Viele Jahre später, als ich im ehemaligen KZ Struthof stand, machte ich mehrere Fotos, die fast identisch mit Sarahs Zeichnungen waren.

Bis dahin hatte sie wie eine Gefangene gelebt. Ich fragte sie, ob sie spazieren gehen wolle, und zu meiner Überraschung willigte sie ein. Ich musste sie stützen, denn sie war zu schwach und kraftlos. Sie glich einem Astronauten, der nach langem Aufenthalt im All nicht mehr mit der Schwerkraft zurechtkommt. Wir verließen die geschlossene Abteilung, stiegen mehrere Stockwerke hinab und traten dann ins Sonnenlicht. Sie zitterte, während wir uns mühsam und langsam zwischen den Klinikgebäuden bewegten. Es war nur ein kurzer Spaziergang, und sie hielt ihren Kopf von Anfang bis Ende gesenkt. Sie sah kaum mehr als ihre Füße und die Pflastersteine. Den-

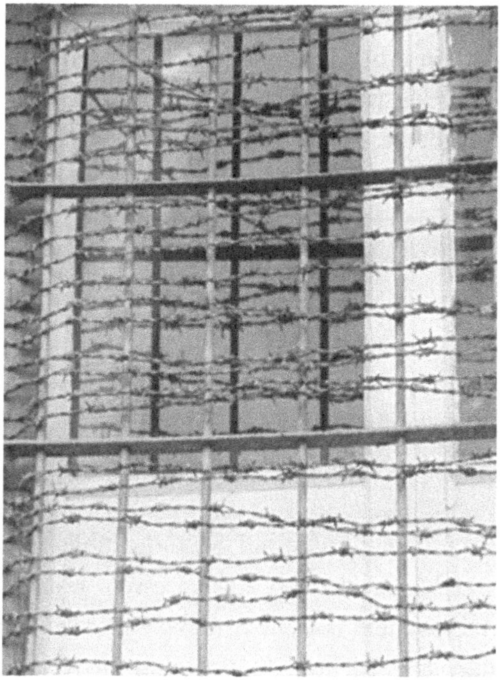

noch war es eine Leistung, die großen Mut erforderte. Sie hatte sich entschieden, in ein Universum aus gleißendem Licht und schwindelerregender Verwirrung vorzudringen. Sie hatte sich fremden Menschen, dem Lärm der Flugzeuge und der Hitze der Sonne ausgesetzt. Sie hatte ihr klopfendes Herz ertragen, das in blinder Panik raste.

Mit der Zeit konnte sie flüssiger sprechen, und wir führten längere Unterhaltungen. Sie sprach nie lauter als im Flüsterton, und ich musste mein Ohr immer noch nahe an ihren Mund halten, um zu hören, was sie sagte, aber nach und nach konnte ich ihre Geschichte zusammensetzen.

Sarah war schon immer sehr sensibel für Ungerechtigkeit und Grausamkeit gewesen. Sie besaß ein stark ausgeprägtes

Mitgefühl. Je mehr sie von der Welt sah – nicht nur von der alltäglichen, direkt beobachtbaren Welt, sondern auch von der Welt auf dem Fernsehbildschirm – desto beunruhigter und verstörter wurde sie. Missbrauch, Tyrannei, Folter, endlose und wiederholte Fälle sinnloser Gewalt und Brutalität. Die gesamte Menschheit schien an einer entsetzlichen schwarzen Komödie teilzunehmen. Wie konnte die Welt nur so sein? Und vor allem, wie konnten die Menschen ihr Leben weiterführen, wenn sie wussten, dass anderswo Gräueltaten stattfanden?

Sie wollte etwas bewirken, anderen helfen, sich engagieren und Geld für wohltätige Zwecke sammeln. Doch nichts, was sie tat, genügte ihren hohen Ansprüchen. Sie konnte nie genug tun.

Ihre Essstörung beruhte auf Schuldgefühlen. Sie fand es obszön, drei Mahlzeiten am Tag zu essen, während andere hungerten. Es war exzessiv, übermäßig – gierig. Dann begann sie, ihre eigenen Absichten zu hinterfragen. War sie wirklich ein guter Mensch, oder tat sie nur so, um sich besser zu fühlen? Schlimmer noch, vielleicht spielte sie sich nur als Heilige auf, um das zweifelhafte Vergnügen zu genießen, sich anderen moralisch überlegen zu fühlen. Was, wenn ihr Mitgefühl nur ein Alibi war? Was, wenn ihre Kreuzzüge nur eine selbstsüchtige Show waren? Vielleicht war sie in Wahrheit eine Heuchlerin, unaufrichtig, eine Lügnerin, ein schlechter Mensch.

Sie begann mit einer intellektuellen Selbstzerstückelung, die sie mit rücksichtsloser Gewissenhaftigkeit durchführte, doch als sie sich erst einmal zerstückelt hatte, konnte sie sich nicht wieder zusammensetzen. Wenn sich die ersten Narben durch Selbstverletzung am Körper von Menschen mit entsprechender Störung zeigen, kann man sicher sein, dass sie sich innerlich bereits zerfleischt haben. Sarah spürte, wie sie sich selbst auflöste, und sie hatte auch nicht mehr die Kraft, die Realität zu ertragen: die Grausamkeit, die Absurdität, die Sinnlosigkeit des Daseins. Die Welt hatte sich in einen Strudel verwandelt, in ein unüberschaubares Chaos, vor dem sie sich schützen musste, indem sie sich immer tiefer in sich selbst zurückzog. Die Zerrüttung der Identität ist in der Regel mit einem konkreten Trauma verbunden. Sarah hatte kein bestimmtes traumatisches Ereignis erlebt. Das Dasein selbst – in seiner Gesamtheit – war traumatisch geworden.

Sarah wollte nicht aus dem Krankenhaus entlassen werden. Sie war überzeugt, dass sie sich umbringen würde, sobald sie Gelegenheit dazu hätte. Sie wollte einfach nur, dass der Schmerz ein Ende hatte. Was sie in der Vergangenheit von einem Suizidversuch abgehalten hatte, war die Lähmung, die sich aus einer klassischen Zwickmühle ergibt: Das Leben war unerträglich, aber das Sterben auch. Wenn sie sich umbrachte, würde sie ihrer Familie Kummer und Leid bereiten, was für sie ebenfalls unerträglich war. Es fiel ihr extrem schwer, über das Thema Suizid zu sprechen. Sie geriet in Panik, hyperventilierte, und ich musste warten, bis sich die Panikwellen gelegt hatten, bevor wir fortfahren konnten.

Unsere Gespräche halfen ihr, glaube ich, denn die Bildsprache ihrer Zeichnungen begann, sich zu verändern. Gelegentlich drangen Lichtstrahlen durch die Dunkelheit, Stacheldrahtverhaue verwandelten sich in Rosenbüsche, und an den Rändern – meist in den unteren Ecken der Papierbögen – sprossen wilde Blumen. Sie konnte häufiger spazieren gehen, wenn auch immer mit gesenktem Kopf, und sie schluchzte nicht mehr stundenlang. Manchmal wirkte sie sogar relativ entspannt und ruhig. Ich wagte zu hoffen, dass sie vielleicht sogar eine Ruhepause von ihrem Schmerz erlebte.

Sie war immer noch nicht stabil genug, um Augenkontakt herzustellen. Bei allen unseren Sitzungen sprach ich zu den herabhängenden Strähnen ihres Haars. Sie war nicht stark genug, um Blicke zu ertragen, die sich für sie vermutlich angefühlt hätten, als würde man sie mit glühenden Spießen durchbohren. Der schwierigste Aspekt der Realität sind immer die anderen Menschen. Menschen sind der Ort, an dem die Realität in ihrer höchsten Konzentration zu finden ist.

Die Blicke anderer waren für Sarah unerträglich, aber ein anderes menschliches Wesen im selben Raum anzusehen, war für sie, als würde sie direkt in die Sonne schauen. Ich dachte mir eine einfache Übung aus: Ich wandte mich ab, und sie sah mich einige Sekunden lang an. Wenn sie fertig war, drückte sie meine Hand, und ich drehte mich wieder um. So konnte sie sich an die Realität meiner Anwesenheit gewöhnen, ohne befürchten zu müssen, im grellen Licht meiner Aufmerksamkeit gefangen zu sein.

Drei Monate nach meinem ersten Besuch flüsterte sie: »Ich fühle mich anders.«

»Inwiefern?«, fragte ich.

Ihre Stimme zitterte: »Ich glaube, es geht mir besser.«

Dass der Mensch von einer gütigen Intelligenz aus einem bestimmten Grund geschaffen wurde, ist eher unwahrscheinlich. Kosmologen sagen voraus, dass sich der Weltraum weiter ausdehnen wird, dass die Sterne erlöschen werden und dass am Ende nur Dunkelheit bleiben wird – eine unvorstellbar große, tote, gefrorene Weite in Finsternis. Und doch sind die Menschen ständig auf der Suche nach dem Sinn des Lebens. Das liegt wahrscheinlich an unserer evolutionären Programmierung. Zielgerichtetes Verhalten (beispielsweise Jagd oder

Paarung) sicherte das eigene Überleben und die Weitergabe von Genen. Leider erzeugt die Programmierung, die uns dazu bringt, sinnvolle Ziele zu verfolgen, auch einen permanenten Druck. Wir verfolgen Ziele, die über die Befriedigung unserer materiellen Bedürfnisse hinausgehen, und das verlockendste und erhabenste dieser Ziele ist es, eine ultimative Antwort zu finden. Wir sind getrieben, mehr vom Universum zu verlangen, als es zu geben bereit ist.

Für viele ist dieses fruchtlose Unterfangen der Grund für Unruhe, schlaflose Nächte, Enttäuschung und, in manchen Fällen, Verzweiflung. Die Religionen lehren uns, dass wir, wenn wir suchen, auch finden werden. Seit Jahrtausenden suchen die Menschen jedoch, und trotzdem herrscht bis heute keine Einigkeit über den Sinn des Lebens. Es gibt schlicht keine unumstößlichen Beweise.

Solange wir das Universum nicht um Dinge bitten, die es uns nicht geben kann, werden wir nicht von der Realität erdrückt. Wir brauchen keinen einzigen, endgültigen Grund, um zu leben. Eine beliebige Anzahl kleinerer Gründe ist völlig ausreichend.

13

Akzeptanz:

Eine Blume, die nur eine einzige Nacht blüht

Nach Hitlers Machtergreifung verließen Freud und seine Familie Wien und zogen nach London. Wenngleich sich Freud gelegentlich kritisch über Wien äußerte, so hatte er doch seit seiner frühen Kindheit dort gelebt. Er liebte es, auf der Ringstraße spazieren zu gehen und in Kaffeehäusern zu sitzen; er liebte die deutsche Sprache, spielte gern mit Freunden Karten und erzählte Witze. Er war ein typischer Wiener, und sein Name ist eng mit der kulturellen und intellektuellen Blütezeit der ehemaligen Hauptstadt der Habsburgermonarchie verbunden. Wien wird oft als Stadt der Träume bezeichnet, weil Freud, der Traumdeuter, einst dort lebte. Wien zu verlassen, muss sich wie eine Entwurzelung angefühlt haben – wobei Alter und Krankheit die unfreiwillige Trennung noch erschwerten. Freud war Mitte achtzig und litt an Mundhöhlenkrebs. Nach seiner Ankunft in London empfing Freud viele prominente Besucher, darunter den visionären Schriftsteller H. G. Wells und den surrealistischen Maler Salvador Dalí. Letzterer fertigte heimlich eine Skizze seines Gastgebers an, von der er später eine Federzeichnung schuf. Es ist ein ziemlich trauriges, kleines Bild, denn es zeigt einen Menschen in einem Zustand der Auflösung. Dem Porträt mangelt es an Schärfe – Freuds strenge Miene verblasst, der Hinterkopf verschwindet im Nichts. Freud ist dem Tod so nahe, dass er schon nicht mehr ganz am Leben ist. Er befindet sich in einem gespenstischen Übergangszustand. Freud bekam weder Dalís Skizze noch seine Federzeichnung zu sehen, weil man sie für zu verstörend hielt. Paradoxerweise rückt die unscharfe Ausführung des Künstlers die Sterblichkeit in den Fokus, stellt gewissermaßen den Blick darauf scharf.

Am 28. Januar 1939 waren der Journalist und Politiktheoretiker Leonard Woolf und seine Frau Virginia – die wohl größte Romanautorin ihrer Generation – zum Tee bei Freud. In seinen Memoiren vermerkt Leonard Woolf dieses vielversprechende Zusammentreffen und stellt fest, dass Begegnungen mit berühmten Männern fast immer enttäuschend, langweilig oder beides seien. Freud habe die Ausnahme gebildet. Er sei von einer Aura nicht etwa der Berühmtheit, sondern der Größe umgeben gewesen, die ihn an einen halb erloschenen Vulkan erinnert habe. Diese Ahnung unterschwelliger, brodelnder Macht wurde durch tadellose Umgangsformen gemildert. Freud war in einer Art und Weise höflich, die an die Ritterlichkeit einer vergangenen Epoche erinnerte. Virginia überreichte er zur Begrüßung eine Blume. (Virginia war von Freud weniger beeindruckt als ihr Ehemann.[1] Sie erinnerte sich an einen verschrobenen Kauz mit den Augen eines Affen. Ihre gesellschaftlichen Beobachtungen waren selten wohlwollend.)

Leonard, der zweifellos um Freuds ausgeprägten Sinn für Humor wusste, erzählte eine lustige Geschichte. Offenbar habe ein Mann bei Foyles, der größten Buchhandlung der

Welt, mehrere Bücher gestohlen, und unter den entwendeten Bänden sei auch ein Titel von Freud gewesen. Der Richter habe den Dieb zu einer Geldstrafe verurteilt und gesagt, dass er als weitere Strafe das Gesamtwerk Freuds lesen müsse. Freud war belustigt.

Bei den Bücherverbrennungen der Nationalsozialisten 1933 wurden Freuds Werke zusammen mit anderen Schriften, die als dekadent, pornografisch oder politisch gefährlich eingestuft wurden, den Flammen preisgegeben. Der sogenannte »Feuerspruch« lautete: »Gegen seelenzerfasernde Überschätzung des Trieblebens, für den Adel der menschlichen Seele!« Als Freud erfuhr, dass seine Bücher verbrannt wurden, machte er eine sarkastische Bemerkung über die herausragenden

Fortschritte der Menschheit. »Im *Mittelalter* hätten sie *mich verbrannt.*« Offensichtlich ahnte er nicht, was kommen würde.

Freud besaß unzählige Bücher. Seine Sammlung, oder zumindest das, was davon heute noch übrig ist, umfasst etwa viereinhalbtausend Bände, von denen sich die meisten in Freuds Londoner Haus (dem heutigen Freud-Museum) befinden. Rund 500 Bücher, die in früheren Verzeichnissen aufgeführt waren, fehlen. Freud verschenkte regelmäßig Bücher, und seine Frau tat dies auch nach seinem Tod. Ein Buch, das im jüngsten Katalog nicht erwähnt wird, ist Freuds Exemplar seiner eigenen 1932 in Wien erschienen Fallstudien, *Vier psychoanalytische Krankengeschichten.* Es ist eines der Bücher, die spurlos verschwunden sind. Ich weiß, wo es ist, weil ich es von meinem Platz aus sehen kann: Die letzten elf Jahre lag es auf meinem Schreibtisch.

Wenn ich Freuds ehemaligen Besitz in Händen halte, eine abgegriffene Ausgabe mit verblichenem grünen Leineneinband, empfinde ich eine merkwürdige Verbindung. Ich verwandle mich in eine Art Hellseher, der Erinnerungen aus einem Gegenstand freisetzt. Das Buch stand einst auf einem Regal in Freuds Wohnung in Wien und befand sich mit ziemlicher Sicherheit auch in dem Zimmer, wo Leonard und Virginia Woolf mit ihm zusammen Tee tranken. Wäre Freud nicht nach London geflohen, wäre es von den Nazis ins Feuer geworfen und verbrannt worden. Aber es hat überlebt. Ich kann durch die Seiten blättern und mir einreden, dass das Papier immer noch einen Hauch von Freuds Zigarren verströmt. Die Tatsache, dass das Buch existiert, ist überaus erfreulich und positiv.

Freuds Krebserkrankung war bereits weit fortgeschritten. Eine Läsion in seinem Mund verbreitete einen derart üblen

Geruch, dass sich sein Hund in die hinterste Ecke des Zimmers zurückzog. Die physische Substanz seines Körpers verfiel. Bald konnte er nur noch wenig Nahrung aufnehmen. Er verweigerte – abgesehen von Aspirin – die Einnahme von Schmerzmitteln, weil er fürchtete, dass diese sein Denkvermögen beeinträchtigen könnten. Man hatte ihm schon vor Jahren geraten, das Rauchen aufzugeben, doch hatte er diesen Rat nicht befolgt. Teile seiner Mundhöhle waren chirurgisch entfernt und durch eine gebissähnliche Prothese ersetzt worden. Dadurch wurde die Kieferbewegung eingeschränkt, und es entstanden wunde Stellen. Manchmal benutzte er eine Wäscheklammer, um seine Lippen so weit öffnen zu können, dass sich eine Zigarre einführen ließ. Für Freud war ein Leben ohne Zigarrenrauchen unvorstellbar. Der Reichtum der Existenz hatte sich auf »eine kleine Insel Schmerz, *schwimmend auf einem Ozean von Indifferenz*« reduziert. Und auf ein paar Zigarren.

Einer seiner letzten Besucher war ein alter Freund, der Psychoanalytiker Hanns Sachs. Sachs war erstaunt über Freuds Resilienz. Obwohl er sehr geschwächt war und entsetzliche Schmerzen hatte, klagte Freud nicht und zeigte keinerlei Anzeichen von Reizbarkeit. Er wollte vielmehr wissen, was in psychoanalytischen Kreisen los war. Sein Interesse war ungebrochen, bis zum Schluss.

Das Wort, das Freuds geistige Haltung gegenüber dem nahenden Tod am besten zusammenfasst, ist Akzeptanz. Es taucht immer wieder in den Berichten derer auf, die ihn besuchten. Sein Schüler und Biograf Ernest Jones schrieb: »Die Philosophie der Resignation und des Akzeptierens der unabänderlichen Realität kamen wirklich zu ihrem vollen Triumph.« Freud wetterte nicht gegen das Schicksal, die Ungerechtigkeit seiner Situation oder sein schreckliches, unwürdiges Ende. Er schüttelte nicht die Faust gen Himmel. Alte Tiere werden krank und sterben. Sein Tod war Teil der natürlichen Ordnung. Freud sah ins Nichts wie ein echter Freudianer – und er hatte nicht vor zu blinzeln.

Der Krebs fraß sich durch seine Wange, und die Sepsis breitete sich aus. Sein Zustand war nun unerträglich.

Freud hatte mit seinem Arzt über diese Möglichkeit gesprochen, und sie waren zu einer »Übereinkunft« gelangt. Welchen Sinn hatte es, sich noch länger solch sinnlosen Qualen auszusetzen? Der Arzt drückte ihm die Hand und erklärte sich bereit, ihn zu »sedieren«. Am nächsten Morgen nahm Freud eine tödliche Dosis Morphium ein. Er starb kurz vor Mitternacht am 23. September 1939. Ernest Jones schrieb: »Freud starb, wie er gelebt hatte – als Realist.«

Der Dichter W. H. Auden umriss in seinem Text »In Memory of Sigmund Freud« mit ein paar gut gewählten Worten den weltweiten Einfluss Freuds: Er sei »keine Person mehr, sondern ein ganzes Meinungsklima«. Trotz der wiederholten Versuche von Wissenschaftlern, Freud zu diskreditieren, bleibt er eine zentrale Figur. Das Meinungsklima, auf das sich W. H. Auden bezog, hat sich in den vergangenen Jahrzehnten kaum verändert. Freuds Bücher erreichen nach wie vor eine breite Leserschaft, er weckt unsere Neugier, regt Debatten an und spricht unbequeme Wahrheiten aus. Kritiker kommen und gehen, aber Freud ist nach wie vor ein fester, unumstößlicher Bestandteil unserer Kulturlandschaft.

Als Jude gewann Freud jüdische Anhänger, die nach ihrer Flucht vor der NS-Verfolgung sowohl den Mitgliedern neuer als auch etablierter jüdischer Gemeinden die Psychoanalyse nahebrachten. Die Verbreitung der Psychoanalyse (und ihre anschließende Aufsplitterung in andere Formen der Psychotherapie) lässt sich anhand verschiedener Linien des geringsten kulturellen Widerstands nachvollziehen. Einige Wissenschaftler, meist selbst Juden, haben die Vermutung geäußert, dass die Verbindung zwischen Judentum und Psychotherapie in Wirklichkeit etwas tiefer liege: Juden seien nicht nur das erste Volk gewesen, das sich der Psychoanalyse zugewandt habe, sondern auch ein Volk mit einem gemeinsamen Erbe, das der Entwicklung der Freud'schen Lehre und ihrer späteren Varianten förderlich gewesen sei. Manche gingen noch weiter und mutmaßten, dass Freuds Gedanken stark durch die heiligen Schriften des Judentums beeinflusst seien.

Freud war jedoch kein frommer Jude. Er widersetzte sich dem Wunsch seiner Frau, ein jüdisches Zuhause einzurichten, und sein Sohn Martin schrieb, dass er und seine Geschwister ohne jegliche Unterweisung in jüdischen Bräuchen aufgewachsen seien.[2] Soweit sich Martin erinnern konnte, besuchten sie nie eine Synagoge. Dafür feierte die Familie Freud, die typisch deutsch war, sehr gern Weihnachten. Freud lehnte Religion als Illusion ab, veröffentlichte zu einer Zeit, als Tausende von Juden in Konzentrationslager deportiert wurden, ein kritisches Werk über das Judentum und war im ersten Jahrzehnt des 20. Jahrhunderts besorgt darüber, dass sich die Psychoanalyse zu einem provinziellen, nur von österreichischen Juden praktizierten Zweig der Medizin entwickeln könnte. Er wollte nicht, dass die Psychoanalyse, wie er es ausdrückte, »eine jüdischnationale Angelegenheit« würde.

Allerdings hatte Freud noch eine ganz andere Seite. Er war aktives Mitglied der jüdischen Organisation B'nai B'rith, spielte jeden Samstagabend mit anderen Juden Karten und sammelte jüdische Witze. In Biografien über Freud heißt es oft, er sei in Bezug auf seine Religion ambivalent gewesen, aber das ist nicht korrekt. Seine Position war vielmehr sehr klar. Er hielt jegliche Religion für Unsinn, auch das Judentum, aber gleichzeitig genoss und pflegte er viele jüdische Bindungen. Diese Bindungen wurden zunächst durch den in Wien weit verbreiteten Antisemitismus gefördert und verstärkt. Freud bemerkte einmal, die Juden hätten keine andere Wahl, als sich zusammenzuschließen. Diese Aussage deutet darauf hin, dass sein Jüdischsein eher zweckdienlich als religiös motiviert war.

Man kann nicht an Freud denken, ohne auf irgendeiner Ebene zu berücksichtigen, dass er ein Jude war. Warum aber verdient diese Tatsache Beachtung? Sie eröffnet einige interessante Möglichkeiten im Hinblick auf den letztendlichen Ursprung seiner Gedanken. Obwohl Freud ein rationaler Mensch war, faszinierten ihn die verschiedenen Religionen und Mythologien. Sein Sprechzimmer war vollgestopft mit antiken Figuren und Statuetten – kleinen Göttern und Göttinnen. Leonard Woolf sagte, es sehe aus wie ein Museum.

In seinem 1958 erstmals erschienenen Buch *Sigmund Freud and the Jewish Mystical Tradition* legte der Psychologe David Bakan dar, dass die Psychoanalyse und die Kabbala, eine bis ins 12. Jahrhundert zurückreichende Überlieferung jüdisch-esoterischer Lehren, vieles miteinander gemein hätten: Traumdeutung, Symbolismus, ein Interesse an Sexualität und ein besonderes Augenmerk auf die Sprache. Kabbalisten studieren die Texte heiliger Bücher ganz ähnlich, wie Psychoanalytiker Menschen studieren. In beiden Fällen wird kleinen Dingen, winzigen Details besondere Beachtung geschenkt. 1958 gab es kaum tatsächliche Hinweise darauf, dass Freud mit kabbalistischen Schriften vertraut war; allerdings wurde Bakan später von Chaim Bloch kontaktiert, einem bedeutenden Experten für Judaistik, die Kabbala und Chassidismus – und ein einstiger Bekannter Freuds. Bloch erinnerte sich, wie er Freud besuchte und die Bibliothek des großen Mannes inspizierte. Dabei seien ihm mehrere Bände der Kabbala und eine französische Übersetzung des Zohar (des vielleicht wichtigsten Werks der jüdischen Mystik) ins Auge gefallen, die allesamt in den offiziellen Verzeichnissen fehlten. Wir sind nun versucht, uns vorzustellen, wie Freud in geheimen Büchern stöberte und den jüdischen Okkultismus mit der französischen Psychopathologie, der deutschen Psychophysik und der Sexualwissenschaft kombinierte – und so die Psychoanalyse erfand. Das ist ein romantisches Bild, wenn auch vielleicht zu romantisch und zu fantasievoll, um wirklich glaubwürdig zu sein. Und doch ist es verlockend, diese Möglichkeit in Betracht zu ziehen. Die Akzeptanz, mit der Freud seinen letzten Tagen begegnete, und der Realismus der Psychoanalyse sind beide typisch für die jüdische Mystik.

So gibt es etwa kabbalistische Lehren, die das Böse und das Leid in der Welt damit erklären, dass das Universum die fehlerhafte Schöpfung eines unvollkommenen Gottes sei.[3] Diese Lehren stehen im Kontrast zu den bisweilen verzweifelten Argumenten, mit denen christliche Theologen versuchen, die Vorstellung eines allgütigen Gottes mit Phänomenen wie Mundhöhlenkrebs und Massenvernichtungen in Einklang zu bringen. Die Standardantwort auf die Frage nach dem Bösen und dem Leid lautet, dass sie entstehen, weil Gott den Menschen das Geschenk der Freiheit gemacht hat. Die Verantwortung wird von Gott auf seine Schöpfung verlagert. Dieser Schachzug ist jedoch unzulässig, sofern Gott allwissend ist. Wenn Gott alle Ursachen kennt, dann kennt er auch alle Folgen. Vor 13,8 Milliarden Jahren, noch bevor die ersten Sterne aufleuchteten, hätte er gewusst, dass Freud existieren und Mundhöhlenkrebs bekommen würde. Er hätte gewusst, dass sechs Millionen Juden im Holocaust ermordet würden. Ein allwissender Gott lässt sich nicht mit einem schwachen Argument entschuldigen. Im 16. Jahrhundert unternahmen die Kabbalisten in Safed keinen Versuch, die Schrecken der Welt schönzureden. Sie akzeptierten, dass die Welt unvollkommen ist, und erkannten an, dass dies auch die Unvollkommenheit ihres Schöpfers bedeutete. Wir selbst müssen die Welt zu einem besseren Ort machen.

Ich habe keine Ahnung, ob Freud tatsächlich Bücher über jüdische Mystik besaß, und es ist auch nicht wirklich wichtig. Mit ziemlicher Sicherheit kam er mit kabbalistischem Gedankengut in Berührung. Der berühmte jüdische Volksheld Rabbi Löw, ein Kabbalist aus dem 16. Jahrhundert, lebte in Prag, das nicht weit von Wien entfernt liegt. Löw war so bekannt, dass er ein fester Bestandteil jüdischer Geschichten wurde.

Wenn Freud etwas aus der jüdischen Mystik entlehnte, dann waren es Realismus und Akzeptanz: Schau dir die Welt an, akzeptiere, was du siehst, und versuche nicht, dein Unbehagen durch Falschdarstellungen zu mindern. Akzeptiere deine Grenzen und akzeptiere, dass eine Zeit kommen wird, in der du loslassen musst. Wäre die Freud'sche Lehre eine Religion, könnte dies eines ihrer Gebete sein.

Heutzutage interessieren sich Psychotherapeuten vermehrt für die Akzeptanz als Mittel zur Bewältigung von belastenden psychischen Phänomenen. Befürworter dieses Ansatzes praktizieren häufig Therapien der sogenannten »dritten Welle«. Dabei handelt es sich um jüngere Ansätze der Verhaltenstherapie, die auf die bisherigen Verhaltens- und kognitiven Verhaltenstherapien folgten. Verhaltenstherapien und kognitive Therapien, die getrennt oder kombiniert angewandt werden, verfolgen Strategien, mit denen gewohnheitsmäßige Verhaltensweisen und Denkmuster direkt verändert werden sollen. Bei der kognitiven Therapie werden zum Beispiel negative Gedanken hinterfragt und durch zutreffendere Gedanken ersetzt. Die Therapien der dritten Welle unterscheiden sich insofern, als sie nicht versuchen, Denkmuster oder Gefühle direkt zu verändern. Stattdessen versuchen sie, die Art und Weise zu ändern, wie Menschen mit ihren Gedanken und Gefühlen umgehen. Sie versuchen also nicht zu ändern, was in den Köpfen der Menschen *ist*, sondern vielmehr, was in den Köpfen der Menschen *vorgeht*. In dieser Hinsicht werden mentale Prozesse für wichtiger erachtet als mentale Inhalte. Die Art und Weise, wie man über das Denken nachdenkt, ist ausschlaggebender als das, was man tatsächlich denkt. Paradoxerweise ergeben sich oft beachtliche Zufallserfolge, wenn man sich nicht so stark auf das Erreichen von Veränderungen fokussiert.

Die von dem amerikanischen klinischen Psychologen Steven C. Hayes entwickelte Akzeptanz- und Commitment-Therapie (ACT) ist ein gutes Beispiel für eine Therapie der dritten Welle. Sie geht davon aus, dass ein gewisses Maß an psychischer Belastung unvermeidlich ist. Das Wesen des Denkens und die Besonderheiten der Sprache machen uns anfällig für psychische Erkrankungen. Wir neigen dazu, ungünstige Vergleiche anzustellen, willkürliche Schlussfolgerungen zu ziehen und verbale Bewertungen mit der Realität zu verwechseln (selbst wenn diese Bewertungen durch Fakten widerlegt sind). Verschlimmert wird die Situation meist durch Vermeidungsverhalten. Wir können uns bestimmten Herausforderungen nicht stellen, weil wir verunsichert sind oder befürchten zu versagen. Die Möglichkeiten, neue Fähigkeiten zu erwerben und Kompetenz zu beweisen, werden dadurch eingeschränkt. Vermeidung entmachtet, schwächt das Selbstvertrauen und vergrößert bestehende emotionale Probleme.

Die ACT basiert auf Akzeptanz. Den Interessen des Einzelnen ist am besten gedient, wenn er bereit ist, die Unvermeidbarkeit von Schwierigkeiten zu akzeptieren. Es gibt nur sehr wenige wirklich sinnvolle Ziele im Leben, die ohne damit verbundene Ängste, Selbstzweifel und Rückschläge verfolgt werden können. Ein ACT-Therapeut versucht deshalb nicht, die negativen Gedanken oder Gefühle einer Person infrage zu stellen oder zu verändern. Der Einzelne wird lediglich aufgefordert, seine Beziehung zu diesen Gedanken und Gefühlen durch einen leichten Perspektivenwechsel zu ändern.

Es wird unterschieden zwischen dem Selbst und den Gedanken und Gefühlen, die das Selbst erlebt. Das Bewusstsein ist ein Medium, in dem geistige Ereignisse stattfinden. Wir sind nicht unsere Gedanken. In der Tat kann man seine eigenen Gedanken studieren. Wenn man die Perspektive eines inneren Beobachters einnimmt, werden die Gedanken eher zu »Objekten«. Dieser Ansatz schafft eine hilfreiche Distanz zwischen einer Person und ihren mentalen Ereignissen. Die Gedanken werden zu Worten, die im Kopf herumschwirren – dadurch sind sie weniger bedrohlich, weil sie nicht mehr als absolute Wahrheiten empfunden werden. Der Gedanke »Ich bin ein Versager« beispielsweise verliert seine Macht, die Person in einen sprachlichen Käfig zu sperren. Der Beobachter befindet sich außerhalb des Käfigs, und es wird schnell klar, dass der Käfig nicht dauerhaft besteht. Gedanken, Eindrücke,

Erinnerungen, Empfindungen und Gefühle fließen in das Bewusstsein hinein und wieder hinaus. Die ACT ermutigt das Individuum, mentale Ereignisse anzuerkennen und dann fortzufahren.

Die Perspektive eines inneren Beobachters einzunehmen, wird auch von Praktizierenden bestimmter Meditationsformen empfohlen. Achtsamkeit, eine buddhistische Meditationstechnik, die innere Beobachtung einschließt, ist in den letzten Jahren außerordentlich populär geworden. Seit den 1960er Jahren gibt es zahlreiche wissenschaftliche Veröffentlichungen, die einen Zusammenhang zwischen Meditation und Wohlbefinden nachweisen.[4] Meditation scheint die körperliche Gesundheit zu fördern (bei allen möglichen Leiden von Herzrhythmusstörungen bis hin zu Verstopfung) und die geistige Gesundheit zu verbessern – vor allem bei Angstzuständen, Depressionen, Schlaflosigkeit und dem Hang zum Grübeln. Außerdem verändert praktizierte Achtsamkeit die Konzentration der grauen Substanz in Gehirnregionen, die mit Lernen, Erinnerungsvermögen, emotionaler Regulierung, selbstreferenzieller Verarbeitung und Perspektivenübernahme in Verbindung stehen.[5]

Die ACT nutzt die Achtsamkeit, um eine nicht wertende Akzeptanz mentaler Ereignisse zu fördern und die Verbundenheit mit dem gegenwärtigen Moment zu stärken. Wir durchleben ständig die Vergangenheit oder leben in einer imaginären Zukunft; wir sollten jedoch danach streben, im gegenwärtigen Moment zu existieren, denn dort wird das Leben tatsächlich gelebt.

Der Gedanke, in der Gegenwart zu leben, klingt mittlerweile bestimmt vertraut, vielleicht sogar abgedroschen. Es ist eine der häufigsten Empfehlungen, die man in der Psychotherapie Mitte bis Ende des 20. Jahrhunderts antrifft. Wenn der Geist von der Gegenwart abdriftet, sollte man ihn sanft zurückholen, damit Bewusstsein und Realität wieder besser übereinstimmen. Wie bereits erwähnt, hält die ACT den Einzelnen dazu an, mentale Ereignisse anzuerkennen und dann nach vorn zu blicken. Aber in welchem Sinne blickt der Einzelne nach vorn? In welche Richtung bewegt sich der Einzelne?

ACT-Therapeuten versuchen, Werte zu klären, um wertorientierte Ziele zu setzen und Handlungspläne zu entwerfen. Wir alle haben Ambitionen, Hoffnungen und Träume. Wir alle haben Vorstellungen davon, wer wir sein und was für ein Leben wir führen wollen. Diese Sehnsüchte sind fast immer mit unseren geistigen Werten verbunden. Viele Menschen können jedoch aufgrund von Ängsten, Depressionen und Enttäuschungen nie ihr volles Potenzial ausschöpfen oder das Leben leben, das sie sich wünschen. Sie entwickeln Vermeidungsstrategien. Achtsamkeits- und Akzeptanzprozesse ermöglichen es dem Einzelnen, mit belastenden mentalen Zuständen umzugehen und gleichzeitig wertvolle Ziele zu verfolgen. Wir sollten unsere Ambitionen nicht zurückstellen, bis wir all unsere psychischen Probleme gelöst haben. Tatsächlich ist die vollständige Lösung psychischer Probleme unrealistisch. Das schließt jedoch die Möglichkeit einer zeitweiligen und vorteilhaften emotionalen Anpassung nicht aus. Die Akzeptanz- und Commitment-Therapie bietet eher eine Horizonterweiterung als eine Horizontverengung. Die Patienten werden flexibler, und somit verbessert sich auch ihre psychische Gesundheit.

In westlichen Kulturen haben Sieg und Überlegenheit einen sehr hohen Stellenwert. In fast all unseren Geschichten werden Kampf, Beharrlichkeit und Eroberung idealisiert. Von klein auf werden uns kriegerische Tugenden eingeimpft. Kämpfen ist gut, und Aufgeben ist schlecht. Wir werden dazu ermahnt, heldenhaft zu sein und hartnäckig zu kämpfen, bis wir gewinnen. Die Therapien der dritten Welle sind nicht zuletzt deshalb interessant, weil sie diese Grundannahmen infrage stellen. Steve Hayes verwendet eine lehrreiche Metapher: Stellen Sie sich vor, Sie wären in ein Tauziehen mit einem todbringenden Monster geraten, das für alles steht, womit Sie zu kämpfen haben (Befindlichkeitsstörungen, Sucht, Schmerz). Zwischen Ihnen und dem Ungeheuer befindet sich ein bodenloser Abgrund. Das Monster versucht, Sie in den Abgrund zu ziehen, und Sie versuchen, dasselbe mit dem Monster zu tun. Warum lassen Sie das Seil nicht einfach los? Das ist bei Weitem die einfachste und effektivste Lösung.

Als Freud im Sterben lag, ließ er das Seil fallen. Deshalb hatte er noch genug Energie übrig, um sich für die Entwicklungen in der Welt der Psychoanalyse zu interessieren. Er kämpfte nicht gegen ein Monster, das er nicht bezwingen konnte.

Man kann dem Tod nicht wie Freud gegenübertreten, ohne wie Freud gelebt zu haben. Man kann nicht beschließen zu akzeptieren, und erwarten, dass man sich sofort verändert. Man kann nicht einem erbaulichen Liedtext lauschen und erwarten, wiedergeboren zu werden. Wie alles, was in diesem Buch erörtert wird, ergibt sich philosophische Gelassenheit aus der Art und Weise, wie man sein Leben gestaltet. Man muss sich darin üben, der Mensch zu sein, der man sein möchte.

Akzeptanz und Loslassen scheinen dem Grundsatz zu widersprechen, dass Selbstreflexion und emotionale Verarbeitung notwendig und vorteilhaft sind. Wie kann man eine traumatische Erinnerung verarbeiten, wenn man sie aus der Ferne betrachtet? Die Dichotomie ist falsch. Man muss sich nicht für die eine oder die andere Strategie entscheiden. Selbstreflexion und Akzeptanz sind gleichermaßen wichtig. Zu einem optimalen Leben gehört ein Gleichgewicht zwischen beidem. Manchmal ist Selbstreflexion wünschenswert, etwa, wenn man versucht, belastende Erinnerungen »aufzuarbeiten«. In anderen Fällen ist es der psychischen Gesundheit zuträglich, wenn man loslässt.

In der Alltagskultur ist »Gib niemals auf!« ein inspirierender Slogan. Er wird mit der Regelmäßigkeit eines Mantras wiederholt und findet sich meist in Gesellschaft von »Liebe ist das Wichtigste im Leben« und »Lebe deinen Traum«. Liebe ist ungemein wichtig, aber der Mensch hat noch viele andere Bedürfnisse. Man kann seine Träume verfolgen, aber es gibt keine Garantie dafür, dass man sie jemals leben wird – und heldenhafte Beharrlichkeit kann in bitterem Versagen enden.

Loslassen und Aufgeben sind nicht unbedingt negativ. Evolutionspsychologen vermuten, dass Depressionen entstanden sind, weil sie das »Aufgeben« beschleunigen und Möglichkeiten für produktive Veränderungen schaffen.[6] Für einen Urmenschen etwa, der durch das Sammeln von Beeren überlebte, war Beharrlichkeit von Vorteil, aber nur bis zu einem gewissen Punkt. Denn sobald die Sträucher in der Umgebung keine Früchte mehr trugen, überstieg der Energieverbrauch die Energiezufuhr. Ein Motivationsverlust war in diesem Fall insofern adaptiv, als er die unrentable Nahrungssuche verkürzte, den Rückzug förderte und so die Wahrscheinlichkeit erhöhte, dass der Sammler weiterzog, um neue Sträucher voller reifer, köstlicher Beeren zu entdecken. Sobald der Wildbeuter akzeptierte, dass die erste Strauchgruppe erschöpft war, und eine neue Gruppe gefunden wurde, war er oder sie erneut in der Lage, viele Beeren zu essen und so für die eingesetzte Energie ein Maximum an Kalorien zu erzielen. Ein gut genährter Vorfahre, der zu vorübergehenden, aber funktionalen depressiven Episoden neigte, überlebte also, pflanzte sich fort und gab seine adaptiven Motivationsdefizite an seine Nachkommen weiter.

Aufgeben und Loslassen sind Ausdrücke, die eine defätistische Patina angesetzt haben. Doch wie Alfred Adler feststellte, sind unsere Schwächen manchmal auch unsere Stärken. Es gibt Momente im Leben, in denen Zugeständnisse, Resignation und Verzicht sinnvoller sind als nutzloser Kampf.

Freud wird oft als Pessimist dargestellt. Wir sehen Bilder eines Mannes, dessen intensiver Gesichtsausdruck stets einem Stirnrunzeln ähnelt. Er fühlte sich unwohl, wenn er fotografiert wurde. Freuds bissige Kommentare, die von seinen Bewunderern aufgezeichnet wurden, verstärken dieses verzerrte Bild. Auf die Frage, ob er sich jemals nach dem ewigen Leben gesehnt habe, antwortete er, dass bei derartigen Anwandlungen eine Erkältung rasch Abhilfe schaffe.[7] Das ist sehr aufschlussreich: Freud konnte sich das ewige Leben nur als anhaltende Körperlichkeit vorstellen.

Wir begehen oft den Fehler, die Jugend mit dem Körper und das Alter mit dem Intellekt zu assoziieren. Aber der Körper ist in der Jugend seltsam zurückhaltend. Er trägt den Geist, ohne sich zu beklagen. Tatsächlich ist die Erfahrung, jung, gesund und stark zu sein, ein wenig so, als ob man körperlos wäre. Mit zunehmendem Alter von Knochen und Muskeln häufen sich jedoch die Schmerzen, bis das Dasein von ständigen Mahnungen an die eigene Körperlichkeit unterbrochen wird.

Im Sommer vor dem Ersten Weltkrieg machte Freud, damals Ende fünfzig, Urlaub in den Dolomiten. In einem Essay mit dem Titel *Vergänglichkeit* berichtet er von einem Spaziergang mit zwei Begleitern, einem »schweigsamen Freund« und einem jungen Dichter. Leider neigte der jüngere Mann zu finsteren Betrachtungen: »Ihn störte der Gedanke«, so heißt es dort, »dass all diese Schönheit [der Natur] dem Vergehen geweiht war, dass sie im Winter dahingeschwunden sein werde, aber ebenso jede menschliche Schönheit und alles Schöne und Edle, was Menschen geschaffen haben und schaffen könnten. Alles, was er sonst geliebt und bewundert hätte, schien ihm entwertet durch das Schicksal der Vergänglichkeit, zu dem es bestimmt war.« Seine Verzweiflung steigerte sich zu einem kosmischen Entsetzen, zu einer Vision universeller Trostlosigkeit – dem Nichts. Wie war es möglich, frische Luft und Sonnenlicht zu genießen, wenn alles vergänglich war? Am Horizont zeichnete sich gewaltiges Unheil ab.

Freuds Menschenbild war bisweilen wenig schmeichelhaft – ein Bild, das sich mit Ausbruch des Kriegs bald bestätigte. Er hätte seinem jungen Gefährten zustimmen sollen. Es ist schwer, sich an der Schönheit zu erfreuen, wenn man weiß, dass sie vergehen wird. Die Vergänglichkeit macht alles sinnlos. Das Leben ist überschattet von Zerstörung, Verwüstung, Tod.

Doch Freud sagte nichts dergleichen. Obwohl er zustimmte, dass die Wahrheit oft schmerzhaft ist und alles, was uns wichtig ist, irgendwann vielleicht vergeht, sah er sich veranlasst, dem Dichter zu widersprechen. Die Vergänglichkeit der Schönheit macht sie nicht weniger wertvoll, ganz im Gegenteil: Gerade die Tatsache, dass Schönheit vergänglich ist, lässt sie so kostbar sein. Und um das Ganze noch weiterzuspinnen:

Die Kürze des Lebens macht das Leben unermesslich wertvoll.

Die lyrische Begründung Freuds verdient es, ausführlich zitiert zu werden: »Die Schönheit des menschlichen Körpers und Angesichts sehen wir innerhalb unseres eigenen Lebens für immer schwinden, aber diese Kurzlebigkeit fügt zu ihren Reizen einen neuen hinzu. Wenn es eine Blume gibt, welche nur eine einzige Nacht blüht, so erscheint uns ihre Blüte darum nicht minder prächtig. Wie die Schönheit und Vollkommenheit des Kunstwerks und der intellektuellen Leistung durch deren zeitliche Beschränkung entwertet werden sollte, vermochte ich ebenso wenig einzusehen.«

Wir spüren das beruhigende Gewicht seiner Hand auf unserer Schulter und die Festigkeit seines Griffs, der Autorität und Sicherheit vermittelt. »Mag eine Zeit kommen, [...] in der alles Lebende auf der Erde verstummt ist, [doch] der Wert all dieses Schönen und Vollkommenen wird nur durch seine Bedeutung für unser Empfindungsleben bestimmt, braucht dieses selbst nicht zu überdauern und ist darum von der absoluten Zeitdauer unabhängig.«

Wenn Freud sagt, dass Schönheit und Vollkommenheit uns nicht zu überdauern brauchen, dann übergeht er damit nicht die künftigen Generationen. Er spricht über die gesamte Menschheit. Unsere Nachkommen werden Schönheit und Vollkommenheit erleben, deren Bedeutung ebenfalls durch die Auswirkungen auf ihr Gefühlsleben bestimmt wird. Genau wie bei uns. Das Leben ist lebenswert, selbst bis zu dem Punkt, an dem alles Leben endet.

Freuds Pessimismus erweist sich bei näherer Betrachtung oft als Realismus – als konstruktiver, wohlwollender Realismus, der vor schwierigen Wahrheiten nicht zurückschreckt, das Elend der menschlichen Existenz nicht zu beschönigen sucht, keine abgedroschenen Trostworte und leeren Plattitüden bereithält, uns jedoch gleichwohl ermutigt, unsere eigene faktische Existenz in einem Universum flüchtiger, aber bewegender Freuden zu genießen.

Schlussbemerkungen

Edward Hoppers *Nighthawks* ist wahrscheinlich sein bekanntestes Gemälde. Auf jeden Fall gehört es zu seinen am häufigsten reproduzierten Bildern. Viele Kunstliebhaber sind sich einig, dass die kompositorischen Elemente und die unverwechselbare Farbpalette von *Nighthawks* den vielleicht reinsten und vollständigsten Ausdruck seiner Kunst darstellen. Sein Hauptthema, die Melancholie städtischer Entfremdung, gelangt hier vollends zur Umsetzung. Drei Gäste (ein Paar, das uns zugewandt ist, und ein mit dem Rücken zum Betrachter sitzender Mann) lehnen an der Theke eines Diners; der uniformierte Kellner hinter der Theke beugt sich vor, um die eine oder andere Aufgabe zu erledigen. Wir sehen diese Gruppe durch ein großes rechteckiges Fenster, das an die Glasscheibe eines Aquariums erinnert. Es ist spät, vielleicht sogar schon in den frühen Morgenstunden, und die Geschäfte hinter dem Diner sind geschlossen. Hoppers Diner ist minimalistisch; abgesehen von Salz- und Pfefferstreuern gibt es keinerlei Hinweise auf Speisen. Alles ist derart reduziert, dass das Interieur wie ein imaginärer Prototyp oder ein rekonstruierter Traum wirkt. Dieser Eindruck einer abstrahierten Realität täuscht: Tatsächlich ist Hoppers Diner einem kleineren Original nachempfunden, das früher an einer Ecke der Greenwich Street in Lower Manhattan betrieben wurde. Das prosaische Äquivalent dieses Gemäldes wäre also mit dem Vermerk »Nach einer wahren Geschichte« versehen.

Nighthawks wurde im Januar 1942 fertiggestellt, in einem kritischen Augenblick der Weltgeschichte. Nur einen Monat zuvor hatten die Japaner die amerikanische Flotte in Pearl Harbor bombardiert. Deutsche U-Boote befanden sich bereits in den Gewässern um New York City. Hinter der nahen Dunkelheit, die den Diner einhüllt, verbirgt sich die vermeintlich ferne Dunkelheit eines globalen Konflikts, von Konzentrationslagern und der Gefahr von Eroberung und totalitärer Herrschaft.

Hoppers Diner hat keinen Ausgang. Die meisten Menschen bemerken dieses Fehlen nicht, weil das Auge so stark von der Gruppe im Bildmittelpunkt angezogen wird. Wie ist das Quartett in das Lokal gekommen? Und wie kommen sie wieder hinaus? Sind sie darin gefangen? Hopper liebte es, Unmöglichkeiten in seine Bilder einzubauen. Auch wenn sie oft übersehen werden, registriert das Unterbewusstsein offenbar solche Anomalien und erzeugt kleine Wellen des Unbehagens, die das Bewusstsein durchdringen. Wir spüren, dass etwas nicht stimmt, aber wir können nicht genau sagen, was es ist.

Der Bürgersteig vor dem Diner ist von grünem Licht erhellt, das aus dem Inneren des Lokals dringt und getönte Schatten wirft. In ihrem Buch *Die einsame Stadt* kommentiert Olivia Laing dieses Detail: »Es gibt keine Farbe, die das Gefühl großstädtischer Entfremdung, der Auflösung des Menschen hinter den von ihm selbst errichteten Mauern, auf so eindringliche Art und Weise vermittelt wie dieses ungesunde fahle Grün, das mit dem Aufkommen der Elektrizität überhaupt erst entstand und untrennbar verbunden ist mit der nächtlichen Stadt, der Stadt der Glastürme, der leeren, hell erleuchteten Büros und der Neonreklamen.« Laing vergleicht diesen Grünton auch mit der Farbe eines Eisbergs, wodurch Kälte und Trostlosigkeit angedeutet werden. Dass *Nighthawks* als Hoppers charakteristischstes Gemälde gilt, ist nicht zuletzt der darin herrschenden tödlichen Stille geschuldet. Hopper hat sein Quartett vom Rest der Welt abgeschottet. Es existiert in einer grünlichen »Glasblase«, wie Laing es ausdrückt. Wir können nicht einmal von der theoretischen Möglichkeit Gebrauch machen, eine Tür zu öffnen, um zu hören, was sie sagen – denn es gibt keine Tür. Der Diner ist praktisch schalldicht verschlossen.

Nighthawks ist genau das, was wir von Hopper erwarten: ein beunruhigender Streifzug in die Dämmerzone, wo Anomalien an den Rändern des Bewusstseins nagen, wo einsame, von Schatten umgebene Menschen auf das Eintreten existenzieller Bedrohungen warten – gesellschaftlicher Zerfall, Unheil, Freiheitsverlust, vielleicht sogar die Apokalypse.

Aber wird diese Interpretation dem Kunstwerk gerecht? Oder ziehen wir einfach voreilige Schlüsse, weil diese Auslegung mit dem übereinstimmt, was wir bereits über Hopper und sein Werk wissen? Hat die übermäßige Vertrautheit das Gemälde zu einer

Art Rorschach-Test gemacht, dessen Mehrdeutigkeiten sich nur allzu bequem entsprechend unseren Erwartungen auflösen?

Walter Wells räumte bereitwillig ein, dass der Pessimismus wahrscheinlich die stärkste Unterströmung in Hoppers Werk ist, doch war er auch der Meinung, dass viele von Hoppers Gemälden, unvoreingenommen betrachtet, weitaus optimistischere Interpretationen zulassen als in der Kunstkritik üblich. Wenn wir unbefangen vor Hoppers Gemälden stehen, sehen wir nicht nur Männer und Frauen, die isoliert und von räuberischer Dunkelheit bedroht sind, sondern auch Menschen, die »Wege gefunden haben, dem Einbruch der Nacht zu trotzen oder ihn wenigstens zu verzögern«. Wells zählte (etwas überraschend) *Nighthawks* zu Hoppers erbaulicheren Studien der *Conditio humana*.

Wells näherte sich *Nighthawks* indirekt über die Schriften von Ernest Hemingway. Wir wissen, dass Hopper von Hemingways Belletristik (insbesondere von seinen frühen Kurzgeschichten) beeindruckt war, denn als »Die Killer« erstmals im *Scribner's Magazine* veröffentlicht wurde, schrieb Hopper an den Herausgeber und äußerte sich anerkennend über die Kraft und Ehrlichkeit von Hemingways Stil. Die Kunsthistorikerin Gail Levin hat über die Gemeinsamkeiten von »Die Killer« und *Nighthawks* geschrieben (vor allem in Bezug auf Stimmung und Szenerie). Wells war jedoch der Meinung, dass ein ganz anderer Hemingway-Text tiefere Einblicke in die Entstehung und Bedeutung von Hoppers ikonischem Gemälde vermitteln könne.

In Hemingways 1933 erschienener Kurzgeschichte »Ein sauberes, gut beleuchtetes Café«, unterhalten sich zwei Kellner (ein junger und ein älterer) über einen suizidgefährdeten, depressiven alten Mann, der noch lange bleibt, nachdem die anderen Gäste schon gegangen sind. Der jüngere Kellner, der das Café schließen und nach Hause zu seiner Frau gehen möchte, weigert sich, den alten Mann zu bedienen, der sich daraufhin gezwungen sieht, das Lokal zu verlassen.

Der ältere Kellner ist mitfühlender. Er begreift, dass das Café für den alten Mann mehr ist als nur ein Ort zum Essen und Trinken. Es ist eine Zufluchtsstätte, ein Asyl, ein sicherer Ort. Wells unterstreicht diesen Punkt: »Das Café ist sein einziger Rückzugsort in der Nacht. Es bietet ihm Zuflucht vor der absoluten Finsternis in einer Welt ohne Gott oder spirituellen Trost.«

Wie Hemingways trauriger alter Mann haben auch die Gäste in *Nighthawks* Zuflucht an einem sauberen, gut beleuchteten Ort gefunden. Hinter ihnen liegt eine undurchdringliche Finsternis, nicht ganz so schwarz und gesichtslos wie die Leere in *Automat*, aber sie bedeutet fast dasselbe. Es gibt jedoch einige Unterschiede. Das Licht im Diner verdrängt die Nacht erfolgreicher; die Dunkelheit ist nicht absolut, und im Verhältnis zur Gesamtfläche nimmt das dunkle Rechteck in *Nighthawks* viel weniger Platz ein als das Quadrat der Leere, das *Automat* beherrscht. Vielleicht ist die existenzielle Bedrohung hier weniger groß. Vielleicht hat Hopper einen Zufluchtsort gemalt – und vielleicht impliziert die fehlende Tür nicht, dass die Gäste des Diners im Inneren gefangen sind, sondern suggeriert, dass sie vor Unheil bewahrt werden.

Vielleicht sollten wir noch einmal einen Blick auf Hoppers giftiges, ungesundes Licht werfen. Wells war von seinem grünlichen Schein eher angetan als abgeschreckt: »Wer dieses Licht als einschüchternd, entfremdend oder entmenschlichend ansieht, wie es einige getan haben, verkennt, dass es künstlich ist. Es ist ein Licht, das sich der Mensch selbst ausgedacht hat –

nicht Gott –, um die existenzielle Dunkelheit zu überwinden. Seine Künstlichkeit zeigt sich in dem grünlichen Schein, der den Bürgersteig draußen erhellt: grünlich, aber unnatürlich, ein von Menschen erschaffenes Grün.« Die Leuchtstoffröhre, in den 1940er Jahren eine relativ neue Erfindung, war für Hopper positiver konnotiert als für uns heute. Sie war modern und zukunftsweisend und stand metaphorisch für eine gewisse Strahlkraft.

Die Probleme des Lebens erfordern rationale Lösungen. Beten vertreibt die Dunkelheit nicht annähernd so effizient wie Quecksilberdampf, der durch Strom in einer Röhre zum Glimmen gebracht wird.

Die Kunstkritik behauptet, das Paar in *Nighthawks* sei jeweils in seine eigenen Träumereien versunken. Doch sie sitzen eng beieinander, und Hoppers Symbolik ist eindeutig sexueller Natur. Ihre Finger berühren sich oder liegen zumindest dicht beieinander, und der Mann hält in seiner rechten Hand eine phallisch konnotierte Zigarette. Die Frau ist rothaarig, die Farbe des Begehrens – ein Signal, das Hopper durch das rote Kleid und den Lippenstift noch verstärkt hat. Sie betrachtet die Streichhölzer, mit denen sie die Zigarette des Mannes anzünden könnte. Dieses Paar ist also nicht in getrennten Träumereien versunken. Sie driften nicht in entgegengesetzte Richtungen. Ihre Gedanken scheinen sich in der Aussicht auf Intimität zu vereinen.

Wells gelangte zu dem Schluss, dass *Nighthawks* »einen kleinen, aber sehr wichtigen Sieg darstellt: eine Hinhaltetaktik gegen das Nichts. Aus gutem Grund ist es zu einer der bedeutendsten Bildikonen unserer Zeit geworden.«

Weshalb sollten wir Wells' Lesart gegenüber trüberen Alternativen den Vorzug geben?

In den 1950er Jahren interviewte die Kunsthistorikerin Katharine Kuh Hopper für ein Buch mit dem Titel *The Artist's Voice*. Sie bat ihn, ein Lieblingswerk von sich zu nennen, und er nannte drei, darunter *Nighthawks*. Kuh wollte noch mehr von Hopper wissen. Sie bat ihn, die Themen des Gemäldes zu erläutern und zu bestätigen, dass sein Werk von Einsamkeit handele.

Hoppers prompte Antwort war ein glattes Nein: »Ich habe es nicht als besonders einsam empfunden.«

Nighthawks stellt eine ursprüngliche Szene dar, wie sie seit Jahrtausenden typisch ist für unser menschliches Dasein: Männer und Frauen kommen zusammen, um in beleuchteten Bereichen (Lagerfeuer, Feuerstelle), in denen die Nacht außen vor bleibt, Trost zu finden, um zu reden und Geschichten zu erzählen; Geschichten über sich selbst und Geschichten über andere, Geschichten, die definieren, wer sie sind – wer wir sind –, und die der Welt einen Sinn geben. Wir können die Menschen in *Nighthawks* nicht hören, aber wir können sicher sein, dass sie sich unterhalten (der Mund des Kellners ist geöffnet) oder im Begriff sind, sich zu unterhalten. Die späte Stunde wird sie höchstwahrscheinlich dazu ermutigen, offen und frei zu sprechen, und ihre ungehinderten Assoziationsketten könnten ihnen zufällige Entdeckungen bescheren. Vielleicht stellen sie Verbindungen zwischen ihrer Vergangenheit und ihrer Gegenwart her, gewinnen Einsichten und sehen neue Wege, um die Zukunft zu bewältigen. Vielleicht werden ihre Selbstoffenbarungen von einem Gefühl der Erleichterung begleitet.

Meine lebhaftesten Erinnerungen an die klinische Praxis sind allesamt mit dem Herbst verknüpft: Ich bin in Krankenhäusern, Kliniken und Sprechzimmern, an gut beleuchteten Orten, vertieft in Gespräche mit Patienten, die auf Stühlen vor hohen Fenstern sitzen, deren Farbe von Blau zu Schwarz übergegangen ist. Die Patienten und ich sind Gefährten in einer winzigen Blase aus künstlichem Licht, die von einer sich drehenden Welt in Schatten getaucht wurde. Die Fenster, an die ich mich erinnere, sind nicht einfach Glasscheiben in Holzrahmen, sondern Öffnungen, die eine universelle Perspektive bieten: auf die Leere zwischen den Welten, die Unendlichkeit, gleichsam als Mahnruf an die bedauernswerte Fragilität des menschlichen Wesens. Dennoch genügen Lampenlicht und Gespräche, scheinbar einfache Bollwerke gegen existenzielle Ängste, um einen brauchbaren Zufluchtsort zu schaffen, einen vorübergehenden Ort der Sicherheit, an dem Enthüllungen zu einem besseren Selbstverständnis führen und die Suche nach Liebe, Erfüllung oder Sinn erleichtern können.

Meine weiterführende Schule habe ich bereits erwähnt. Meine Grundschule war nicht viel besser, wenn auch aus anderen Gründen. Ich besuchte eine Klosterschule, wo ich von Nonnen und Priestern unterrichtet wurde. Schon in diesem frühen Alter, in dem man noch leicht zu beeinflussen ist, fiel es mir schwer zu akzeptieren, was man mir erzählte, weil es so sehr von meiner alltäglichen Erfahrung mit der Welt abwich. Die Kutten und Soutanen, die Rituale und der Weihrauch, die blutenden Jesusfiguren und das ständige Gerede von heiligen Verwandlungen und Wundern wirkten auf mich absurd, wenn nicht gar verstörend. In einem der Klostergänge hing ein gerahmtes Foto einer Galaxie, unter dem ein Zitat über Gottes Werk stand. Das Bild erfüllte mich mit Ehrfurcht – nicht, weil es die Wahrheit der Schöpfungsgeschichte bewies, sondern weil der Sternenwirbel, der dort in der Dunkelheit schwebte,

atemberaubend schön war. Das Christentum mit all seinen Dogmen versperrte meinem Geist nicht den Zugang zu spirituellen Möglichkeiten. Sobald ich erwachsen war, folgte ich einem Guru und verbrachte drei Jahre damit, in Ashrams »uralte Weisheiten« in mich aufzusaugen und fast täglich zu meditieren. Man hatte mir eine kosmische Bewusstseinserfahrung versprochen. Aber ich erfuhr gar nichts.

An mehreren Stellen in diesem Buch habe ich religiöses Denken dem Denken von Psychotherapeuten wie Freud gegenübergestellt. Zweck dieser Vergleiche war es, den hohen Stellenwert zu betonen, den viele Psychotherapeuten der Akzeptanz der eigenen Körperlichkeit, der Konfrontation mit der Realität und dem Gebrauch der Vernunft beimessen. Dies mag manche Leser zu dem Schluss geführt haben, dass ich antireligiös eingestellt bin – was völlig falsch wäre. Ich finde, dass sich die Militanz und Intoleranz vieler Atheisten kaum von dem selbstgerechten Eifer unterscheidet, den ich mit sämtlichen Formen des Fundamentalismus verbinde. Religionen geben Antworten auf große Fragen, und die Mitgliedschaft in einer Gemeinde hat viele Vorteile. Wenn man wirklich glaubt, dass man nach dem Tod in den Himmel kommt, wird man höchstwahrscheinlich nicht von Existenzängsten geplagt.

Was aber, wenn man religiöse Antworten nicht akzeptieren kann? Was, wenn man in einem Sternenwirbel nicht Gottes Werk sieht, sondern nur eine Manifestation physikalischer Gesetze? Was, wenn man andächtige Handlungen vollzieht und trotzdem keine Verbindung mit dem Göttlichen verspürt? Dann muss man seine Wahrheiten woanders suchen.

Laut Freud stellt der religiöse Glaube einen Abwehrmechanismus dar, der uns vor Existenzängsten schützen soll. Ist die Abwehr stabil, können wir glücklich sein, aber diese Art von Glück ist in Wahrheit eine Form der Selbsttäuschung. Wahrscheinlich wird die Abwehr schwächer und bricht schließlich zusammen, wenn sie auf die Probe gestellt wird. Gläubige Menschen werden dann von Zweifeln geplagt. Viele behaupten, dass ihr Glaube durch Widrigkeiten gestärkt werde, doch aus Freud'scher Sicht zeigt dies lediglich, in welchem Ausmaß Abwehrmechanismen Wahrnehmung und Logik verzerren können. In solchen Fällen wird die Realität so stark verdreht, dass sich sogar Gräuel wie der Holocaust mit der Vorstellung von göttlicher Liebe in Einklang bringen lassen. Natürlich ist es denkbar, dass es einen göttlichen Plan gibt und dass der Holocaust und göttliche Liebe auf einer höheren Ebene miteinander vereinbar sind, aber wenn es einen solchen Plan gibt (und solche Vereinbarkeiten möglich sind), dann ist es ein Plan, der sich dem menschlichen Verständnis völlig entzieht. Gläubige Männer und Frauen akzeptieren bereitwillig, dass Gott auf unergründliche Weise handelt. Denjenigen unter uns, die keine persönliche Erfahrung mit dem Numinosen haben und die Autorität der Heiligen Schrift nicht anerkennen, bringt das leider nicht viel. Wir können unsere Lebensentscheidungen nicht auf Glaubenssätze stützen, die im Ungewissen wurzeln. Lebensentscheidungen müssen in unseren Augen auf plausiblen Theorien, Beobachtungen und nachweisbaren Ursache-Wirkung-Beziehungen beruhen.

Obwohl Freud einen Präzedenzfall schuf, indem er die Psychotherapie mit materialistischen Überzeugungen verband, sollte man nicht glauben, dass Spiritualität und Psychotherapie gänzlich unvereinbar wären. In *Erinnerungen, Träume, Gedanken* schilderte Carl Gustav Jung eine kuriose Begebenheit. 1909 besuchte er Freud, und die beiden Männer unterhielten sich über das Paranormale. Freud war so abschätzig, dass Jung zunehmend ungehalten wurde. So sehr, dass ihm schließlich heiß wurde und es ihm schien, »als ob mein Zwerchfell aus Eisen bestünde und glühend würde«. In diesem Augenblick gab es einen »Krach im Bücherschrank«. Jung verkündete: »Das ist jetzt ein sogenanntes katalytisches Exteriorisationsphänomen.« Freud entgegnete, das sei »leibhaftiger Unsinn«. Jung verteidigte sich, indem er »nochmals so einen Krach« vorhersagte, der dann auch tatsächlich folgte. Freud war jedoch nicht davon überzeugt, dass etwas Außergewöhnliches geschehen war. In der Folgezeit wurde das Verhältnis zwischen den beiden Männern immer angespannter. Jung war ein zutiefst spiritueller Mensch, der behauptete, seinen eigenen Tod vorausahnen zu können. Als ihn jemand fragte, was er, der Fragende, denn bloß anfangen solle, wenn Jung ihn einst verlasse, antwortete Jung, er wolle sein Bestes tun, ihn auf der anderen Seite willkommen zu heißen.

Natürlich haben religiöse Menschen einen Geist und einen Körper. Die Tatsache, dass sie außerdem an die Seele glauben, schließt nicht aus, dass sie psychotherapeutisches Wissen nutzen können, das die materiellen und psychologischen Aspekte ihres Seins betrifft. Spirituelle Gefühle haben Jung nicht davon abgehalten, Psychologe zu werden – und viele andere auch nicht. Oskar Pfister, einer der frühesten Psychoanalytiker und Gründer der Schweizerischen Gesellschaft für Psychoanalyse, war zugleich evangelischer Pfarrer. Er machte sich die Theorien Freuds zu eigen und schrieb eines der ersten psychoanalytischen Lehrbücher. Gläubige, die sich mit der Psychotherapie befassen, stoßen dabei möglicherweise auf Gedanken (insbesondere im Zusammenhang mit Sexualität), die mit der religiösen Lehre unvereinbar sind, doch die Psychotherapie ist viel mehr als eine Darstellung der menschlichen Sexualentwicklung.

Die Menschen sind heute unglücklicher, gestresster und ängstlicher als je zuvor. Wirtschaftswissenschaftler warnen, dass dies die freiheitlichen Demokratien der westlichen Welt in Gefahr bringt. Ich bin der Meinung, dass die Formulierungen, Bezugsrahmen und Gedanken der Psychotherapie häufiger als mögliche Abhilfe herangezogen werden sollten. Damit will ich keinesfalls behaupten, dass die Psychotherapie ein Allheilmittel wäre, aber ich glaube, dass die Psychotherapie mehr zu bieten hat, als den meisten Menschen offenbar bewusst ist. Als ernsthafte Auseinandersetzung mit dem Wesen menschlichen Unglücklichseins geht sie weit über die Klischees der Küchenpsychologie, über psychologische Binsenweisheiten und das oft zitierte Bild der Therapeuten-Couch hinaus.

Viele würden dem widersprechen. Manche Politikwissenschaftler behaupten zum Beispiel, die Psychotherapie diene kapitalistischen Interessen.[1] Ihrer Ansicht nach verschiebt sich durch sie die Umsetzung einer radikalen und aufgeklärten Sozialpolitik auf unbestimmte Zeit, indem sie die Aufmerksamkeit von den schädlichen Auswirkungen der Ungleichheit ablenkt und sich stattdessen auf das Individuum fokussiert. Wir sind mit psychischen Erkrankungen und deren Behandlung beschäftigt, so die These, und haben es versäumt, die wesentlich wichtigeren sozialen Ursachen für Notlagen angemessen zu berücksichtigen: unzureichende Wohnverhältnisse, Armut und mangelnde Chancengleichheit. Was wir jetzt bräuchten, sei ein politischer Wandel, nicht noch mehr Redekuren und Meditationskurse.

An dieser Behauptung ist gewiss etwas Wahres dran, aber es ist nur eine Teilwahrheit.

Die Gründe, warum Menschen psychisch erkranken, sind vielfältig: Es gibt evolutionäre, biologische, psychodynamische, kognitive und zwischenmenschliche Ursachen. Das Gehirn ist ein Netzwerk, das aus 100 Billionen Synapsen besteht, die 100 Milliarden Neuronen miteinander verbinden, ein Netzwerk, das seine Konfiguration zwischen zehn und hundert Mal pro Sekunde ändert. Der Geisteszustand eines Individuums wird durch Umwelteinflüsse bestimmt, die mit einem unvorstellbar komplexen und unberechenbaren elektrochemischen Informationsverarbeitungs-System in Wechselwirkung stehen. Es ist naiv zu glauben, dass die Umverteilung von Reichtum die Lösung für all unsere psychischen Probleme ist. Schließlich werden auch reiche Menschen depressiv. Eine gerechtere Gesellschaft wäre mit ziemlicher Sicherheit eine glücklichere Gesellschaft, aber die Menschen würden immer noch das »Unbehagen in der Kultur« verspüren. Sie wären immer noch von denselben Fragen geplagt, die sich die Menschheit vermutlich schon seit zehntausend Jahren stellt: Wer bin ich? Warum bin ich hier? Wie sollte ich leben?

Wie also lässt sich die derzeitige psychische Gesundheitskrise bewältigen? Ein breiteres psychotherapeutisches Angebot ist wünschenswert, aber es ist unwahrscheinlich, dass dies in absehbarer Zeit erreicht wird. Um die Nachfrage zu befriedigen, müsste eine enorme Anzahl von Therapeuten ausgebildet werden, und die entsprechenden Einrichtungen müssten mit erheblichem Kostenaufwand massiv ausgebaut werden. Solche drastischen Maßnahmen stellen ein Extrem dar. Menschen, die psychologische Hilfe benötigen, müssen sich nicht unbedingt in Psychotherapie begeben, um von den Erkenntnissen zu profitieren, die aus der psychotherapeutischen Praxis gewonnen wurden. Einige schon – aber nicht alle. Viele könnten den Übergang von allgemeinen Zuständen der Unzufriedenheit und Sorge zu klinischen Depressionen und Ängsten verhindern, wenn sie mit psychoanalytischem, humanistisch-existenziellem und kognitiv-verhaltenstherapeutischem Denken besser vertraut wären.

Die Psychotherapie, als kohärente intellektuelle Tradition betrachtet, ist eine unterbewertete und unzureichend genutzte Ressource. Es handelt sich um einen Wissensfundus, der selten (wenn überhaupt) als Gesamtheit ineinandergreifender Teile und allgemein auf Alltagssituationen anwendbar wahrgenommen wird (im Gegensatz zu einer engen Anwendung im klinischen Bereich). Wären die Vertreter der psychiatrischen Berufe eher bereit, Gemeinsamkeiten anzuerkennen, statt immer nur die Unterschiede zu betonen, könnten die Stärken dieser Tradition besser gewürdigt werden. Die Menschen wären weniger verwirrt durch das, was die Psychotherapie zu bieten hat, und zwar nicht nur als Behandlungsform, sondern auch als Perspektive, Orientierung oder Weltanschauung.

Die Vermittlung dieser Gedanken könnte schon früh beginnen. In der Schule werden Kinder an eine Reihe von Themen herangeführt, die für die Probleme des Lebens relevant sind. Moralische Unterweisung, kombiniert mit ein wenig Philosophie, findet meist im Rahmen des Religionsunterrichts statt. Praktische Ratschläge, zum Beispiel zur Sexualerziehung, ergänzen den Biologieunterricht. Die wichtigsten Erkenntnisse aus der psychotherapeutischen Tradition könnten als Lebenshilfe durchaus einen bleibenden Eindruck in der jugendlichen Entwicklung hinterlassen. Eine psychologisch und emotional besser gebildete Bevölkerung wäre widerstandsfähiger, und Vorbeugung ist in jedem Fall besser als Heilung. Ich vermute, dass Jugendliche, die sich bereits mit für die Psychotherapie relevanten Fragen wie Identität, Bedürfnissen und Wünschen auseinandersetzen, hierfür besonders empfänglich wären.

Eine optimale Lebensführung kann als Resultat verstanden werden, das sich aus der Bewältigung einer bestimmten Reihe von Aufgaben ergibt. Je mehr dieser Aufgaben der Einzelne meistert, desto weniger Unbehagen empfindet er oder sie und desto eher ist er oder sie in der Lage, vorteilhafte Lebensentscheidungen zu treffen. Letztlich sind diese Entscheidungen immer persönlich. Wie Viktor Frankl sagte, sollte der Einzelne nach einem Sinn im Leben suchen – nicht nach *dem* Sinn des Lebens.

Wenn das Leben ein Lebenswerk ist, dann gibt es viel zu tun. Die großen Psychologen raten uns, reflektiert zu sein, damit wir erkennen können, wer wir sind; sie raten dazu, unsere Geschichten zu erzählen, nicht zuletzt uns selbst; unsere

Grundbedürfnisse zu befriedigen, ohne anderen zu schaden, und dabei die Tücken und Fallstricke der Ersatzbefriedigung zu vermeiden; Sicherheit zu suchen, damit wir lieben und geliebt werden können; ein geschätztes Mitglied einer sozialen Gruppe zu sein, auch wenn das, was wir in die Gruppe einbringen, bescheiden und die Gruppe klein sein mag; sie raten dazu, übermäßiger Besitzgier zu widerstehen; Irrationalität zu bekämpfen; mit unserer Vergangenheit ins Reine zu kommen und Unglück zu verarbeiten; danach zu streben, im gegenwärtigen Moment zu leben und uns voll auf die Realität einzulassen, auch wenn uns diese Unbehagen bereitet; uns vor Narzissmus zu hüten, denn Narzissmus isoliert uns von anderen und macht das Leben an Erfahrungen ärmer; unseren eigenen Sinn und Zweck zu finden und eine Haltung der Akzeptanz zu kultivieren, wenn die Möglichkeiten, eine Wahl zu treffen, eingeschränkt sind.

Das sind die Dinge, mit denen sich die Psychotherapie beschäftigt. Sie überschneiden sich mit Fragestellungen anderer Disziplinen wie der Philosophie und den Neurowissenschaften, stellen aber gleichwohl eine eigenständige Perspektive dar.

Die wichtigsten Empfehlungen der Psychotherapie scheinen recht einfach zu sein. Doch dieser Schein trügt. Zum Beispiel sollen wir einsichtiger werden – doch psychische Einsicht ist extrem schwer zu erreichen. Unser Denken unterliegt permanent unbewussten Einflüssen, und Abwehrmechanismen verzerren die Realität. Evolutionspsychologen behaupten, dass das Gehirn darauf ausgelegt ist, uns zu täuschen.[2] Wir glauben, wir wären selbstbestimmt, aber tatsächlich ist diese Selbstbestimmung nur relativ oberflächlich. Letztlich werden wir von unseren Genen manipuliert.

Obwohl sich die Wahrheiten der Psychotherapie leicht in Stichworten formulieren lassen, sind sie in Wirklichkeit subtil und schwer fassbar. Als Worte auf Papier sind sie allenfalls Teilwahrheiten. Ihr Wert wird erst dann vollständig deutlich, wenn sie gelebt werden.

Beethovens *Mondscheinsonate* liegt in Form einer Notation vor. In der Partitur fehlt nichts, aber gleichzeitig fehlt auch alles. Solange die Symbole, die Halbtöne und Triolen nicht die Finger auf der Tastatur leiten, gibt es nichts zu hören. Die

Mondscheinsonate existiert – in der Art und Weise, wie sie gedacht war – nur, wenn sie gespielt wird. Dasselbe Prinzip gilt für die Wahrheiten der Psychotherapie. Sie existieren nicht wirklich, wenn man nicht nach ihnen handelt. Sie bewahrheiten sich erst durch den Vollzug des Lebens oder, bildlich gesprochen, durch die Kunst zu leben.

Sie sind am Ende dieses Buches angelangt. Sie sind jetzt mit der Partitur vertraut.

Sind Sie bereit, mit dem Spielen zu beginnen?

Dank

Ich danke meinen ausgezeichneten Lektorinnen und Lektoren in London und New York – Richard Beswick, Claire Potter und Lara Heimert; den Lektoren Katherine Streckfus und Dan Balado; Nithya Rae; meiner Agentin Clare Alexander und Nicola Fox dafür, dass sie geduldig und immer wieder meine früheren Fassungen gelesen haben.

Anmerkungen

Die wichtigsten Quellen sind im Text angegeben. Ausgewählte ergänzende Hinweise sind untenstehend aufgeführt.

Einleitung

1 J. Bering, *A Very Human Ending: How suicide haunts our species,* New York 2018.

2 G. Davey, *The Anxiety Epidemic: The causes of our modern-day anxieties,* London 2018.

3 A. Przybylski, »Screen time debunked«, *The Psychologist,* Juni 2019, S. 16.

4 J. M. Twenge, G. N. Martin, W. K. Campbell, »Decreases in psychological well-being among American adolescents after 2012 and links to screen time during the rise of smartphone technology«, *Emotion* 18 (2018), S. 765–780.

5 Vergl. den Artikel: »Tim Berners-Lee launches a campaign to save the web from abuse«, *The Gardian, 5. November 2018.* https://www.theguardian.com/technology/2018/nov/05/tim-berners-lee-launches-campaign-to-save-the-web-from-abuse.

6 Vergl. den Artikel: »Spirit of the Age« *The Week,* 23. März 2019.

7 C. Arnold, *Bedlam: London and its mad,* New York 2008.

8 L. Appignanesi, J. Forrester, *Freud's Women,* London 1992.

1 Sprechen: Raus aus dem Stummfilmkino

1 E. Becker, *Dynamik des Todes. Die Überwindung der Todesfurcht,* München 1981.

2 S. Pinker, *Der Sprachinstinkt. Wie der Geist die Sprache bildet,* München 1996.

3 M. Mikulciner, P. Shaver, »Special Article: An attachment perspective on psychopathology«, *World Psychiatry* 11 (2013), S. 11–15.

4 M. Aitken, *Der Cybre-Effekt. Wie das Internet unser Denken, Fühlen und Handeln verändert,* Frankfurt a. M. 2018.

5 K. Wellings, M. J. Palmer, K. Machiyama, E. Slaymaker, »Changes in, and factors associated with, frequency of sex in Britain: evidence from three national surveys of sexual attitudes and lifestyles (Natsal)«, *British Medical Journal* (Clinical Research Edition, 2019), S. 365.

6 A. Stevens, *Private Myths: Dreams and dreaming*, London 1995.

7 A. Robb, *Why We Dream: The science, creativity and transformative power of dreams*, New York 2018.

8 J. McCrone, *Going Inside: A tour round a single moment of consciousness*, London 1999.

9 S. Lacey, R. Stilla, K. Sathian, »Metaphorical feeling: Comprehending textural metaphors activates somatosensory cortex«, *Brain and Language*, Bd. 120 (2012), S. 416–421.

10 S. Farber, M. Green, *Hollywood on the Couch*, New York 1993.

11 F. Perls, *Gestalt-Wahrnehmung. Verworfenes und Wiedergefundenes aus meiner Mülltonne. Die ungewöhnliche Autobiographie des Begründers der Gestalt-Therapie*, Frankfurt a. M. 1981.

12 D. Wegner, *Die Spirale im Kopf. Von der Hartnäckigkeit unerwünschter Gedanken*, Hamburg 1992.

13 M. L. Slepian, J. S. Chun, M. F. Mason, »The experience of secrecy«, *Journal of Personality and Social Psychology* 113, 1 (2017), S. 1–33.

14 R. A. Bryant, M. Wyzenbeek, J. Weinstein, »Dream rebound of suppressed emotional thoughts: the influence of cognitive load«, *Consciousness and Cognition* 20, 3 (2001), S. 515–522.

15 M. Slepian, E. Masicampo, N. Toosi, N. Ambady, »The Physical Burdens of Secrecy«, *Journal of Experimental Psychology: General* 141, 4 (2012), S. 619–624.

16 P. Wohlleben, *Das geheime Leben der Bäume: Was sie fühlen, wie sie kommunizieren – die Entdeckung einer verborgenen Welt*, München 2015.

17 R. S. Weiss, *Loneliness: the experience of emotional and social isolation*, Cambridge, Mass., 1973.

18 S. Cacioppo, J. Capitanio, J. Cacioppo, »Toward a neurology of loneliness«, *Psychological Bulletin* 140, 6 (2014), S. 1464–1504.

19 O. Laing, *Die einsame Stadt. Vom Abenteuer des Alleinseins*, München 2023.

2 Sicherheit: Urbedürfnisse

1 M. Huttunen, P. Niskanen, »Prenatal loss of father and psychiatric disorders«, *Archives of General Psychiatry* 35 (1978), S. 429–431.

2 J. Parnas, F. Schulsinger, T. W. Teasdale, H. Schulsinger, »Perinatal complications and clinical outcome within the schizophrenia spectrum«, *British Journal of Psychiatry* 140, 4 (1982), S. 416–420.

3 S. Grof, *LSD: Doorway to the Numinous: The ground-breaking psychedelic research into realms of the human unconscious*, Rochester, Vt., 2009.

4 M. Mendonça, A. Bilgin, D. Wolke, »Association of preterm birth and low birth weight with romantic partnership, sexual intercourse, and parenthood in adulthood. A systematic review and meta-analysis«, *JAMA Network*, Originalbeitrag: *Pediatrics*, 12. Juli 2019.

5 S. Gerhardt, *Die Kraft der Elternliebe. Wie Zuwendung das kindliche Gehirn prägt*, Ostfildern 2006.

6 M. Brower, B. Price, »Neuropsychiatry of frontal lobe dysfunction in violent and criminal behaviour: a critical review«, *Journal of Neurology, Neurosurgery & Psychiatry* 71 (2001), S. 720–726.

7 Jerry Hopkins, »The Primal Doctor«, *Rolling Stone*, 18. Februar 1971.

3 Einsicht: Das Herz hat seine Gründe

1 S. Kaburu, S. Inque, N. Newton-Fisher, »Death of the Alpha: Within-community lethal violence among chimpanzees of the Mahale Mountains National Park«, *American Journal of Primatology* 75 (2013), S. 789–797.

2 J. Pruetz, K. Boyer Ontl, E. Cleaveland, S. Lindshield, J. Marshack, E. Wessling, »Intragroup lethal aggression in West African chimpanzees (Pan troglodytes verus): Inferred killing of a former alpha male at Fongoli, Senegal«, *International Journal of Primatology* 38, 1 (2017), S. 31–57.

3 F Perrin, L. Garcia-Larrea, F. Mauguière, H. Bastuji, »A differential brain response to the subject's own name persists during sleep«, *Clinical Neurophysiology* 110, 12 (1999), S. 2153–2164.

4 N. Dixon, *Preconscious Processing*, Chichester 1981.

5 L. Weiskrantz, E. K. Warrington, M. D. Sanders, J. Marshall, »Visual capacity in the hemianopic field following a restricted occipital ablation«, *Brain* 97 (1974), S. 709–728.

6 M. T. Diaz, G. McCarthy, »Unconscious word processing engages a distributed network of brain regions«, *Journal of Cognitive Neuroscience* 19, 11 (2007), S. 1768–1775.

7 J. Miller, »Going Unconscious«, in: Robert B. Silvers (Hg.), *Hidden Histories of Science*, London 1997.

8 N. Christiani, »In Our Image: The challenge of creating intelligent machines«, in: Douglas Heaven (Hg.), *Machines That Think*, London 2017.

9 M. S. Gazzaniga, »The Split Brain Revisited«, *Scientific American* 279, 1 (1998), 50–55.

4 Verfälschte Wahrnehmung: Zerrspiegel

1 E. F. Loftus, J. C. Palmer, »Reconstruction of Automobile Destruction: An example of the interaction between language and memory«, *Journal of Verbal Learning and Verbal Behavior* 13 (1974), S. 585–589.

2 R. Coles, *Anna Freud oder der Traum der Psychoanalyse,* Frankfurt a. M. 1995.

3 B. Wexler, *Brain and Culture*, Cambridge, Mass. 2008.

4 D. Searls, *Im Auge des Betrachters. Hermann Rorschach und sein bahnbrechender Test,* München 2019.

5 J. El-Hai, *Der Nazi und der Psychiater*, Berlin 2014.

5 Identität: Das geteilte Selbst

1 K. Ratner, J. Mendle, A. Burrow, »Depression and Derailment: A cyclical model of mental illness and perceived identity change«, *Clinical Psychological Science*, April 2019.

2 Vergl. den Artikel: »Young People Edit Social Media Photos«, *Sunday Times*, 12. Mai 2019.

3 V. Tausk (1919), »Über die Entstehung des ›Beeinflussungsapparates‹ in der Schizophrenie«, wiederabgedruckt in: *Journal of Psychotherapy Practice and Research*, Bd. 1, Nr. 2, Frühjahr 1992.

4 R. D. Laing, *Phänomenologie der Erfahrung, Frankfurt a.M. 1969.*

5 C. Morgan, M. Charalambides, G. Hutchinson, R. M. Murray, »Migration, Ethnicity, and Psychosis: Toward a sociodevelopmental model«, *Schizophrenia Bulletin* 36, 4 (Juli 2010), S. 655–664.

6 S. Greenfield, *ID: The quest for identity in the 21st century,* London 2008.

7 D. Langleben, J. Hakun, D. Seelig, A. Wang, K. Ruparel, W. Bilker, R. Gur, »Polygraphy and Functional Magnetic Resonance Imaging in Lie Detection«, *Journal of Clinical Psychiatry* 77, 10 (2016), S. 1372–1380.

8 R. Bucker, J. Andrews-Hanna, D. Schacter, »The Brain's Default Network«, *Annals of the New York Academy of Sciences* 1124, Nr. 1 (2008).

9 D. Fair, A. Cohen, N. Dosenbach, J. Church, F. Miezin, D. Barch, M. Raichle, S. Petersen, B. Schlagger, »The Maturing Architecture of the Brain's Default Network«, *Proceedings of the National Academy of Sciences of the United States of America* 105, 10 (2008), S. 4028–4032.

10 M. Pollan, *Verändere dein Bewusstsein. Was uns die neue Psychedelik-Forschung über Sucht, Depression, Todesfurcht und Transzendenz lehrt,* München 2019.

11 D. Kahneman, *Schnelles Denken, langsames Denken,* München 2012.

12 R. Toomey, A. Syvertsen, M. Shramko, »Transgender adolescent suicide behaviour«, *Pediatrics*, Bd. 142, 4 (2018).

6 Narrative: Lebensgeschichten

1 M. Gardiner (Hg.), *Der Wolfsmann vom Wolfsmann. Mit der Krankengeschichte des Wolfsmanns von Sigmund Freud, dem Nachtrag von Ruth Mack Brunswick und einem Vorwort von Anna Freud,* Frankfurt a. M. 1972.

2 B. van der Kolk, *Verkörperter Schrecken. Traumspuren im Gehirn. Geist und Körper und wie man sie heilen kann,* Lichtenau/Westf. 2015.

3 Ch. Booker, *Die sieben Grund-Plots für gute Geschichten,* Hamburg 2022.

4 D. Canter, *Mapping Murder: The secrets of geographical profiling*, London 2003.

7 Narzissmus: Der Blick ins Wasser

1 J. Sutton, »Seeing Screen Time Differently«, *The Psychologist*, Bd. 31 (März 2018), S. 18–21.

2 R. Sansone, L. Sansone, »Road rage. What's driving it?«, *Psychiatry* 7, 7 (2019), S. 14–18.

3 K. DeCelles, M. Norton, »Physical and situational inequality on airplanes predicts air rage«, *Proceedings of the National Academy of Sciences of the United States of America* 113, 20 (2016), S. 5588–5591.

4 D. Byrne, K. Murnen, »Maintaining Loving Relationships«, in: R. Sternberg, L. Barnes (Hg.), *The Psychology of Love*, New Haven und London 1988.

5 S. Jacob, M. K. McClintock, B. Zelano, C. Ober, »Paternally inherited HLA alleles are associated with women's choice of male odor«, *Nature Genetics* 30 (2002), S. 175–179; Epub. Januar 2022.

6 R. Sheldrake, *Die Wiederentdeckung der Spiritualität. 7 Praktiken im Fokus der Wissenschaft*, München 2018.

8 Sex: Sterbliche Vehikel

1 J. Amos, »Ancient Phallus Unearthed in Cave«, BBC Home, 2005: https://news.bbc.co.uk/1/hi/sci/tech/4713323.stm

2 A. Butterworth, *The World That Never Was: A true story of dreamers, schemers, anarchists and secret agents*, London 2010.

3 R. Hayman, *A Life of Jung*, London 1999.

4 H. Fisher, *Anatomie der Liebe. Warum Paare sich finden, sich binden und auseinandergehen*, München 1993.

5 S. Glass, T. Wright, »Sex differences in type of extramarital involvement and marital dissatisfaction«, *Sex Roles* 12, (1985), S. 1101–1120.

6 R. De Visser, D. McDonald, »Swings and roundabouts: management of jealousy in heterosexual swinging couples«, *British Journal of Social Psychology* 46, Teil 2 (2007), S. 459–476.

7 A. J. Cherlin, *The Marriage Go-round: The state of marriage and the family in America today*, New York 2009.

8 E. Shor, D. Roelfs, P. Bugyi, J. Schwartz, »Meta-analysis of marital dissolution and mortality: reevaluating the intersection of gender and age«, *Social Science and Medicine* 75, 1, (2012), S. 46–59.

9 P. Gaye, Freud: *Eine Biografie für unsere Zeit*, Frankfurt a. M. 2006.

10 D. Scheele, N. Striepens, O. Gunturkun, S. Deutschlander, W. Maier, K. M. Kendrick, R. Hurlemann, »Oxytocin Modulates Social Distance between Males and Females«, *Journal of Neuroscience* 32, 46 (14. November 2012), S. 16074–16079.

11 A. Burri, A. Carvalheira, »Masturbatory Behavior in a Population Sample of German Women«, *Journal of Sexual Medicine*, 30. Mai 2019, pii: S1743-6095(19) 31159-2.

12 P. Haake, T. H. Krueger, M. U. Goebel, K. M. Heberling, U. Hartmann, M. Schedlowski, »Effects of sexual arousal on lymphocyte subset circulation and cytokine production in man«, *Neuroimmunomodulation* 11, 5 (2004), S. 293–298.

13 G. D. Smith, S. Frankel, J. Yarnell, »Sex and death: Are they related? Findings from the Caerphilly cohort study«, *British Medical Journal*, Dezember 1997, 315:1641.

14 A. S. Neill, »The Man Reich« (1958), in: David Boadella, *Wilhelm Reich: The evolution of his work*, Sylvan Springs 1973.

15 S. Stephens-Davidowitz, *Everybody Lies: What the internet can tell us about who we really are*, New York 2017.

16 J. Bivona, J. Critelli, »The nature of women's rape fantasies: an analysis of prevalence, frequency, and contents«, *Journal of Sex Research* 46, 1 (2009), S. 33–45.

9 Minderwertigkeit: Der Trost der Unzulänglichkeit

1 C. Brett, Einleitung zu: Alfred Adler, *Understanding Life*, Oxford 1997. [Originalausgabe: Alfred Adler, *Menschenkenntnis*, Leipzig 1927]

2 H. Ellenberger, *Die Entdeckung des Unbewussten. Geschichte und Entwicklung der dynamischen Psychiatrie von den Anfängen bis zu Janet, Freud, Adler und Jung*, Zürich 2011.

10 Bedürfnisse: Die Tücken des Besitzstrebens

1 M. O'Connell, *Unsterblich sein. Reise in die Zukunft des Menschen*, München 2017.

2 I. D. Yalom, *Die Liebe und ihr Henker & andere Geschichten aus der Psychotherapie*, München 2001.

3 S. Ross, »Therapeutic use of classic psychedelics to treat cancer-related psychiatric distress«, *International Review of Psychiatry* 13 (2018), S. 1–14.

4 D. Tamir, E. Templeton, A. Ward, J. Zaki, »Media usage diminishes memory for experiences«, *Journal of Experimental Social Psychology*, Bd. 76 (2018), S. 161–168.

11 Unglück: Tief wurzelndes Leid

1 J. S. Chandan, T. Thomas, C. Bradbury-Jones, R. Russell, »Female survivors of intimate partner violence and risk of depression, anxiety and serious mental illness«, *British Journal of Psychiatry: First View*, Online-Veröffentlichung, 7. Juni 2019.

2 B. van der Kolk, *Verkörperter Schrecken. Traumspuren im Gehirn. Geist und Körper und wie man sie heilen kann*, Lichtenau/Westf. 2015.

3 D. Streatfeild, *Gehirnwäsche. Die geheime Geschichte der Gedankenkontrolle*, Leipzig 2008.

4 W. Sargant, *The Unquiet Mind*, London 1967.

5 J. Kläsi, »Über die therapeutische Anwendung der ›Dauernarkose‹ mittels Somnifen bei Schizophrenen«, *Zeitschrift für die gesamte Neurologie und Psychiatrie* 74 (1922), S. 557.

6 T. G. Stampfl, D. J. Levis, »Essentials of implosive therapy: A learning-theory-based psychodynamic behavioral therapy«, *Journal of Abnormal Psychology* 72, 6 (1967), S. 496–503.

7 H. Chilcoat, N. Breslau, »Posttraumatic stress disorder and drug disorders: testing causal pathways«, *Archives of General Psychiatry* 55 (1989), S. 913–917.

8 F. Shapiro, *EMDR – Grundlagen und Praxis. Handbuch zur Behandlung traumatisierter Menschen*, Paderborn [2]2013.

9 M. Walker, *Das große Buch vom Schlaf. Die enorme Bedeutung des Schlafs – beste Vorbeugung gegen Alzheimer, Krebs, Herzinfarkt und vieles mehr*, München 2018.

10 R. Stickgold, »EMDR: A putative neurobiological mechanism of action«, *Journal of Clinical Psychology* 58 (2002), S. 61–75.

11 J. Laugharne, C. Kullack, C. Lee, T. McGuire, S. Brockman, P. D. Drummond u. a, »Amygdala volumetric change following psychotherapy for posttraumatic stress disorder«, *Journal of Neuropsychiatry and Clinical Neurosciences* 28, 4 (2016), S. 312–318.

12 L. Bossini, E. Santarnecchi, I. Casolaro, D. Koukouna, C. Caterini, F. Cechini u. a., »Morphovolumetric changes after EMDR treatment in drug-naïve PTSD patients«, *Rivista di Psichiatria* 52, 1 (2017), S. 24–31.

13 K. Lansing, D. Amen, C. Hanks, L. Rudy, »High resolution brain SPECT imaging and EMDR in police officers with PTSD«, *Journal of Neuropsychiatry and Clinical Neurosciences* 17 (2005), S. 526–532.

12 Sinn: Daseinsgründe

1 N. Wajakovski, »Dita Kraus: The Librarian of Auschwitz«, *The Jewish Chronicle*, 26. Januar 2018.

2 S. Clift, G. Hancox, I. Morrison, B. Hess, G. Kreutz, D. Stewart, »Choral singing and psychological wellbeing: quantitative and qualitative findings from English choirs in a cross-national survey«, *Journal of Applied Arts and Health* 1 (2010), S. 19–34.

13 Akzeptanz: Eine Blume, die nur eine einzige Nacht blüht

1 M. Edmundson, *Sigmund Freud. Das Vermächtnis der letzten Jahre,* München 2009.

2 M. Freud, *Mein Vater Sigmund Freud,* Heidelberg 1999.

3 L. Fine, *Physician of the Soul, Healer of the Cosmos: Isaac Luria and his Kabbalistic fellowship,* Redwood City 2003.

4 P. Grossman, L. Neimann, S. Schmidt, H. Walach, »Mindfulness-based stress reduction and health benefits: a meta-analysis«, *Journal of Psychosomatic Research*, Bd. 57, 1 (2004), S. 35–43.

5 B. Hölzel, J. Carmody, M. Vangel, C. Congleton, S. Yerramsetti, T. Gar, S. Lazar, »Mindfulness practice leads to increases in regional gray matter density«, *Psychiatry Research* 19, 1 (2011), S. 36–43.

6 R. M. Nesse, *Gute Gründe für schlechte Gefühle,* München 2024.

7 L. Andreas-Salomé, *The Freud Journal of Lou Andreas-Salomé,* New York 1964.

Schlussbemerkungen

1 M. Fisher, *Kapitalistischer Realismus ohne Alternative*?, Hamburg 2013.

2 R. Wright, *Warum Buddhismus wirkt. Die Wissenschaft und Philosophie von Meditation und Erleuchtung,* München 2018.

Bildnachweis

S.26, 83, 348 Bridgeman Images

S.37, 115, 165, 243 Edward Hopper *Automat* © Heirs of Josephine Hopper/Licensed by Artis's Rights Society (ARS)NY/DCS London 2019/Bridgeman Images

S.65 Shutterstock; S.99 Nick Roger/ANL/Stutterstock

S.67 Chronicle/Alamy Stock Photo; S.161 Francoise Werli/Alamy Stock Photo; S.225 Shelly Still/Alamy Stock Photo; S.227 Historic Images/Alamy Stock Photos; S.238 Chronicle/Alamy Stock Photo

S.91 Barbara Young/Science Photo Library; S.141 Spencer Grant/Science Photo Library; S.355 Adam Block/Science Photo Library

S.121 akg Images/Imagno; S.249 akg Images/Imagno; S.305 akg Images/Imagno

S.134 © Michael Fenichel

S.185 INA/Getty Images; S. 261 Ullstein Bild/ via Getty Images; S.313 Bettmann/Getty Images

S.201 Wikimedia Commons

S.282 Wellcome Collection

S.293 © Guildford Press mit freundlicher Genehmigung

S.299 Edward Hopper *Chop Suey* © Heirs of Josephine Hopper/Licensed by Artis's Rights Society (ARS)NY/DCS London 2019/Bridgeman Images

S.321 Foto privat

S.329 Salvador Dali *Freud* © Salvador Dali, Fundació Gala-Salvador Dali, DACS 2019/Bridgman Images S.

Register

A

Abraham, Karl 184
Abreaktion 279, 281, 284, 290, 295, 297
  exzitatorische 284, 288
Abwehrmechanismus 123, 124, 125, 156, 356
ACT (Akzeptanz- und Commitment-Therapie) 337, 338, 339
Adler, Alfred 26, 63, 129, 247, 248, 250, 251, 252, 253, 254, 288
Akzeptanz 336, 338, 341, 355, 362
Alexander, Frank 31
Analytische Psychologie 159, 161
Angst 68
  existenzielle 62
  Realitätsverlust und 210
  Ursachen von 106
Anima (Personifikation) 159
Animus (Personifikation) 159
Annahme, dysfunktionale 136, 137
Anna O. 40
  siehe Pappenheim, Bertha
Antidepressiva 19
Arbeitsmodell (psychol. Konstrukt) 74
Archetyp 159, 160
Arendt, Hannah 144, 187
Aristoteles 45, 96, 278
Assoziation, freie 44, 46
Auden, Wystan H. 332
Automatismus 113

B

Bakan, David 334
Barnes, Mary 171, 172
Beard, George 20
Beck, Aaron T. 133, 134, 135
Bedürfnisse 65, 85, 197, 223, 235
  kindliche 83, 84
  sexuelle 225, 226, 227, 229, 235
Beethoven, Ludwig van 45
Befriedigung, genitale 234
Begehren 259
Behaviorismus 63, 285
Bering, Jesse 182
Berke, Joseph 171, 172
Bernays, Edward L. 262
Bernays, Minna 231, 232
Berne, Eric 48
Berners-Lee, Tim 22
Besitz 263, 265, 266, 270
Besitzgier 260, 265, 266
Besitztümer 266, 268
Bettelheim, Bruno 20, 184, 186, 187, 190, 302
Bewusstsein 45, 111, 338, 339
  Erinnerungen und 149
  sexuelles 212
  Sprache und 41
Bewusstseinsstrom 149, 156, 182
Beziehung
  Langlebigkeit und 43
  psychische Gesundheit und 61
  Qualität der 56
Bezugsperson 74
Bildschirmzeit 206
  psychische Erkrankungen und 21
Bindung, sichere 47, 73
Bindungstheorie 71
Binswanger, Ludwig 32
Bloch, Chaim 335
Blockade 234
Bohr, Niels 45

Bowlby, John 71, 72, 73, 98
Brainstorming 45, 46
Breuer, Josef 40, 56, 279

C

Cacioppo, John 62
Camus, Albert 315
Canter, David 196
Cant, John 181
Caravaggio, Michelangelo Merisi da 200, 211
Carhart-Harris, Robin 175
Cartwright, Rosalind 293, 294
Clare, Anthony 103
Cocktailparty-Effekt 111
Connery, Sean 171
Covid-19-Pandemie 17
Csíkszentmihályi, Mihály 217
Cyberspace 21, 162, 206, 210, 309
  soziales Leben und 42

D

Dalí, Salvador 45, 327
Darwin, Charles 102, 220
Dawkins, Richard 112, 233
Deckerinnerung 119
Denken, magisches 191
Denken, rationales 198
Denken, religiöses 355
Derailment 151
Der kleine Hans
  siehe Graf, Herbert
Desensibilisierung, systematische 286, 290
Deurzen, Emmy van 32
Devlin, Kate 225
Digitaltechnik 268
Dissoziation 85, 125
Disstress 123, 132
  Geburtsvorgang und 72
DMN (Default Mode Network) 174, 175
Doppelidentität 157
Dubois, Paul 128
Dunbar, Robin 41

E

Eagleman, David 197
Einsamkeit 47, 61
  chronische 62
Einstein, Albert 45, 236
EKT (Elektrokrampftherapie) 282, 283
Elektrakomplex 109, 213, 223
El-Hai, Jack 143
Ellis, Albert 129, 130, 132, 133, 135
Ellis, Havelock 200
EMDR (Eye Movement Desensitisation and Reprocessing) 292, 294
Emotion
  Kognition und 133
  physische Reaktivität und 287
  Träume und 294
  unterdrückte 86
Emotionen
  verkörperte 87
Energie, psychische 57
Erfahrung, postnatale 71
Erfüllung 313
Erikson, Erik 32
Erinnerung 119, 120, 289
  belastende 273
  schmerzliche 297
  traumatische 297
  wahrheitsgetreue 119
Erinnerung, verdrängte 56
Erkrankungen, psychische 19
  Kosten der 18
Erlebnis, postnatales 70
Erlebnis, traumatisches 58
Ersatzbefriedigung 83, 84
Es 156, 157

Esalen-Institut 52
Evolutionsbiologie 27
Evolutionsgeschichte 73
Existenzielle Psychotherapie 46, 308, 310, 312
Expositionstherapie 288, 291
Eysenck, Hans Jürgen 30, 99, 100, 101, 103, 106, 109, 110

F

Frankl, Viktor 305, 306, 308, 309, 310, 361
Freud, Anna 120, 122, 125, 126
Freud, Martha 231
Freud, Martin 333
Freud'scher Versprecher 48
Freud, Sigmund passim 12
Frey, William 278
Fromm, Erich 217, 259, 260, 265, 266, 267, 269, 270, 313
Frustration, optimale 205

G

Galton, Francis 212
Geborgenheit 72
Geburtstrauma 70, 71
Gefühle 145
Gegenkonditionierung 286
Geheimnis 58, 59
Geist 112
  Körper und 168, 296
Geisteskrankheit
  Moderne und 20
Geist, Theorie des 27
Geltungsdrang 246
Geschichtenerzählen 180, 181, 183, 191
Geschlechterstereotypen 159
Geschlechtsdysphorie 177
Gestaltpsychologie 51
Gestalttherapie 14, 51, 53
Gesundheit, psychische 196
Gesundheitskrise, psychische 360
Gewalt, häusliche 271
Gewissen 156
Gilbert, Gustave 142, 143
Glasser, William 32
Glücksökonomie 17
Goodman, Paul 55
Graf, Herbert 104, 105, 107, 121, 122
Graves, Robert 282
Greenfield, Susan 174
Grof, Stanislav 70
Gross, Otto 27, 28, 226, 227, 228, 242

H

Habenmodus 260, 265, 266, 267, 268, 269, 270
Hamilton, Gilbert 228
Hartmann, Heinz 113
Hayes, Steven C. 337, 341
Hemingway, Ernest 350
Holmes, Thomas H. 230
Holocaust 304, 336
Hopper, Edward 35, 37, 62, 297, 299, 347, 348, 350, 351, 352, 353
Horney, Karen 32
Hug-Hellmuth, Hermine 122
Humanistische Psychologie 63
Humanistische Psychotherapie 46, 312
Humor 123
Huxley, Aldous 218, 282
Hyland, Philip 60
Hyperreflexion 309
Hysterie 272

I

Ich 156, 157
Ich-Netzwerk
  siehe DMN
Identität 66, 150, 151, 155, 174, 180, 197
  Authentizität und 169
  falsche 158
  fragmentierte 172
  Fragmentierung und 167
  Internet und 162
  Minderwertigkeitsgefühle und 254
  sozialer Kontext und 173
  Wertschätzung und 261
Identitätsstörung, dissoziative 163
Implosionstherapie 288
Individualpsychologie 248, 288
Individuation 160
Informationstechnologie 42
Intelligenz, emotionale 78
Internet 21, 22, 207, 309
  Selbstwertgefühl und 209
Internetpornografie 241
Intimität 125
Isolation 60

J

Jacobson, Bertil 70
James, William 111, 113
Janet, Pierre 12
Janov, Arthur 80, 81, 86, 87, 258
Jones, Ernest 68, 121, 226, 331, 332
Jones, Mary Cover 286
Jung, Carl Gustav 96, 159, 161, 162, 183, 228, 357

K

Kahneman, Daniel 176
Kandel, Eric 27
Kastrationsangst 105
Katharsis 279, 280, 297
Keats, John 45, 50
Keimplasma 233
Kekulé, August 45
Kelley, Douglas 142, 143
Kinderbetreuung 90
Kinderpsychotherapie 104
Klein, Melanie 211
Klinger, Max 114
Klinische Psychologie 30
Kohut, Heinz 205
Kommunikation 42, 43, 61
  direkte 198
  Metawahrnehmungen und 169
Komplex 96, 97, 116
Konversation, therapeutische 128
Kopernikus, Nikolaus 220
Kreativität 45
Kriegsneurose 280
Kuh, Katharine 353
KVT (Kognitive Verhaltenstherapie) 134

L

Lacan, Jacques 32
Laing, Olivia 349
Laing, Ronald D. 27, 167, 169, 170, 172, 227
Leary, Timothy 171, 227
Leid 272, 297
Lennon, John 86
Libido, Konzept der 236
Liebe 75, 78, 93, 94, 125, 197, 214, 265
  Sicherheitsempfinden und 265
Linehan, Marsha 32
Loftus, Elizabeth 114
Logotherapie 14
Lowen, Alexander 238
Löw, Judah (Rabbi) 336

M

Main, Mary 195
Märchen 184, 185, 186, 188, 189, 195
Maslow, Abraham 63, 64, 218, 246
Maslows, Abraham 223
Maslow'sche Bedürfnishierarchie 64, 233
Mathews, Andrew 30
May, Rollo 32
Mazur, Paul 262
Meditation 339
Mendonça, Marina 70
Mesmerismus 279
Methode, kathartische 279
Minderwertigkeit 251, 254
  Kompensation und 252
  neurotische Erkrankung und 253
  Überkompensation und 252
Minderwertigkeitskomplex 250, 251, 254
Monroe, Marilyn 122
Montaigne, Michel de 46
Morbidität, psychiatrische 18
Munch, Edvard 81
Musturbation 134

N

Näcke, Paul 200
Narrativ 181, 193, 196, 296
  Trauma und 194
Narzissmus 200, 201, 203, 205, 214, 270, 362
  Angst, Realitätsverlust und 210
  Auswirkungen des 211
  epistemischer 210, 212
  Internet und 207
  primärer 203, 204
  psychische Gesundheit und 205
  sekundärer 203, 204
  Selfie und 208
  zentrales Merkmal des 221
Neill, Alexander S. 237
Neurasthenie 20
Neuropsychoanalyse 27
Neurose 83
Neurowissenschaft 27
Noyes, John Humphrey 229
NPI (Narcissistic Personality Inventory) 207

O

Obsession 58
Odent, Michel 69
Ödipuskomplex 96, 98, 102, 107, 108, 109, 192, 213, 223, 250, 254
Organminderwertigkeit 251
Orgasmus 234, 235
Orgonenergie 237
Ovid 199, 200

P

Paarung, assortative 213
Pankejeff, Sergei 192
Pappenheim, Bertha 40
Pawlow, Iwan 101, 285
Pennebaker, James 57
Perfektionismus 132
Perls, Fritz 27, 51, 54, 56
Persona (Personifikation) 159
Personenzentrierte Psychotherapie 158, 313
Personenzentrierte Therapie 314
Personifikation 159, 160
Persönlichkeit, multiple 154, 155
Persönlichkeitsspaltung 154
Persuasionstherapie 128
Perversion 240
Pfister, Oskar 358
Phobie 127, 285
Platon 44
Povinelli, Daniel 181
Primärtherapie 85, 86, 88
Projektion 123
Psychoanalyse 12, 15, 24, 40, 63, 88, 113, 333

als dritte Kränkung 220
Determinismus der 314
Indizienbeweise und 192
Kabbala und 334
moderne Werbung und 262
Zohar und 335
Psychose 168, 173
Psychotherapie 11, 12, 13, 14, 28, 29, 32, 358, 360
Hauptrichtungen der 31
Judentum und 333
Konzentrationslager und 304
Nomenklatur der 25
Spiritualität und 357
Ziele der 28
PTBS (Posttraumatische Belastungsstörung) 272, 289

R

Rachman, Stanley 289
Rahe, Richard H. 230
Rank, Otto 67, 68
Rationalisierung 123
Rationalität 139
Rayner, Rosalie 286
Reaktionsbildung 124
Redekur 43, 62, 285
Reflexfunktion 113
Reflexion 146
Reich, Wilhelm 27, 28, 233, 234, 235, 236, 237, 242
Reiz, Reaktion und 131
RET (Rational-Emotive Therapie) 129
REVT (Rational-Emotive-Verhaltentherapie) 129
Rogers, Carl 135, 158, 217, 312, 314, 315
Rorschach, Hermann 140, 141
Rorschach-Test 142, 143
Russell, Bertrand 282
Ryle, Anthony 32

S

Sachs, Hans 331
Sadismus 187
Sargant, William 282, 283, 284, 288, 295, 297
Schatten (Personifikation) 159
Schizophrenie 169
Schlaftherapie 282
Seelenleben, unbewusstes 95
Sein 267
Seinsmodus 260, 267, 268, 313
Selbst 150, 156, 158, 164, 168, 174, 338
Besitz und 208
bewusstes 157
Fragmentierung des 163, 176
fundamentales 158
ideales 164
Informationstechnologie und 163
irreales 84, 158
Kernelemente des 197
narzisstisches 219
Überwindung des 217
wahres 170, 173
Zugehörigkeit und 173
Selbstachtung, Konsum und 261
Selbstbeobachtung, reflektierende 198
Selbstbewusstheit 183, 217
Selbstempfinden 218, 219, 245
Selbstentfremdung 268
Selbsterforschung 147
Selbsterkenntnis 260
Selbsthilfeindustrie 22
Selbstreflexion 309
Akzeptanz und 342
Selbstschutzmodul 175
Selbstverletzung 17
Selbstverletzungsrate 18
Selbstverwirklichung 64, 161
Selbstwahrnehmung 183

Selbstwert, Besitztümer und 261
Seneca 278
Sex 223, 224, 232, 236, 242, 246
außerehelicher 229
kohärentes Selbstbild und 224
Orgasmus und 234
Sexualität 109
frühkindliche 107
Sexualwissenschaft 224
Shapiro, Francine 291, 292, 294, 295
Shelley, Mary 45
Sicherheit 93, 197
Sicherheitsbedürfnis 66
Simmel, Ernst 280
Sinn 64, 198, 257, 307, 310, 324
Diskontinuitäten und 309
Existenzangst und 310
Streben nach 308
Skinner, Burrhus Frederic 101
Smiles, Samuel 22
Sokrates 44
Sonntagsneurose 308
Spaltung 123
Spiel
siehe Transaktion, verdeckte
Sprache 50, 51, 52, 54
Spracherwerb 41
Status 247
Stephens-Davidowitz, Seth 108
Sterben, Angst vor dem 267
Sterblichkeit 28, 187, 198, 311, 328
Suizid 17
Sullivan, Harry Stack 32

T

Taylor, Steve 218
Temple, Nicholas 31
Tod, Angst vor dem 266
Transaktionsanalyse 49
Transaktion, verdeckte 48
Transzendenz 64
Trauma 58, 277, 291
Geburt und 69
Träume 292, 294
Trennungsangst 187
Trivers, Robert 112
Twenge, Jean 207

U

Über-Ich 156, 157
Überlegenheitskomplex 251
Unbewusstes 58, 110, 112, 113, 114, 116
dynamisches 114
kognitiv 113, 114
kollektives 160
Modelle des 113
neues 113
Vermeidung und 117
Widerstand und 117
Unglück 271, 295
Transzendenz und 296
Unsicherheit, ontologische 168
Unzufriedenheit 25
Urbedürfnis 84, 89
Urinstinkte 64
Urschmerz 80, 85
Urzeit 69

V

Verdinglichung 268
Vergänglichkeit 344
Verhaltensmuster 97, 139
selbstschädigende 138
selbstzerstörerische 95
suboptimale 128
Verhaltenstherapie 337
Vernetzung 59
Vernunft 127

W

Wachstum, persönliches 268
Waldinger, Robert 61
Walker, Matthew 45
Watson, John 91, 285
Weiss, Robert 60
Wells, Herbert G. 327
Wells, Walter 37, 38, 39, 350, 352
Wertschätzungsbedürfnisse 246
Wexler, Bruce 137
Winnicott, Donald 90, 92, 158, 190
Wolfsmann
  siehe Pankejeff, Sergei
Wolpe, Joseph 286
Woolf, Leonard 328, 330, 334
Woolf, Virginia 328, 330

Y

Yalom, Irvin 258
Young, Jeffrey 138

Z

Zillmer, Eric 143
Zugehörigkeit 180
Zugehörigkeitsgefühl 245